# 전후 일본의 역사 문제

# 전후 일본의 역사 문제

하타노 스미오 지음/ 오일환 옮김

논형

# 한국어판 서문

필자는 지난 30년 간 쓰쿠바대학(筑波大学)에서 국제관계사와 외교사의 연구와 교육에 종사하면서, 이따금 일본정부의 역사사업 기획이나 운영에 관여해 왔습니다. 그 중에서도 인상에 남는 것은 1980년 후반부터 90년대에 걸쳐, 후생성과 일본유족회가 추진한 전몰자추도평화기념관의 건립준비 사업입니다. 당초 이 사업은 국립 전쟁기념관 건립으로 계획되었습니다. 그때까지 일본에는 제2차 세계대전에 관한 국립 전쟁기념관 시설이 없었기 때문에, 이를 기대하는 목소리가 높았습니다. 하지만 이 계획은 실패로 끝났습니다.

실패한 이유는, 제2차 세계대전에 관해 대다수 국민이 납득할 수 있는 역사인식이나 전쟁관이 일본에 형성되어 있지 않았기 때문입니다. 모든 국가의 전쟁기념관에는 그 나라의 전쟁에 관한 역사인식이나 전쟁관이 반영된 전시물과 이야기가 있고 그에 따른 전시가 이루어지고 있습니다. 예를 들면, 중국에는 '항일전쟁사'라는 사관(史觀)이 있고, 한국에는 정부와 대다수 국민이 식민지 지배에 관해 '강점'(強占)이라는 인식을 갖고 있지만, 일본에는 이렇게 통일된 역사관이 형성된 적이 없고 지금까지 역사인식이 분열된 상태로 이어지고 있습니다. 결국 이런 이유 때문에 전몰자추도평화기념관 건립 구상은 전쟁기념관이 아니라 전쟁시기의 국민생활에 관한 자료나 물품들만 전시하는 쇼와칸(昭和館)이라는 시설로 변형될 수밖에 없었던 것입니다.

이런 사례에서 보듯이, 일본에는 국민 대다수가 받아들일 수 있는 전쟁관이나 식민지 지배에 대한 공통된 인식이 형성되지 못했습니다. 따라서 일본정부는 주변국과 여러 역사 문제가 발생할 때마다 일본 국민의 역사관이 분열되어 있다는 전제 하에서 대처해 나갈 수밖에 없고 수세적인 입장에서 대응해 왔던 것입니다. 이때 일본정부는 국민 여론이 아니라, 샌프란시스코 평화조약이나 한일기본조약 등 양국 간 조약과 같은 국제법적 규범에 의지해 왔습니다. 이 책은 이러한 역사 문제에 대한 일본정부의 인식을 일본인들에게 설명하기 위해 쓴 책입니다. 부디 이런 점을 감안하시고, 한국의 독자분들께서도 일본을 이해하시는 데 조금이나마 도움이 될 수 있다면 다행이겠습니다.

2016년 3월

하타노 스미오(波多野澄雄)

# 머리말

필자의 아버지는 장교는 아니었지만, 말레이시아, 싱가포르, 그리고 중국의 전장을 다니시다 패전한 다음 해에 귀국하셨다. 6년 가까이 전쟁을 경험하셨다. 전쟁경험자이자 이복형제들이 전사해서 유가족이기도 하다. 아버지께서 직접 전쟁경험을 이야기 한 적은 거의 없지만, 모든 공직에서 사퇴한 후 집안을 돌보며 전우회나 일본유족회 모임에 빈번하게 다니시던 전형적인 구(舊) 군인이었다.

아버지에게 지난 전쟁은 '태평양전쟁'이나 '아시아 · 태평양전쟁'도 아니고, 대동아를 무대로 천황폐하의 큰 뜻(大御心)에 따라 각지를 전전했던 '대동아전쟁'일 수밖에 없다. 가끔씩 방문하는 전우들과의 대화는 재미있어 했지만 전사한 전우에 관한 이야기가 나올 때면, 어째서 대동아전쟁에서 패배했을까라기 보다는 어째서 바다 건너 아시아를 전전해가며 그 큰 전쟁에 휩쓸려 갈 수밖에 없었을까라는 심각한 질문이 늘상 전우들의 마음 속 깊이 자리잡는 듯한 느낌이었다.

전후 일본은 이러한 물음에 충분한 답변을 내놓았을까? 다시 말해, 일본정부는 전쟁을 어떻게 검증해 왔으며, 전쟁의 공(功)과 죄(罪)에 대해 국민에게 충분히 설명해 왔다고 할 수 있을까?

나아가 일본정부는 전쟁을 어떻게 청산하고 전쟁 때문에 생긴 '부(負)의 유산'을 어떻게 처리해 왔는가? 이른바, '역사 문제'에 대해 일본정부는 어떻게 대처해 왔는가? 일본정부는 역사관의 경합을 최대한 보장하는 국가로서, 역사인식이라는 문제에 대해 어디까지 '개입'해야만 하는가?

그리고 국민이 공유할 수 있는 역사인식, 즉 공공의 기억(Public Memory)의 형성을 위해서는 무엇이 필요한가? 다른 나라의 역사와는 어떻게 조응해야 하는가?

일본의 패전은 동시에 '식민지국가'의 해체를 의미하는 것이었다. 따라서 '대동아전쟁'의 청산은 동시에 '일본제국'의 청산이기도 하다. 여기에는 어떤 문제가 담겨져 있는 것일까?

이 책은 필자가 그동안 관여하고 참여해 왔던 정부 지원의 역사사업 경험을 바탕으로, 이상의 문제에 대해 생각해보고자 하는 것이다.*

---

* 주: 직함은 원칙적으로 당시의 것으로 한다. 경칭은 생략한다.

# 차례

# 서장
# 전쟁검증의 좌절

## 1억 총 참회인가 지도자 책임인가?

패전 후 약 1개월 뒤인 1945년 9월 12일, 히가시쿠니노미야(東久邇宮稔彦) 내각은 일본인 전쟁범죄인 재판에 관한 '자주재판'(自主裁判) 구상을 결정했다. '자주재판'은 포츠담선언 수락을 둘러싼 미국과의 절충과정에서도 일본측이 가장 중시했던 수락조건 중 하나였다. 그러나 결과적으로 연합국은 일본의 자주재판을 인정하지 않았다.

내각결정으로 정한 '자주재판'은 일본이 스스로 전쟁범죄 용의자를 지목하고 소추하는 것이 아니라, 연합국측이 지목한 용의자에 대해 '공정한 재판'을 하겠다는 취지였다. 이처럼 자주재판 구상은 불완전한 것이었지만, 천황은 자기에게 충성을 다한 책임자를 '천황의 이름으로 처단하는 것은 참을 수 없는 일'이라며 재고를 촉구했고, 기도 고이치(木戸幸一) 내대신(內大臣)도 '같은 민족끼리 피로써 피를 씻는' 사태라며 반대했다.(永井均, 「전쟁범죄인에 관한 정부성명안」)

이런 가운데 패전 직후의 일본이 주체적으로 해결해 나가야 할 정치과제로서 전쟁책임과 자주재판에 집착했던 정치지도자 가운데 한 사람이 바로 시게미츠 마모루(重光葵) 외상이었다.

황족으로서 패전처리를 떠맡은 히가시쿠니노미야 총리는 전쟁책임이라는 문제를 가볍게 생각하지 않았다. 그는 기본적으로 전쟁책임을 국민 전체가 짊어져야만 한다는 사고방식을 갖고 있었다. 히가시쿠니노미야는 부총리격인 고노에 후미마로(近衛文麿)를 '사죄사절'로 중국에 파견하고, 기독교사회운동가인 카가와 토요히코(賀川豊彦)를 내각참여로 기용하여 '도의(道義)의 재건'을 기독교인에 위임한다는 구상을 준비했다. 이러한 구상은 전쟁 전과 전쟁 중 일본군에 의한 비행과 만행이 적국인에 대한 국민 전체의 증오와 편견 때문에 발생했다는 생각에서 기인한다. 패전 직후인 8월 28일 기자회견에서 밝힌 '전(全) 국민 총참회론'의 바탕에는 이런 생각이 깔려 있었던 것이다.

그러나 시게미츠 외상은 이러한 총참회론에 동조할 수 없었다. 시게미츠는 과거의 정치 · 군사 지도자는 정도의 차이만 있을 뿐 모두 전쟁책임을 져야 하고, 보호되어야 할 대상은 황실과 국민이라고 생각했다. 이러한 관점에서 시게미츠는 자주적 재판을 해야 한다는 구상에 찬동했던 것이다. 그리고 그는 총리에게 모든 각료를 퇴진시키고 전쟁에 관여하지 않은 국장급 신진 인사를 각료로 내세워야 한다는 내용의 대규모 내각개편안을 제안했다.(伊藤隆 외 편, 『시게미츠 마모루 수기(重光葵手記)』)

히가시쿠니노미야 총리는 시게미츠의 제안을 받아들이려고 했지만 내각이 강력히 반발하고 기도 고이치 내대신의 의견에 따라 내각개편안이 보류되자, 결국 시게미츠만 9월 17일 사직하고 말았다. 시게미츠의 퇴진은 전쟁책임 문제에 대한 인식과 대응의 차이를 보여준 것이다. 시게미츠가 생각했던 지도자의 전쟁책임 문제에 대한 엄격한 태도와, 히가시쿠니노미야 총리 등의 '황실 · 국민 옹호론'은 패전의 의미를 어떻게 보는가라는 문제와 불가분의 관계이다.

시게미츠의 퇴진은 지도자의 책임을 엄격하게 추궁하겠다는 정부입장의 후퇴를 의미한다. 히가시쿠니노미야 내각의 뒤를 이어 1945년 10월에 조각된 시데하라 기주로(幣原喜重郞) 내각은 11월 5일 각의에서 '전쟁책임 등에 관한 건'을 결정했다. 그 내용은, 천황이 끝까지 대미 교섭을 평화적으로 타결하려고 노심초사했다는 점과, 천황의 관여는 헌법 운용상 확립된 관례에 따랐을 뿐 대본영(大本營)과 정부의 결정사항을 각하할 수 없었다는 천황옹호론을 재확인하고, 전쟁지도자로서의 천황은 책임을 질 만한 일이 없다는 점을 밝히는 것이었다.

한편, 시데하라 내각의 각의결정 직후에 개최된 제89회 제국의회에서는 전쟁책임 문제가 초점이 되었다.

## 대동아전쟁조사회 설치

9월 초순에 시작된 제88회 제국의회가 겨우 이틀만에 폐회되었기 때문에, 11월말부터 시작된 제89회 제국의회가 사실상 패전 후 개최된 최초의 제국의회라 할 수 있다.

이 제국의회에서 전쟁책임에 관한 두 개의 결의안이 제출되었다. 하나는 일본자유당이 제출한 '의원의 전쟁책임에 관한 결의안'이고 다른 하나는 일본진보당이 제출한 '전쟁책임에 관한 결의안'이다. 두 개의 결의안은 새로운 선거법 아래에서 실시될 예정인 중의원선거를 앞두고 정당의 세력을 확대하려는 의도와 밀접한 관계가 있다.

결국 12월 1일 중의원 본회의에서 도조 히데키(東條英機) 내각 시대에 선출된 이른바 '관선의원'이 대다수를 차지하는 진보당이 숫자의 힘을 내세워 자신들의 결의안을 채택시켰다. 진보당의 결의안은 '패전원인'의 규명에 주안을 두고, '군벌관료의 전횡'에 따라 경거망동했던 의원들의 '자숙과 근신'을 요구하는 데 그치는 바람에, 의원의 전쟁책임이라는 측면에서는 자유당의 결의안보다 후퇴한 것이었다. 12월 4일자 요미우리(読売報知)는 '양심도 없는 결의안'이라고 혹평했다.

한편, 일본의 손으로 전쟁의 책임을 검증하자는 조직이 만들어지고 있었다. 제89회 제국의회 연설에서 시데하라는 대동아전쟁의 패인과 실상을 밝히고 미래에 '엄청난 실수'를 되풀이하지 않기 위해 내각부 안에 '대동아전쟁조사회'를 설치했다고 밝혔다.

대동아전쟁조사회 설치는 10월 30일 각의에서 '전쟁의 원인 및 실태 조사의 건'으로 결정되었다.(功刀俊洋, 「대동아전쟁조사회의 전쟁책임관」) 그 제목에서도 알 수 있듯이, 그 목적을 '패전의 원인과 실태를 밝히는 것은 이를 저지른 엄청난 과오를 장래에 되풀이하지 않기 위함'이라고 밝혔지만, 당초 내용에 포함되었던 '우리 국민의 반성을 촉구하고'라는 문장은 각의결정에서 제외되었다.

지도자의 전쟁책임을 추궁해야 한다는 정부 안팎의 목소리는, '총참회론'처럼 국민 전체가 전쟁책임을 나누어져야 한다는 애매모호한 결론을 허락하지 않겠다는 분위기였다. 그러나 조사회는 지도자의 책임을 추궁할 목적으로 발족한 것이 아니었다.

시데하라와 쓰기타 다이자부로(次田大三郎) 내각 서기장관에 따르면, 조사시기가 만주사변(1931년) 전후까지 거슬러 올라간다 해도 그 조사결과를 근거로 책임 추궁할 생각은 없었다고 한다. 조사결과의 판단은 '건전한 여론'에 맡기고, 최종적으로는 '책임자'로 간주되는 각 지도자가 자신의 처리를 자주적으로 판단한다는 시나리오를 염두에 둔 것이었다. 그것은 사회적 갈등의 원인이 될 수밖에 없는 '국내 재판'에 의한 처벌보다 효과적인 방법으로 간주되었다.

11월 22일에 공포, 시행된 조사회 관제에 따르면, 우선 사무국의 규모가 눈에 띈다. 장관(칙임관) 아래 24명의 조사관(주임관), 31명의 전임 촉탁(판임관), 그리고 학문적 경험이 있는 15명 내외의 참여(칙임관 대우)를 더하면 최대 70명이 가능해진다. 조사관에는 기획원이나 흥아원 등에

시데하라(幣原) 내각의 각료. 앞 줄 오른쪽 네 번째가 시데하라.

서 국책입안 경험을 지닌 관료(대개는 이른바 혁신관료)가 임명되었고, 이들을 중심으로 조직이 정비되어 12월부터 예비조사가 실시되었다.

12월 말, 쓰기타의 친구인 대장성 출신의 아오키 토쿠조(青木得三)가 사무국장관에 임명되었는데, 문제는 총재였다. 시데하라가 생각한 인물은 만주사변 때 군부를 억제하는 데 함께 협력했던 마키노 노부아키(牧野伸顕, 당시 내대신)와 와카츠키 레이지로(若槻礼次郎, 당시 총리)였는데, 두 사람 모두 고사했다. 노무라 키치사부로(野村吉三郎)나 아베 이소(安部磯雄)도 총재 후보였지만 1946년에 접어들자 결국 시데하라 본인이 겸임하기로 했다. 그리고 1월에 명칭을 대동아전쟁조사회에서 전쟁조사회로 변경했다.

이제 전쟁조사회의 인선이 문제였다. 원래 위원 총 수는 25명, 임기는 3년으로 꽤나 장기간에 걸친 조사를 구상했음을 알 수 있다. 결국 위원은 20명으로 결정되었는데, 그 면면은 다음 표와 같다.

| | |
|---|---|
| 총재 | 幣原喜重郎(내각총리대신) |
| 위원 | 阿部眞之助(동경일일신문 주필) |
| | 有沢広巳(동경대학교수, 경제학) |
| | 小汀利得(전 중외상업신보사 사장) |
| | 大内兵衛(동경대학교수, 경제학) |
| | 大河内輝耕(귀족원의원) |
| | 片山哲(일본사회당) |
| | 木村介次(후지쿠라전선 연구부장) |
| | 斉藤隆夫(중의원의원) |
| | 柴田雄次(나고야대학교수, 화학) |
| | 鈴木文四郎(오사카 아사히신문사 사장) |
| | 高木八尺(동경대학교수, 미국정치사) |
| | 富塚清(동경대학교수, 전기공학) |
| | 中村孝也(동경대학교수, 일본근세사) |
| | 馬場恒吾(요미우리신문사 사장) |
| | 松村義一(귀족원의원) |
| | 八木秀次(오사카대학 총장, 전 기술원 총재) |
| | 山室宗文(미츠비시신탁 회장) |
| | 渡辺幾治郎(역사연구자) |
| | 渡辺銕蔵(전 일본상공회의소 전무이사, 나중에 영화사 토호〈東宝〉 사장) |
| | 和辻哲郎(동경대학교수, 철학) |

*주: 직책은 제1차 요시다 시게루 내각 당시를 기준으로 한다. 오우치 효에(大内兵衛)는 당시 내각에서 제외되었다. 출전: 「시데하라문고」 소장 자료, 『朝日年鑑』(1946년판)

그리고 각 성청의 차관이 임시위원으로, 당시 육해군성의 후계조직이었던 제1복원성, 제2복원성을 거점으로 미야자키 슈이치(宮崎周一) 전 중장(전쟁 중 참모본부 작전부장) 등 군인들도 임시위원으로 참여하였다.

전쟁조사회의 제1차 총회는 1946년 3월 하순에 개최되었다. 인사말에서 시데하라는 '후세에 국민들을 납득시키기 위해 열심히 해주기 바란다'고 의욕을 보였다.

그런데 제1차 총회가 열릴 무렵 조사회의 방침을 좌우할 만한 새로운 요인이 생겼다. 3월 초순에 공표된 헌법개정안에 '전쟁 포기'가 포함된 것이다.

## 흔들리는 조사방침 – 무엇을 위해, 어디까지

전쟁조사회의 총회에서 논란이 되었던 것은 시데하라와 야츠기의 생각과 달리, 무엇을 위해 어디까지 '패전의 원인과 실상을 밝힐 것인가'라는 점이었다. 조사가 구체적으로 각 부처별로 나뉘어 실시되려면, 통일된 이해와 합의가 불가피했다.

예를 들면, 와타나베 테츠조(渡辺銕蔵)는 전쟁에 진짜 책임이 있는 자(군부의 중견막료급)들이 책임을 면하거나 가벼워질 염려가 있기 때문에, 개전의 원인을 철저하게 조사하여 진짜 책임이 있는 자를 특정해야만 한다고 주장했다.

그러나 시데하라는 책임을 추궁하는 데 소극적이었으며 '잘못을 스스로 깨닫고 반성하면 된다'고 반복할 뿐이었다.(功刀俊洋, 「대동아전쟁조사회의 전쟁책임관」)

바바 츠네고(馬場恒吾)는, 헌법초안에 전쟁 포기를 담았으니까 패전의 원인이나 전쟁책임에 관한 독자적인 조사보다는 오히려 개전의 원인에 관한 연구를 통해 전쟁 자체의 의미나 전쟁 포기의 타당성을 따져보는 것이 유의미하다고 했다. 바바의 주장은, 이제 전쟁책임 추궁은 연합국에 맡기고, '전쟁이 없는 세상'을 달성하기 위한 조사연구로 전환해야 한다는 것이었다.

와타나베, 바바 등이 미국에 대한 개전은 피할 수 있었다는 전제에서 개전의 원인을 규명하자고 주장한 데 비해, 역사가인 와타나베 이쿠지로(渡辺幾治郎)는 이번 전쟁은 피할 수 없는 것이었다는 점을 연구해야 한다고 주장했다.

결국, 2차례의 총회 논의를 거쳤지만 전쟁조사회의 기본적인 조사방침과 목적은 합의되지 못한 채, 각 부처의 활동이 시작되었다. 사무국이 '태평양전쟁 발발 원인'을 전쟁 목적에 추가하고 각 부처의 조사활동을 통일시키려 했던 흔적은 있다. 그러나 시데하라는 전쟁조사회를 둘러싼 안팎의 미묘한 정세를 고려하여 천황의 책임을 포함한 전쟁책임 논의가 전쟁조사회에서 다루어지지 않도록 마지막까지 노력했다.

## 잃어버린 첫 번째 기회

그러나 전쟁조사회 활동은 시작하자마자 곧바로 급제동이 걸렸다. 1946년 7월 GHQ의 자문기관인 대일이사회에서 소련이 유감표명을 한 것이다. 소련 대표인 데레비얀코(Kuzma N. Derevyanko)가 전쟁 원인 규명과 처벌은 국제군사법정의 의무이므로, 전쟁조사회의 필요성에 의문이 든다며 '이번 전쟁을 정당화하려는 수단이 될 수 있다'고 지적했다.

이에 대해, 미국 대표인 앳치슨(George Atcheson Jr.) 의장은 국제군사법정의 임무는 전쟁의 원인 규명이 아니라, 각각의 용의자에 대한 전쟁책임을 추궁하는 것이라고 반론했다. 그러나 소련 대표는 전쟁조사회가 '전쟁에 관한 경험을 모든 견지에서 연구하는 것은 일본의 비무장화라는 목적에 반한다'며 물러서지 않았다.(「朝海浩一郎 보고서」)

중국 대표는 미국을 지지했지만, 영연방 대표가 '그 목적이 분명하지 않다'며 소련의 입장에 동조했다. 최종적으로 대일이사회 내의 대립은 어정쩡한 상태가 되었고, 앳치슨 의장은 소련과 영연방의 비판을 억지할 방법이 없자 8월말 일본정부에 해산을 권고하게 된다.

그 사이 제90차 제국의회에서 전쟁조사회의 향배에 관한 질문을 받은 요시다(吉田 茂) 총리 겸 외상은, '조사회의 목적이 마치 일본재군비를 위한 전쟁의 패인 조사인 것처럼 왜곡되어 재고하지 않을 수 없는 상황에 있다'면서, '폐지할지, 조직을 개편해서 계속할지, 국가 차원에서 고민 중'이라고 답변했다.(1946년 8월 17일 중의원예산위원회)

결국, 요시다 내각은 대일이사회의 권고에 따라 전쟁조사회를 폐지하기로 결정했지만, 요시다의 답변은 '개편 후 존속'이라는 선택지도 고려했음을 시사하고 있다. 조사가 정치 · 경제에서부터 사회 · 문화 영역에 이르기까지 폭넓게 전개될 대사업이라 오래 걸릴 것이라고 쓰기타는 말한 적이 있다. 사실 사무국에서는 5년 이상의 대사업으로 계획하고, 강화 후에 그 성과를 공표하려고 했었다.

어쨌든 전쟁을 검증할 수 있는 최초의 기회는 이렇게 해서 사라졌다. 그러나 점령 중 미 · 소 간 대립에 그 원인이 있다고만은 할 수 없다. 일본정부는 '패전의 원인' 규명에만 집착했을 뿐, 전쟁책임의 규명과, 이를 '일본 재건'에 어떻게 활용할 것인가에 대해 주체적으로 방향을 잡지 못했고 분명한 조사 지침도 없었기 때문에, 일본정부 스스로 의혹을 초래했던 것이다. '패전의 원인'에 대한 집착은 '전쟁책임을 패전책임으로 바꿔치기하려 한다'는 의혹만 불러일으켰다. 그런 의미에서, 전쟁조사회의 폐지는 국내 문제라고 할 수 있다.

## 50년 뒤의 전쟁 검증

패전 직후의 전쟁조사회가 좌절된 진짜 이유는 좀 더 근본적인 데 있다. 조사 방향이 패전의 책임을 규명하는 데 이르면, 아무리 '국가무답책'이라는 입장을 관철한다고 해도 쇼와(昭和)천황의 책임을 따지지 않을 수 없을 것이고, 또 눈앞에 닥친 연합국에 의한 국제재판과 어떻게 타협할 것인가라는 어려운 과제에 직면하게 되기 때문이다. 전쟁조사회 폐지 결정 직후 얼마 되지 않아 쇼와 천황에 대한 소추면제 방침이 결정되는데, 국가가 주도하는 전쟁의 검증이 얼마나 어려운가 알 수 있는 대목이기도 하다.

그로부터 50여 년이 지난 1999년, 전쟁 검증을 목표로 한 '항구평화조사회 설치 법안'이 초당파적 의원입법으로 중의원에 상정되었다. 이 법안은 조사대상인 전쟁기간을 만주사변에서부터 설정하기는 했지만, 이제는 전쟁의 원인이나 책임의 규명이 아니라 일본제국이 관여해서 발생한 참화의 실태를 밝히는 것이 주 목적이었다.

법안에서 구체적인 조사 대상으로, 강제노동, 위안부, 화학무기, 비인도적 행위, 국제법 위반 등이 명기되었고, 이를 검증함으로써 아시아지역의 제 국민으로부터 '신뢰를 회복'하고 '명예로운 지위'를 유지한다고 되어 있다.

이 법안은 약간의 수정을 거쳐 네 차례나 중의원에 상정되었지만 모두 심의 미료(未了)가 되어 무위에 그쳤다. 이는 두 가지 불행을 의미한다.

첫 번째 불행은, 법안 성립의 기반이자, '과거의 전쟁'에 대해 국민 대다수가 공유할 수 있는 '공공의 기억'(Public memory)이 성립되어 있지 않다는 것이다.

두 번째 불행은, 일본정부가 아시아 여러 나라와 이른바 '역사 문제' 때문에 계속해서 고민과 번뇌에 사로잡혀 있게 된다는 점이다.

법안의 주요 조사대상인 강제노동 등의 문제는, '패전 보상 문제'라고도 하는데, 주로 1990년대에 대두된 것이다.

전쟁 피해에 대한 일본정부의 배상 또는 보상 문제는 1951년에 조인된 샌프란시스코 평화조약(강화조약)을 기본으로, 이어서 아시아 여러 국가들과의 평화조약 또는 배상협정 체결을 통해 법적으로는 1970년대까지 해결된 것으로 간주되었다. 이렇게 국제적인 협정 또는 조약체결 방식에 의한 해결방법은 일본정부에서 보자면, '자손들에게 부담을 주지 않겠다는 노력'의 성과라고도 할 수 있다.

### 이 책의 구성

이 책에서는, 전후의 문제를 해결하기 위한 이러한 법적인 기반을 '샌프란시스코 평화체제'(이하 강화체제)라고 부르기로 한다. 강화체제는 강화조약은 물론 아시아 국가들과 맺은 일련의 평화조약 · 배상협정 등을 포함하는데, 단순한 법적인 형태가 아니라 점령 하 국내개혁과도 밀접하게 관련된 넓은 의미의 체제를 말하며, 이는 전후처리의 기반이기도 하다.

이하 1부에서는, 냉전 하에서 한일, 중일 간 국교정상화를 거쳐 1970년대에 정착된 강화체제는 전쟁이나 식민지 지배에 기인하는 배상이나 보상, 그리고 전쟁책임이라는 문제에 어떻게 대응해 왔는가? 내버려 둔 문제들은 무엇인가? '전후보상 문제'의 분출과 어떤 관련이 있는가? 이러한 문제들을 검증한다.

2부에서는, 1980년대의 역사 문제를 다룬다. 1970년대까지 정착된 강화체제는 역사 문제를 국가 간의 문제로 다루지 않은 채 봉인해 왔다. 그러나 1980년대에는 강화체제에서 다루지 않았던 역사교과서 문제나 총리의 야스쿠니신사 참배 같은 역사 문제가 국제화함으로써 정부가 골치를 앓기 시작한다.

3부는 세기 전환기 즉 1990년대부터 21세기 초에 걸친 역사 문제의 전개를 다룬다. 1990년대에 다양한 '전후보상 문제'가 분출하는데, 전혀 새로운 문제들은 아니었다. 그러나 강화체제를 지탱해 왔던 냉전과 자민당 지배라는 안팎의 요인들이 크게 흔들리는 가운데 역사 문제는 정부의 혼란을 가중시켰다.

역사 문제에 대해, 또는 그 기반이 되는 지난 전쟁의 책임과 원인이라는 문제에 대해, 국가에 의한 검증도 충분하지 않고, 국민이 공유할 수 있는 공공의 기억도 형성되지 않은 이유는 도대체 무엇인지, 다양한 역사관의 공존을 보장하는 국가로서 일본정부는 역사 문제를 어떻게 '관리' 또는 '관여' 해야만 하는가?

이 책을 통해, 60여 년 전 일본이 '지난 전쟁'에 어떻게 대응했고, 어떻게 후세에 전달해 나가야 할지 생각해 보는 계기가 되기를 바란다.

# 1부
# 샌프란시스코 강화체제

연합국과의 전쟁을 법적으로 종결하고 전쟁으로 인한 여러 문제를 해결하는 '공식적인 화해'가 실현된 것은 1951년 9월 8일에 조인된 샌프란시스코 강화조약이다. 일본과 연합국 48개국이 서명한 이 강화조약은 이듬해인 1952년 4월 28일 발효되었다.

그러나 이 강화조약에 모든 연합국이 조인하고 비준한 것은 아니었다. 중국, 소련, 그리고 여러 아시아 국가와의 강화는 뒤로 미뤄졌다. 아시아에서의 냉전 때문에 당시 서방국들과만 '다수강화'(단독강화)를 체결하는 방법을 선택할 수밖에 없었다.

그러나 이 선택은 강화조약과 동시에 체결된 미일안전보장조약도 강화체제에 포함시키는 것이었다. 이는 일본의 안전과 국제사회로의 복귀뿐만 아니라 아시아태평양지역에서의 국제질서 안정까지 고려한 체제이다.

이것이 '강화체제'의 가장 큰 특징이라고 한다면, 두 번째 특징은 포츠담선언 수락으로부터 6년 반에 걸친 점령개혁을 '사실상의 강화'라고 했듯이, 강화체제는 국내개혁과 불가분의 관계였다. 강화조약의 기본적인 원칙은 항복조건이었던 포츠담선언에 정해져 있었기 때문에, 이 선언에 근거해서 만들어진 점령개혁을 성실하게 이행하는 것이야말로 곧 강화와 직결된다고 여겼다. 외무성이 1946년 중반 쯤 '평화조약은 새로운 상황의 전개에 따라, 기정사실을 법적으로 확인하고 이를 항구화시키는 수단'이라고 간파한 것은 그런 이유 때문이다.(외교기록 ①

'평화조약 문제 간사회의 제1차 연구보고', 1946년 5월)

이 책에서 말하는 '평화체제'라는 개념은 안보조약과 함께 강화조약이나 여러 아시아 국가와 맺은 일련의 평화조약 또는 배상협정을 포함하지만 단지 국가 간의 법적 형태만을 가리키는 것이 아니라 '비군사화'와 '민주화'라는 두 개의 기본 목표인 국내개혁까지 포괄하는 넓은 의미의 체제이며, 이는 전후처리의 기반이 되는 것이기도 하다.

다만 강화체제와 국내개혁의 주축이었던 '신헌법체제'라는 것은 어떤 의미에서 모순된 관계에 있게 된다. 왜냐하면 '전쟁포기'와 '비무장'을 국가이념으로 설정한 신협법체제는 냉전이 확립되기 전인 1946년에 형성되었고, '억제된 무장'을 전제로 하는 강화체제는 냉전을 전제로 하고 있기 때문이다. 이러한 모순을 이른바 정합적으로 해결한 장본인은 요시다 총리였다. 요시다 총리는 비무장이 반드시 '영세중립'을 의미하는 것이 아니라, 자유진영의 일원이 되는 것과 비무장의 선택이 양립할 수 있음을 보여주었다.

신헌법체제와 강화체제가 상호보완적이라는 식으로 해결한 것이다. 이런 의미에서 본다면, 강화체제는 신헌법체제에서 정의하고 있는 전후국가를 냉전이라는 국제적 맥락 속에서 재정의한 것이다.(五百旗頭真, 『日本の近代 6』)

강화체제의 세 번째 특징은, '식민지제국'의 청산 작업까지 포함한다는 점이다. 강화조약에 따라 성립된 '공식적인 화해'는 서명국이 일본과 전쟁상태에 있었던 국가들로 한정된 데에서 알 수 있듯이 전쟁 후의 처리에 관한 것이지, 식민지 지배의 처리에 관한 것은 아니었다. 전쟁 수행과 식민지통치란 원래 차원이 다른 국가의 행위이다. 그러나 1945년 패전은 연합국에 대한 패배이자 동시에 식민지나 점령지 포기를 수반하는 '제국의 해체'를 의미했다. 따라서 강화를 추진하는 과정에서 쌍방은 식민지제국 관계를 청산한다고 명시했지만, 다른 한편으로는 수많은 '역사 문제'를 야기시키는 원천이 되기도 했다.

이상과 같이, 1부에서는 전후처리의 기반이 된 강화체제를 점령개혁이나 식민지제국의 청산까지 포함한 넓은 개념으로 파악하되, 강화와 독립 후에 남겨진 수많은 '역사 문제'의 원천이라는 의미에 대해 생각해보고자 한다. 예를 들면, 도쿄재판(극동국제군사재판)은 점령개혁(비군사화정책)의 일환이자 강화조약 제11조에서 '수락'한다고 되어 있지만, 그 의미를 둘러싸고 여러 문제가 제기되고 있다.

# 1장
# 도쿄재판과 전범석방

## I 도쿄재판 — 희미해지는 중일전쟁

### 평화에 대한 죄

1946년 5월에 개정되어 1948년 11월에 막을 내린 도쿄재판은 직접적으로는 포츠담선언 제10조(모든 전쟁범죄인에 대해서는 엄중한 처벌을 내려야 한다)에 근거한다. 일본정부는 '모든 전쟁범죄인'이란, 전쟁포로에 대한 학대 등 통상적인 국제법을 위반한 범죄행위를 저지른 죄인이라고 생각했다.

그런데 도쿄재판은 통상적인 전쟁범죄에 더하여, '평화에 반하는 죄', '인도에 반하는 죄'라는 새로운 법개념을 포함시켰다. 그 근거가 된 것은 1946년 1월 맥아더 사령관이 공포한 극동국제군사재판헌장이다. 이 재판헌장은 뉘른베르크 국제군사재판헌장의 극동판인데, 독일의 지도자들은 이미 이상의 죄로 단죄되고 있었다.

'평화에 반하는 죄'란 재판헌장에 따르면, 선전포고의 유무와 상관없이 '침략전쟁' 또는 국제법에 반하는 전쟁을 계획, 준비, 실행하고 이러한 행위를 달성하기 위해 '공통의 계획 또는 공동 모의에 참가'하는 것인데, 소추 유형상 'A급'이라고 했다. '인도에 반하는 죄'는 'C급'으로 분류되는데,

주로 '정치적, 인도적인 이유에 근거한 박해 행위'를 가리킨다. 원래 '인도에 반하는 죄'는 나치 독일 국민에 대한 조직적인 학살을 단죄하기 위한 것인데, 도쿄재판에서도 심리 대상이 되기는 했지만 이 죄가 적용된 자는 없었다. 그리고 통상적인 전쟁법규 위반에 대해서는 'B급'으로 다루었다.

요약하자면, 도쿄재판에서 주로 단죄한 것은 '평화에 반하는 죄'였다. 실제로 피고 28명은 전원 '평화에 반하는 죄'에 의해 소추되었는데, 재판 도중에 사망한 2명과 정신장애로 소추가 면제된 1명(大川周明)을 제외한 25명 전원이 유죄 판결을 받았다. 단, 마츠이 이와네(松井石根) 전 육군 대장은 난징(南京)학살사건의 책임자로서 'B급'에 해당돼 사형되었지만, '평화에 반하는 죄'에 대해서는 유죄가 아니었다.

연합국에 의한 군사재판은 도쿄재판만이 아니라 요코하마(横浜)나 해외에서도 실시되었는데 여기에서 '평화에 반하는 죄'로 단죄된 자는 없었다. 따라서 도쿄재판 이외의 재판에서 단죄된 피고나 수형자를 BC급전범으로 부르기도 한다.

### 점령개혁으로서의 도쿄재판

도쿄재판을 점령정책의 일환으로 간주한다면 일찍 종결하는 것이 바람직했다. 일본이 다시 미국이나 세계의 위협이 되지 않도록 민주주의 원칙에 합당한 정부로 개혁한다는 연합국의 초기 점령목표에 비추어 본다면, 전쟁 책임자를 처벌하는 것만으로는 이러한 목표가 달성될 수 없기 때문이다.

재판이 장기화됨에 따라 일본 국민들 사이에 복수심이 싹트자, 정치적 안정과 연합국과의 협조에 지장이 생길까 우려되었다. 실제로 맥아더 사령관의 고문으로 국무성에서 파견된 조지 앳치슨(George Atcheson Jr.)은 전범 문제와 공직추방을 빨리 해결하고 정치적 안정을 유지할 필요가 있다고 역설했는데, 국무성에서는 '즉결처형'을 주장하는 의견도 적지 않았다.

그러나 도쿄재판의 창시자라 할 수 있는 헨리 스팀슨(Henry L. Stimson) 육군장관은 법적 · 도덕적 정당성을 보장할 수 있는 재판방식을 일관되게 유지했다. 이러한 재판방식은 구 추축국(樞軸國)에 대한 '보복'이나 '즉결처형'을 주장하는 입장에 반대하는 것으로, 전후세계에서 미국이 주도하는 국제질서의 유지를 위해 도덕적 리더십을 보여주는 것이기도 했다.(日暮吉延, 『도쿄재판(東京裁判)』)

이렇게 해서 재판의 의의는 법적으로는 국제법에 의한 침략전쟁의 방지라는 관점 보다 '문명'의 이름으로 침략전쟁의 범죄성을 입증하는 데 있고, 이와 불가분의 관계인 정치적 목적으로는 '일본의 침략과 연합국의 제재'라는 성격과 역사해석을 분명하게 제시했다는 데 중점을 두었다.

도쿄재판은 정치적 의의를 띤 '승자의 재판'이었기 때문에 그 후 계속해서 비판을 받게 된다. 앳치슨의 후임으로 재판을 빠짐없이 관찰한 윌리엄 시볼트(William Sebald)는 회고록에 '군국주의의 과거를 일본국민에게 폭로하기 위해 법정이라는 절차를 사용한 것이 과연 현명한 것이었는지 앞으로 오랫동안 논란이 될 것이다. 또한 이와 마찬가지로 재판의 합법성 자체에 대해서도 오랫동안 논란이 있을 것'이라고 적고 있다.(시볼트, 『일본점령외교의 회상』) GHQ 내부에서조차 이러한 회의론이 끊임없이 제기되고 있었던 것이다.

## 중국침략이 개전원인?

도쿄재판 자체에 대한 회의론이 이는 가운데 '평화에 대한 죄'의 정당성을 11개국으로 구성된 판사단이 무조건적으로 받아들인 것은 아니었지만, 영 · 미 · 중 · 소 등 주요국이 찬성하고, 판결문(다수의견) 초안의 중심적인 내용이 됐다는 것은 역시 중요한 의미라고 할 수 있다. 이에 8일간에 걸쳐 법정에서 낭독된 판결문에 나타난 역사적 해석은 무엇이었는지 다시 한 번 살펴 보자.

우선 판결문은 총괄적인 인정 부분에서, 다나카 기이치(田中義一) 내각이 아시아태평양 지역에서 군사적, 정치적, 경제적인 지배를 획득하겠다는 공통된 계획을 수립하고, 그 목적을 위해 침략전쟁의 실행을 '공동모의'했다고 상정했다.

1927년 4월 다나카내각 성립 이후, 만주를 비롯해 무력으로 목적을 달성할 것을 주장하는 '군인 일당'의 공동모의자들과, 평화적 수단으로 세력확장을 도모하자는 정치가들(나중에는 관료) 간의 오랜 투쟁이 시작되었다. 전자는 정부기관과 내각을 지배하고 물적 · 인적 자원을 통제하고 반대세력을 억압하는 한편, 1931년부터 중국침략을 개시하여 만주를 점령하고 나아가 1937년부터 대규모 중국침략전쟁을 이어갔다는 식이다.

다만, 이렇게 무리한 공동모의론이 도쿄재판의 역사해석에 그대로 반영된 것은 아니다. 가장 중점을 둔 곳은 1931년 만주사변 이후 중일 간 분쟁의 성격에 대한 규정이다.

판결문은, 1928년의 장쭤린(張作霖)폭사사건에서부터 일본과 중국이 교전상태에 들어갔고 기본적으로 1945년 8월 항복할 때까지 전쟁이 계속된 것으로 인정하고 있다. 따라서 1937년 7월 루거우차오(盧溝橋)사건으로 시작된 중일전쟁은 만주사변의 연장으로 간주되며, 새로운 전쟁으로 보지 않는다. 그 결과, 중일전쟁에 관한 소추는 심리대상에서 제외되었다. 루거우차오사건에 대해서도 사건 발발의 책임이 일본에 있다기보다는 그 후의 갑작스런 내지동원과 국지적인 해결책을 방치한 과정을 중시하고 있다.

또한 미국과 일본의 개전에 대해서 검찰은 선전포고 통지를 의도적으로 늦춤으로써 사전통고를 의무화한 1907년의 헤이그조약을 무시했다면서, 대미전쟁의 '침략성'을 입증하는 데 많은 노력을 기울였다. 그러나 판결문은 헤이그조약에 대해 '통고를 한 후부터 적대행위를 개시할 때까지 어느 정도의 시간적 여유를 두어야 하는지에 대해서는 분명하지 않다'면서 심리대상으로 삼지 않았다. 재판부는 일본정부가 헤이그조약을 의도적으로 위반했는지 여부의 판단은 곤란하다면서, 진주만기습을 대미전쟁에 있어 침략성의 근거로 인정하지 않았다.

이렇게 해서 55가지나 되는 소추 대상은 재판과정에서 최종적으로 11개로 줄어드는데, 유죄를 받은 25명 가운데, 마츠이(松井石根)와 시게미츠(重光葵)를 제외한 23명은 '공동모의죄'(소추대상 1)에 해당되었다.

그 다음이 '만주사변 후의 대중전쟁 수행'(소추대상 27)에 해당하는 23명이다. 다음은 '대(對)미국 · 영국 · 네덜란드 · 프랑스 전쟁 수행'(소추대상 29~32)의 책임자인 18명이다. 개전 당시 각료였던 도조 히데키(東條英機)나 도고 시게노리(東鄕茂德)는 미국 · 영국과의 전쟁 뿐만 아니라, 만주사변에 이은 중일전쟁의 책임자로 지목되었다.

변호인측은 특히 모두진술에서 미국 · 영국 · 중국 · 네덜란드, 이른바 ABCD포위망 형성에 따른 경제봉쇄 때문에 자위 차원에서 개전할 수밖에 없었다는 '자위전쟁론'을 주장했다. 그러나 도쿄재판은, 중국에 대한 군사적 침공이 심화됨에 따라 미국 · 영국 · 네덜란드와의 전쟁이 시작되었다는 인과관계에 주목했다. 대륙에서의 침략전쟁을 계속하기 위해, 이를 저지하려는 연합국에 대해 도조내각이 평화적 해결방법을 포기한 채 무력으로 대항하려 했다는 판단인 것이다.

당시, 내대신이었던 기도 고이치(木戸幸一)는 ' 문제가 된 것은 중국(진출) 단계인데, 만주사변 이후 이와 관련된 방어는 제일 약점이었다.'(『木戸日記, 東京裁判期』)고 기록했는데, 특히 루거우차오사건 이후 대륙침

공과 점령지지배가 확대되는 것을 정당화하다보면 '자위전쟁론'은 모순이 되고 만다.

### GHQ가 제공한 「태평양전쟁사」의 의미

이상과 같은 역사해석은 이미 GHQ민간정보교육국이 1945년 12월 8일부터 주요 신문에 연재한 「태평양전쟁사」에 잘 나타나 있다. 이 연재기사는 이듬해인 1946년 4월 단행본(『태평양전쟁사』)으로 간행되었는데, 번역자인 나카이 겐이치(中居健一)는 서문에서 '우리는 이제야 비로소 지난 전쟁의 책임 내지 원인이 태평양전쟁에서부터가 아니라 멀리 만주사변까지 거슬러 올라간다는 것을 알게 되었다'고 적었다. 서문에서 '일본국민은 어째서 패배했는가? 그리고 무엇 때문에 군국주의로 인해 비참한 신세가 될 수밖에 없었는가를 이해시키는 데 있다'고 밝혔듯이, 이 책의 목적은 일본 국민에 대한 일종의 역사교육에 있었다.

간략히 내용을 살펴보면, 나카이가 이미 지적했듯이 전반부는 1931년부터 1941년까지 10년간에 걸쳐 '일본 · 이탈리아 · 독일 3국이 세계제패정책을 무리하게 추진했던 시기'인데, 극동에서는 만주사변을 일본 군국주의에 의한 세계제패의 기점으로 묘사하고 있다. 그러나 『태평양전쟁사』의 서술적 중심은 절반 이상이 개전 후의 태평양지역에서의 전투사에 할애되었고 맥아더의 전쟁지도력을 칭찬하는 데 있다.

흥미로운 것은, 주일대사였던 조셉 그루(Joseph Grew)가 회고록에서 평화와 국제협력을 주장한 시데하라 기주로(幣原喜重郎), 와카츠키 레이지로(若槻礼次郎)와 같은 온건파나 자유주의사상 단체가 1930년대 전반에는 군부에 대항할 수 있는 세력으로서 힘을 잃어버렸다는 점을 언급했다는 사실이다. 마치 온건파의 부활을 바라는 듯한 서술이다.

그리고 이 책은 일본군에 의한 학살행위를 강조하고 있다. 바탄

(Batan)과 코레이도(Corregidor)에서 미군과 필리핀군 포로들에게 '죽음의 행진'을 시킨 것이나 마닐라에서의 잔학행위, 그리고 '근대사 최대의 학살사건'이라 할 수 있는 '난징학살사건'을 특별히 언급하고 있다. 한편, 원폭 투하에 대해서는 '전투의 종결을 촉진시켜 수많은 사람의 목숨을 구했다'고 합리화하고 있다.

철학자 우에야마 슌페이(上山春平)는 1960년대에 전후의 일본인이 일반적으로 수용했던 '태평양전쟁사관'에 대해 미국의 국가이익과 연결된 전쟁관이라면서 이를 상대적으로 볼 것을 제기함으로써 논쟁을 불러일으켰는데, 그 계기가 된 것은 바로 GHQ의 『태평양전쟁사』였다. 우에야마에 따르면, '이 『태평양전쟁사』의 해석은 추방을 피한 언론인들의 비전(秘傳)이 되어 오늘날까지 언론계의 상식으로 이어지고 있다'는 것이다.(『태평양전쟁사의 의미』)

공공의 기억 형성이라는 관점에서 볼 때 『태평양전쟁사』의 영향력을 간과할 수 없지만, 그것은 1941년에 시작된 태평양에서의 미일 간의 전쟁에 한정된 것이다. 이는 태평양전쟁의 책임과 원인이 본질적으로 중국침략에 있다는, 도쿄재판이 제시한 역사해석에는 미치지 못한 것이다. 사실 우에야마의 논쟁에는 중일전쟁이 빠져 있었다.

## 희미해지는 중일전쟁

중일전쟁이 '태평양전쟁'의 그늘에 가려 일본인의 시야에서 멀어진 이유는 GHQ의 여론조작 때문만이 아니다. 우선 패전 직후 중국에서 들어오는 정보가 매우 제한적이었다는 점을 들 수 있다. 전쟁이 끝난 직후의 논단에서도 중일전쟁은 다루어지지 않았다.(馬場公彦, 『전후 일본인의 중국관』)

또한 일본인에게 패전이란 태평양전선에서 미군에게 참패한 것이지, 중국전선에서 패배한 것이 아니었다. 중국전선에서 항공부대를 이끌었던 엔도 사부로(遠藤三郎) 전 소장(少將)은 '내가 직접 참전해서 싸운 전투에서는 한 번도 져 본 일이 없다. 따라서 마음 속으로는 졌다는 생각이 없다. (중략) 전쟁이 불리해진 것은 전쟁 목적이 불순했거나 물자가 부족한 탓도 있지만 중앙의 전쟁지도부가 졸렬했던 것이 주요 원인이었다'고 했다.(『일중 15년전쟁과 나』)

패배를 자각하지 않는 의식은 정부도 마찬가지였다. 패전 직후부터 '승자'였던 중국 국민당정부가 전쟁복구를 위해 일본인 기술자나 전문가를 고용(잔류)하려 했고, 일본정부는 이에 적극적인 자세를 보였는데, 그것은 '일본과 중국 간의 지난 일은 모두 잊어버리고, 적극적으로 중국을 지원하고 강화함으로써 장래에 일본제국의 비약과 동아시아의 부흥에 이바지하기 위한 것'이었다.(「평화 직후의 대중국 처리 요강」 1945년 8월 18일, 『현대사자료 38』) 패전 직후 중일 상호 부흥을 위한 '중일친선론'은 일본정부의 대중국정책의 근간이 되었다.

이렇게 중국에 대한 패배의식이 희박했던 것은 일본의 과거 전쟁에 대한 반성이나 검증이 오로지 미국과의 전쟁이나 정의론에 초점이 맞추어져 있다는 것을 의미했다. 이런 의미에서 도쿄재판은 '전쟁 책임 문제를 정면으로 다루는 데 오히려 방해'가 되었다.(大沼保昭, 『도쿄재판에서 전후 책임의 사상으로』)

### 봉인된 전쟁범죄

하지만 국제검찰국은 전쟁범죄에 대해서만큼은 집요하게 소급하여 기소했다. 수많은 공적(公的) 기록물이 사라져 가는 와중에 각국 검찰관은 지역을 나눠 현장에 가서 관계자로부터 방대한 진술서와 조사 서류를 수집했다. 동시에 진행되고 있던 각 지역의 BC급 전범재판에서 수집된 자료에 의존하는 경우도 있었다.(戸谷由麻, 『도쿄재판』)

중국 팀은 난징학살사건에 힘을 쏟았는데, 난징 함락 이전에 자발적으로 '난징 안전지대 국제위원회'를 발족시켜 난민구역을 설정하고 전쟁의 피해로부터 시민들을 보호하려고 했던 외국인 거주자의 증언이나 관련 자료를 중시했다. 당시 국제위원회 위원장이었던 독일인 존 라베(John Heinrich Detlef Rabe)의 증언도 그 중 하나였다. 법정에는 국제위원회 위원을 포함한 10여 명의 증인이 출두했다. 그 결과 재판소는 '일본군이 점령한 이래 6주간에 걸쳐 난징과 그 주변에서 살해된 일반인과 포로의 수가 20만 명 이상이었다'고 판단했다.

영연방 팀은 지금도 호주가 중시하고 있는 보르네오의 산다칸(sandakan) 수용소의 억류포로에 대한 '산다칸에서의 죽음의 행진' 등 억류포로자 문제를 주로 다루었다. 연합군병사들 뿐만 아니라 '타이멘(泰面, 태국)철도' 건설을 위해 강제연행된 수많은 버마인들에 대한 비인도적 행위 등의 문제도 포함되었다.

필리핀 팀은 '마닐라의 강간'으로 알려진 마닐라 시내와 주변지역에서 벌어진 무차별 살해, 강간, 고문, 방화 등의 잔학행위와, 포로학대 문제인 루손 섬에서 벌어진 '바탄(bataan)에서의 죽음의 행진'을 중요하게 다루었다. 이 문제들은 모두 도쿄재판에 앞서 마닐라의 미군법정에서 다루어졌는데, 위에서 언급한 증거 서류들이 활용되었다.

전쟁 중 보르네오섬이나 자바섬에서 있었던 '강제매춘'에 대해서도 전쟁범죄의 한 유형으로 다루어졌다. 그러나 판결문에서는, 사례가 적고 입증할 증거가 부족하여 지도자책임으로 이어질 수 있는 조직적인 범죄로 인정되지 않았다. 또한 법정에서는 관련 서류들이 거의 낭독되지 않았고 사안의 '개요'만 언급되는 정도에 그쳤기 때문에, 구체적인 '강제매춘'의 사실이 법정 밖으로 널리 알려지지 못했다.(戸谷由麻, 『도쿄재판』)

입증되지 못한 전쟁범죄나 의도적으로 소추를 기피한 안건도 적지 않았다. 예를 들면, 미국 팀은 세균무기 개발이나 인체실험을 저지른 만주 731부대에 대한 증거나 중국에서 일본군이 독가스를 사용했다는 증거 자료를 입수했지만, 법정에 제출하지 않았다.(栗屋憲太郎, 『도쿄재판의 길』) 그리고 조선인이나 중국인에 대한 강제연행, 강제노동에 대해서도 관련 증언을 확보했으면서도 이 문제에 대해서는 소추를 하지 않았다.

대부분 이 문제들은 천황불기소와 마찬가지로 정치적 판단에 따른 것인데, 오랫동안 봉인되었다가 '전후보상 문제'라는 형태로 다시 불거진 것은 냉전 이후의 일이다.

전범재판의 효과

도쿄재판이 미국 주도로 운영되고 점령정책의 일환이었다면 점령정책이 전환됨에 따라 전범정책도 바뀌어야 하는데, 실제로 점령정책은 1948년을 기점으로 징벌적 정책에서 부흥과 자립을 지원하는 방향으로 전환되었다.

이러한 정책전환이 도쿄재판의 심리에 영향을 주지는 않았지만 추가로 계속 처벌하기보다는 어떻게 수습할 지에 관심이 모아졌다. 1948년 10월에는 A급전범재판의 결심공판(미결인 A급용의자에 대한 재판계속 중지)과 BC급전범재판의 조기 종료가 결정되자 전범재판은 종결단계로 접어들었다. 냉전이라는 국제환경, 재판장기화에 대한 패자의 반발, 심리적인 악영향, 그리고 예산 문제가 작용한 결과였다. 이어서 극동위원회가 1949년 3월까지 A급, BC급전범재판을 종결하라고 권고했다. 다만 BC급전범재판은 각국의 주권에 속하는 문제라서 권고대로 1949년 9월까지 재판을 마친 것은 호주 뿐이었다.(日暮, 『도쿄재판』)

이 무렵 미 국무부의 대일정책 입안을 담당한 조지 캐넌(George F. Kennon)이 1948년 2월에 일본을 방문하여 전범재판의 조기 종결을 권고했다. 재판을 비판한 이유는, 전쟁에서 개인책임을 소추할 근거가 없다는 점, 법률가들이 사법절차에 따라 전쟁 원인이나 책임을 묻기 어렵다는 점이었다. 게다가 캐넌이 우려한 것은 재판의 '공정성'이 흔들리면 재판의 교훈적 의미가 사라지고, 반미감정을 자극할 수 있기 때문이었다.(日暮, 『도쿄재판』)

도쿄재판의 판결은, 캐넌의 염려대로 일본인의 반미감정을 자극하지는 않았다. 판결 직후 국회에서 질문을 받은 요시다 총리는 판결에 대해 비판할 여지는 없지만, '국민들이 전범에 대한 단죄를 엄숙한 마음으로 대함으로써, 곧 일본의 국제적 신뢰를 높이게 될 것'이라고 간단하게 언급하는 데 그쳤다. 이는 대다수 일본 국민들의 마음을 대변하는 것이었다.

도쿄재판은 지도자 '개인'의 책임을 문제 삼았던 것이지 '국가'의 책임을 소추한 것이 아니었기 때문에, 일본 정부와 국민은 어떤 의미에서 방관자로 남을 가능성이 있었다. 한편, '도쿄재판은 국가책임이 아닌 개인책임의 소추가 목적이었지만 이를 입증하는 과정에서 당연히 국가책임도 증명된 것'이므로 개인책임으로 간주하고 그칠 문제가 아니라는 유력한 해석도 있다.(入江啓四郎, 『일본강화조약의 연구』)

예를 들면, 아사히신문은 '적극적으로 또는 소극적으로 그들의 이른바 '국책'을 지지했거나 이에 따랐던 일반 국민들에게도 강력히 반성을 촉구해야 한다'는 취지의 논평을 자주 냈다. 그러나 일반 국민의 반성이 널리 전파되지는 않았다. 미국의 목적이 지도자의 유죄를 매개로 일본인들로 하여금 침략전쟁에 대한 자책감을 느끼도록 하는 데 있었다면, 이는 미완에 그쳤다고 할 수 있다.

이러한 결과는 강화조약이 체결되자 더욱 분명해졌다. 왜냐하면 강화조약 제11조에 도쿄재판의 수락에 관해 못 박아 놓았지만, 그 해석을 둘러싸고 아직도 논란이 이어지고 있기 때문이다.

### 천황의 면책과 퇴위 문제

도쿄재판에서 가장 중요하면서도 논쟁을 피한 쟁점은 바로 천황의 전쟁책임이었다. 아와야 겐타로(粟屋憲太郎) 등의 연구에서 알 수 있듯이, 호주 등이 주장한 천황전범론을 극동위원회가 거부하고 최종적으로 천황을 전범에서 제외한 것은 1946년 4월이었다. GHQ와 맥아더의 의향이 크게 작용한 것이었는데, 천황이 전범으로의 소추를 피할 수 있게 된 것은 연합국들이 입헌군주로서의 '무답책론(無答責論)'을 받아들인 것도 아니고, 그저 당면한 점령정책의 편의 때문만도 아니었다. 전후 아시아태평양의 질서유지 차원에서 친미적이고 안정적인 일본의 존재가 불가결하다는 점이 인정되었기 때문이다.(粟屋憲太郎, 『도쿄재판론』) 다시 말해, '강화체제'의 안정적인 유지를 위한 불가결한 결단이었다는 것이다.

만약 도쿄법정이 천황의 책임에 대해 어떤 판단을 내렸다면, 후술할 강화조약 제11조(전범조항)의 내용과 해석을 둘러싸고 강화체제 자체를 뒤흔드는 소동으로 발전했을 지도 모르지만, 이러한 사태를 피하려는 움직임도 있었을 것이다.

그러나 강화체제의 안정이라는 생각과는 별개로, 천황이 자신의 결단으로 퇴위하고 도의적 책임을 지는 선택지도 있었다. 이러한 관점에서 종전 시 대동아차관이었던 타지리 아키요시(田尻愛義)는 일찌기 천황퇴위론을 주장했다.

타지리에 따르면, 분명 천황에게 법적인 책임은 없지만, '천황의 도의심이 전쟁에 반대했다 하더라도 결과적으로 침묵했다고 한다면, 그 이유 여하를 막론하고 도의적인 책임이 있다'는 것이다. 천황의 자발적인 퇴위 심경을 국민들이 이해하지 못할 이유가 없고, 점령하에 있다는 것이 장애가 된다면 이를 공표하는 것만으로도 퇴위 못지않은 '국민정서에 미치는 효과'가 있으며, '책임을 진다'는 중대한 의미가 국민들에게 반드시 받아들여졌을 것이라는 뜻이다.

타지리는 히가시쿠니노미야 총리에게 천황의 퇴위와 황실 재산을 처분하도록 진언하고, '천황과 국민 간의 새로운 유대감이 생겨나면 이것이 일본 재건의 뿌리'가 될 것이라고 설명했다. 총리는 '그렇게 생각한다'며 찬성했다고 한다. 그러나 히가시쿠니노미야 총리가 천황 퇴위를 위해 움직였다는 흔적은 없다. 타지리는 기회 있을 때마다 요시다 외상에게도 퇴위론을 진언했지만, 결과는 실망스럽기만 했다고 한다.(『타지리 아키요시(田尻愛義) 회상록』)

타지리의 퇴위론은 패전을 계기로 국민과 천황 사이에 새로운 유대를 쌓자는 것이었는데, 나카소네 야스히로(中曽根康弘) 의원(개진당)도 이와 비슷한 동기에서 퇴위론을 주장했다.(1952년 1월 31일 중의원 예산위원회)

나카소네 의원은 천황에게 전쟁의 '형식적 책임'은 없지만 '과거의 전쟁에 대한 인간적 고뇌를 느끼실 수도 있다'며 그러한 심경을 헤아려 볼 때 '만약 천황께서 스스로의 의사에 따라 퇴위하신다면, 좋은 계기는 우선 신헌법을 제정할 때, 두 번째는 강화조약을 비준할 때, 마지막 세 번째 기회는 강화조약 발효일이 가장 적당할 것'이라고 했다.

게다가 나카소네는 퇴위가 '유가족과 그밖의 전쟁희생자들에게 큰 감명을 주고, 천황제의 도덕적 기초를 확립하고, 천황제를 젊게 만듦과 동시에 확고불변하게 유지되는 바탕'이 될 것이라며 정부의 견해를 다그쳤다. 이에 대해 요시다 총리는 다음과 같이 답변했다. '폐하의 퇴위와 같은 일은 나라의 안정을 저해할 수 있습니다. 이와 같은 일을 바라는 자가 있다면 나는 국민이 아니라고 생각합니다.'

천황 자신에게 퇴위 의사가 있었는지 여부는 분명하지 않지만, 퇴위를 촉구하는 자는 '국민이 아니다'라는 요시다 총리의 강력한 거부감에서도 알 수 있듯이, 천황의 퇴위는 곧 '국가의 안정을 해친다'는 요시다의 판단이 도쿄재판 전체를 지배하는 신념이었다는 것을 보여주고 있다. 요시다에게는 천황이 계속 재위하는 것이 넓은 의미에서 '강화체제'의 안정을 내부에서 지탱해주는 중요한 조건이었던 것이다.

그러나 천황이 계속 재위하는 것은 특히 외국에서 보면, '과거 군사침략에 대해 일본인이 죄의식을 느끼지 않는 이유 중 하나'이며, 전쟁책임 문제가 장기간에 걸쳐 논란이 되기도 하고, 누가 진짜 책임자인가라는 문제의 합의를 방해하는 요인으로 비춰질 것이다.(Saki Dockrill, "The Legacy of 'the Pacific War' Seen from Europe.")

일본정부가 전쟁책임 문제에 깊이 관여하는 것을 피하려는 데 대해 비판자들은 결코 좌시하지 않았다. 그러나 전쟁책임론의 비판은 행위에 대한 책임을 따지기보다는 전쟁을 피하지 않았던 일본 국민의 '주체적 책임'을 따지는 데에 집중하는 경향이 있고, 1960년대 후반까지 구 식민지나 아시아 피해국들에 대해서는 거의 관심을 기울이지 않았다.

## II 강화와 전범석방 문제

### 점령이라는 사실상의 강화

18세기 이후 근대 국제사회에서 '강화'란 전쟁에 관한 해석의 틀을 공적인 것, 즉 국가 간의 화해로 확정하고, '배상'이 전제되는 것이었다.

실제로 제1차 세계대전이 끝난 뒤에 맺어진 1919년 베르사이유조약 제231조는 '독일과 그 동맹국에 의한 침략전쟁 때문에 생겨난 연합국과 그 국민에 대한 손해와 피해에 대해서는 독일과 그 동맹국에 책임이 있다'고 명기하고, 제227조에서는 독일 황제 빌헬름 2세의 소추를 규정하고 있다.

1947년 2월 이탈리아평화조약은 전문에서 '전쟁책임'을 명기하고 조약 기초의 기반을 밝혔는데, '과거의 행위'에 대해 징벌적 규정과, 장래의 행위에 관한 의구심을 나타내는 감시규정, 그리고 전쟁범죄인의 체포, 인도에 관한 조항이 마련되었다.

일본 외무성도 점령 전반기에는 강화조약이 베르사이유조약이나 이탈리아평화조약을 참조하여 징벌적이고 준엄할 것이며, 연합국이 일방적으로 작성한 조약안에 서명을 강요당할 것으로 예상했다. 실제로 점령 초기 미 국무부에서 구상한 조약안은 전범 문제가 큰 비중을 차지했고 전쟁범죄 용의자나 처벌 방법에 대해서는 세밀한 규정까지 마련되어 있었다.

그러나 최종적인 강화조약안에서는 전쟁책임에 관한 규정이 제외되었다. 그 이유 중 하나는, 오랜 점령기간을 통해 '사실상의 강화'가 진행되고 있었기 때문이다. 폭넓게 '전쟁책임'의 소재를 전제로 한 조치로 점령지나 식민지에 있는 일본인의 공적 · 사적 재산의 몰수, 배상의 징수, 전범 체포, 공직추방 등이 착착 진행되었고, 강화조약은 이러한 조치들을 상당 부분 추인하는 의미를 띠고 있었다. 또 다른 이유는, 처음부터 도쿄재판에서 BC급전범재판의 대부분이 끝나고 판결이 확정되었다는 점이다.

그러나 연합국들 간에는 독립한 이후의 일본정부에게 도쿄재판을 포함한 국제재판의 정당성을 인식시키기 위해 강화안을 어떻게 제시할지를 놓고 문제가 일었다. 특히 영국의 초안(1951년 4월)은 호주나 뉴질랜드의 압력도 있었기에, 이탈리아조약과 마찬가지로 '침략전쟁'의 책임을 독일 · 이탈리아와 함께 부담한다는 문장을 전문에 삽입하고, '(일본은) 모든 연합국이 주관하는 범죄법정의 판결을 수락할 의무를 지며, 그 명

샌프란시스코강화회의(1951년 9월 8일)
대일강화조약에 조인하는 요시다 시게루

령을 집행할 의무를 진다'는 조항을 포함시켰다. 도쿄재판을 받아들이라는 것은 처음부터 조약에서 일본정부가 책임을 인정하라는 것이었다.

외무성은 영국의 초안을 그대로 받아들인다면 '일본국민 전체에게 깊은 실망감'을 안기게 될 것이고, '베르사이유조약의 경험'을 반복하여 일본으로 하여금 국제사회로 복귀할 의욕을 포기하게 만들 것이라며 강하게 반발했다. 게다가 외무성은 점령관리하에서 일본의 비군사화나 민주화의 기초가 확립되고 있음에도 불구하고, '영국안은 현실에서 벌어지고 있는 모든 일들의 추진과 완성을 방해할 것'이라고 비판했다. 그만큼 '사실상의 강화'가 진행되고 있었던 것이다.(외교기록② 「영국의 평화조약에 대한 우리측의 의견」 1951년 4월 20일)

이 무렵 일본은 전쟁범죄인에 대한 '대사면' 조치와 수형자의 형집행을 일본에 일임할 것을 연합국측에 요청했다. 1951년 3월 미국이 제시한 초안에는 전쟁책임에 관한 조항이 삭제되었고, 감형 · 가석방 · 사면에 관한 권리는 관계국가 일본정부(도쿄재판의 경우는 법정대표정부의 과반수와 일본정부)가 '공동 결정'한다고 되어 있다.(외교기록③ 「평화조약초

안」 1951년 3월 27일)

### 수락을 둘러싼 해석의 혼란

그러나 1951년 6월 영국과 절충한 초안에는, '일본은 국제재판소 및 연합국재판소의 판결을 승인한다'는 문구가 삽입되었다.(외교기록④ 「평화조약의 수정안」 1951년 6월 28일) 이 문구는 전쟁책임 조항이 삭제된 대신에 영국이 주장해서 삽입되었을 것이다. 그리고 최종 초안(제11조 첫 부분)에는, '일본은 (중략) 연합국에 의한 전쟁범죄법정의 판결을 수락(accepts the judgements)하고, 또한 이 법정이 일본에서 구금된 일본국민에게 부과한 형을 집행한다'로 정해졌다.

이 최종 조문에서 말하는 '판결의 수락'은 도쿄재판에서 언도된 다수판결의 평결과 형량을 받아들이고 강화 후에도 효력이 있음을 받아들이는 것이다. 실제로 강화회의 한 달 전인 8월, 외무성에서 발표한 「일본과의 평화조약 초안 해설」에는 '평결을 수락하고'로 번역되어 있고, 강화가 발효되기 전에 '판결이 평화조약 체결 후에도 효력이 있음을 확인하고, 법정이 언도한 형을 집행해야 한다는 것을 명백히 밝힌다'고 되어 있다.

그러나 강화회의에서는 외무성이 '판결을 수락한다'는 부분을 '재판을 수락한다'로 해석했기 때문에 그 후 해석을 둘러싸고 혼란이 일어났다. 한편에서는 재판 전체를 인정한 것이라고 비판하고, 다른 한편에서는 유죄라는 인상을 희석시키려는 것이라는 비판이 생겨날 여지를 남긴 셈이다.

이 문제는 종종 국회에서도 거론되었다. 일찍이 강화조약 조인 직후의 참의원법무위원회에서, 제11조의 의미가 애매하다고 지적되었는데 오하시(大橋武夫) 국무상(당시에는 법무총재)은 '11조의 취지는 각 개인에 대한 재판에서 일본정부가 자주적인 입장에서 검토를 한 다음에 수락한다는 의미가 아니라, 정당한 절차에 따라 확정된 재판은 일본에서 유효한 재판이라는 것을 수락한다는 의미'라고 답변했다.(1951년 11월 13일 참의원 법무위원회)

이 답변은 재판 자체는 유효한 것으로 수락하지만 재판을 받은 대상은 개인이지 국가가 아니기 때문에 정부로서는 이의를 제기할 입장이 아니라는 것인데, 이러한 답변은 오늘날까지 뿌리깊게 남아 있는 도쿄재판에 대한 일본정부의 관점의 원형을 보여주고 있다.

그러나 전술했듯이, 도쿄재판은 개인책임이라기보다 국가책임을 소추한 것이라는 해석을 전제로 한 것이기 때문에 재판 전체를 유효하다고 승인한 것이라는 견해도 있다.

예를 들면, 1993년 11월 국회에서 단바 미노루(丹波 實) 외무성 조약국장이 '재판소의 설립 및 심리, 그리고 법, 침략, 태평양전쟁, 기소장의 기소이유에 대한 인정, 판결, 형의 선언이 모두 포함되어 있기 때문에 이런 의미에서 일부 사람들이 주장하는 형의 언도만 의미한다고는 볼 수 없다. 그런 의미에서 결론적으로 말하자면 재판을 수락한다는 표현은 역시 올바른 표현이 아니라고 생각한다'고 답변했다.(1953년 11월 9일 참의원내각위원회)

단바 국장의 설명은 도쿄재판에서 '평화에 대한 죄' 등의 개념이 종합된 기소이유에 따라 평결이 이루어졌다는 것이며, 일본은 그 판결문을 총체적으로 받아들였다는 주장이다.

어쨌든 외무성이 강화회의 한 달 전 '재판의 수락'이라는 의역을 공식적인 해석으로 내놓은 것은 무엇 때문일까? 히구라시 요시노부(日暮吉延)는 『도쿄재판의 국제관계』에서, '판결을 수락한다'에는 펄(Radhabinod Pal) 판사나 레릭(Bert Roeling) 판사의 반대의견(소수의견)이 배제되어 조약국이 일부러 국내용으로 '재판을 수락한다'로 의역하고,

재판과 판결을 뭉뚱그린 것이 아닌가 추정하고 있다. 일본정부(외무성)는 국제군사재판의 효력을 인정하면서도, 재판 전체를 정당한 것으로 받아들인다는 견해를 밝힌 적이 한 번도 없는데, 거기에는 이러한 사정이 담겨져 있었던 것이다.

국회에서도, '재판을 수락'한다고 할 경우 '난징학살 20만 명'이나 '일관되게 침략전쟁을 했다'는 해석도 받아들이게 되는가라는 난처한 질문이 되풀이되었다.

그러나 일본정부는 일관되게 '국가와 국가 간의 관계 때문에 동 재판에 대한 이견을 밝힐 입장이 아니다'라고 답변했다.(2005년 10월 23일 日野田佳彦 의원〈민주당〉에 대한 답변서)

이의를 제기하는 것은 강화조약의 법적 테두리를 스스로 무너뜨리는 것을 의미하기 때문이다.

### 강화 후의 전범석방 문제

제11조 하단에는, 일본정부가 판결과 다른 조치를 취할 경우에는 관련국에 '권고'를 하고 양해를 구하도록 명기되어 있다. 즉 강화가 성립된 다음 형의 집행은 일본정부에 위임했지만, 사면이나 감형 등의 은전은 일본정부의 '권고'에 따라 관련국의 양해를 얻어야 실시될 수 있도록 한 것이다.

이 조문에서 논란이 된 것은, 석방된 전범수형자에 대한 국내 처리 문제였다. 전승국이 전쟁범죄자로 판결한 자를 '국내적으로 보면 범죄자로 인정할 근거가 없다'(1955년 6월 3일 중의원예산위원회)는 이유로, 마치 당연하다는 듯이 전범은 더 이상 범죄자가 아니라 사형자의 유족들과 마찬가지로 '전쟁의 희생자'로 간주되었다. 또한 이들은 '미귀환자급여법'의 대상자가 되어 국가보상에 준하는 처우를 받게 되었다.

또 다른 논란은, 일본에서 재심이 가능한가의 문제였다. 도쿄재판에서 일본측 변호인이었던 하야시 이츠로(林逸郎)는 1951년 12월 국회에서 도쿄재판이나 BC급전범재판이 여러 가지 사실오인(事實誤認), 즉 패전에 따른 증거서류의 분실, 대다수 증인이 '사람을 배신하고 국가를 배신하는 언사를 내뱉은 것', '당시 일본이라는 국가가 재판에 대한 이해가 없었던 것'에 기인한 오심이었기 때문에, 재판을 다시 해서 오심에 희생된 수많은 사람들을 구하는 것이 '국가의 의무'라고 주장했다.(1951년 12월 14일 참의원법무위원회 전쟁범죄인에 대한 법적 조치에 관한 소위원회)

그러나 오하시 법무총재는, 재심은 있을 수 없으며 관련국 정부에 감형 등의 형집행 조치를 '권고'하는 정도로 그치겠다고 답변했다.

어쨌든 연합국 입장에서 볼 때 재판의 정당성을 의미하는 11조를 일본이 거절하고 재심할 수 있다는 선택지는 사라졌지만, 일본 정부는 전범의 조기석방과 사면을 위해 관련국에 권고하는 데 힘을 쏟게 된다.

원래 제11조(전범조항)는 연합국과 일본의 공적인 화해로서 강화조약에 국제재판의 결과를 연계시켜 전쟁책임의 문제를 국제적인 차원에서 분명하게 하자는 것이었다. 그러나 강화조약의 어디에도 전쟁책임이나 전쟁의 성격에 대해 명료하게 밝힌 곳은 없다. 일본 정부나 국회는 제11조에 전쟁책임조항을 대신하는 기능이 부여되어 있음에도 불구하고, 이를 제대로 이해하지 못한 채 오히려 애매함을 역이용하여 전범석방에 매진했다.

## 전범석방론과 전쟁책임

1952년 6월 의원입법으로 전범자의 가족들을 대상으로 하는 원호법이 '미귀환자급여법'라는 이름으로 국회에 제출되었다. 이때 제안자인 오타니 에이준(大谷瑩潤, 자유당) 의원은 '전쟁책임을 개인에게 떠넘기리라고는 예상치 못했고, 국가가 전범자에게 봉급을 주는 것은 매우 불합리'하기 때문에, 강화 후에는 국내적으로 '무죄'로 간주해서 미귀환자의 급여법에 준거해 급여를 지불하도록 했다는 제안이유를 솔직하게 밝히고 있다. 이 말에서 외부인이 일본인을 전쟁범죄자로 단죄한 초유의 사태에 대한 거부감과 반발심을 엿볼 수 있다.

도쿄재판에서 전쟁책임의 추궁은 침략전쟁의 계획, 수행에 관한 '평화에 대한 죄', 이와 관련된 잔학행위를 추궁하는 형태를 띠었다. 그러나 전쟁책임에 대한 일본인의 이해는 달랐다. '패전책임'을 추궁하는 목소리는 있었지만, 연합국이 제시한 침략전쟁이라는 인식을 가진 사람은 없었다. 기껏해야 전쟁이라는 범죄를 일으킴으로써 내외적으로 심대한 피해를 안겨 준 데 대한 '책임'이라는 수준으로 이해되고 있었다. 전쟁재판의 의의는 전쟁을 일으킨 죄를 반성하고 미래의 평화에 대한 결의를 다지는 계기로 삼는다는 점에 있는데, 평화헌법은 그 사상적인 근거가 되었다.(赤澤史朗, 「도쿄재판과 전쟁책임」)

그리고 일본 정부 입장에서는, 전쟁책임에 대한 추궁을 당할 때 평화헌법은 좋은 피난처가 되었다. 1955년 6월 하나무라 시로(花村四郎) 법무상은 전쟁책임 문제에 대해 '역사가들이 밝힐 문제'이지 '누구에게 전쟁의 책임이 있는지 따지기 보다는, 전 국민이 전쟁을 포기하고 이제부터 전쟁을 하지 않겠다고 반성하는 것이 바람직하다'(1956년 6월 3일 중의원예산위원회)고 답변했다. 이 답변은 이후로도 정부 답변의 한 전형이 되었다.

1952년 4월 강화조약이 발효되고 스가모(巣鴨)형무소의 관리가 일본 정부로 이관되자, 전범석방에 관한 수많은 청원과 진정이 국회로 제출되었고 전범석방에 관한 국회결의도 네 차례나 이루어졌다.

전범석방론의 근거 중 하나는 전통적인 '대사면'이었다. 수많은 일본측 변호인들이, 전쟁이 가혹할수록 쌍방이 저지른 죄는 강화조약에 따라 서로 '영원히 잊자'고 해야 진정한 평화가 있다는 대사면론을 전범석방의 근거로 들었다.

원래 대사면은 전쟁책임을 인정하고 나면 그 다음에 그 죄를 용서하고 잊자는 것이다. 그러나 전범자들은 국내적으로 그 책임의 유무가 애매모호해져 전쟁의 희생자가 되었고, 이들의 사형은 '공무상 사망'으로 바뀌었고, 다음 장에 설명하겠지만 유족원호법이나 은사법의 대상이 되었으며 게다가 야스쿠니신사에 합사되는 길마저 열리게 되었다.

한편, 오노 고이치(大野幸一, 사회당) 의원처럼, 인도주의적 입장에서 전범석방결의에 찬성하면서도 전범을 석방시키려면 아시아인에 대한 잔학행위에 대해서도 '참회와 반성의 뜻'을 보여야 한다고 주장하는 목소리도 있었다는 점을 기억했으면 좋겠다.(1952년 6월 9일 참의원 본회의)

그리고 원폭이라는 비인도적 전쟁수단을 취한 나라, 그 원인을 제공한 국가의 범죄는 '정치적 망각'으로 상쇄될 수 없다는 주장도 끈질기게 제기되었다. 예를 들면, 1955년 도쿄재판에 제소된 원폭재판은, 원폭 투하는 비전투원에 대한 전쟁범죄라는 인식에 따라 전쟁을 시작한 국가에 대한 '국가책임'을 추궁하고 피폭자에 대한 국가보상을 요구한 것으로, 국가의 전쟁책임을 따지는 추세가 전후보상재판의 형태를 띤 최초의 사례였다.(赤澤史朗, 「도쿄재판과 전쟁책임」) 두 개의 원폭 관련 법률을 개정한 1994년의 원폭원호법의 성립과정에서도 원폭자단체는 전쟁책임을 원호법에 명기할 것을 계속 주장했다.

## 전범석방과 각국의 의도

관련국에 대한 일본정부의 사면 권고는 우선 BC급전범에서부터 시작되었다. 발빠르게 대응한 국가는 미국이었지만, 자국의 '정의'가 유지되도록 사법심사에 따른 개인심사를 원칙으로 했기 때문에 결국 사면에 의

한 석방은 인정하지 않았다.

관련국 중에서는 후술하듯이 중화민국(타이완)정부가 일화(日華)평화조약의 발효와 동시에 사실상의 사면을 부여했고, 필리핀은 1953년 12월 배상협상을 감안해서 은사를 인정했다. 프랑스도 대일관계의 안정이라는 관점에서 1954년 4월부터 전원 석방했다. 네덜란드인 포로 억류 문제에 대한 보상을 전제로 네덜란드 역시 1956년에 석방 움직임을 보였고, 영국도 관련국과의 협조를 유지한다는 관점에서 1957년 1월 사면에 응했다.(日暮吉延, 『도쿄재판(東京裁判)』)

1957년 1월 시점에서 스가모형무소의 복역자는 107명이었는데, 그 중 미국 관할이 84명, 호주 관할이 23명이었다. 호주는 1957년 7월 전원을 석방했기 때문에, 이제 남은 것은 사법심사를 고집하는 미국뿐이었다.

국제적 합의가 필요한 A급전범의 가석방은 난항이었다. 스탈린 사후 중 · 소의 '평화공세'를 계기로 서방국가들 입장에서 볼 때 대일관계의 비중이 높아지자, 1955년 9월에는 관련국 중 8개국이 재심이라는 형식을 유지하되 10년을 복역한 A급수형자에 대한 가석방에 합의했고, 이어서 나머지도 순차적으로 석방되었다. 미국이 사법절차를 유지하는 가운데 정치적 해결방향으로 전환하고 A급전범 석방에 힘을 쏟았던 것이 사태를 진전시켰던 것이다.

마지막 남은 BC급전범 18명의 감형과 가석방, A급전범의 감형(형기만료)은 1958년 말에 이루어졌다.(日暮吉延, 『도쿄재판』)

도쿄법정의 관할 외 재판으로서, 중국공산당(중화인민공화국)의 지도하에서 '공화국재판'이 이루어졌다. 1949년 12월 구 만주에서의 731부대, 세균전 죄상을 다룬 하바로프스크재판, 그리고 1956년 여름 소련에서 이송된 전범을 포함한 약 1천 명을 특별군사법정에서 단죄한 선양(瀋陽)에서의 재판이 그것이다. 선양재판은 대일관계 복원 때문에 대표적

전범석방, 1955년 12월 16일 스가모구치소에서 출소하는 오시마 히로시(좌)와 기도 고이치(우). 두 사람 모두 종신금고형을 받았었다.

인 전범만 기소하고 '일본군국주의'를 규탄하겠다는 주언라이(周恩來)의 의향이 반영되어, 45명이 징역형을 받고 나머지는 불기소로 즉시 석방되었다.

그리고 강화체제 밖에서 이루어진 소련 지역에서의 전쟁재판의 양상은 여전히 베일에 가려져 있지만, 1956년 10월 조인된 일소공동선언을 통해 '소련에서 유죄판결을 받은 모든 일본인'을 석방하기로 하여, 그해 12월 말 1천여 명이 귀국하게 된다.

### 중국전범의 행방

한편 중국(타이완)정부는 구 연합국 가운데 최대의 피해국이었음에도 불구하고, 전범 문제나 배상 문제에 대해 강경한 자세를 취하지 않았고 존재감도 없었다. 종전 직후 장제스(蔣介石)가 '덕으로 원수를 갚는다'(以德報怨)고 연설한 관대한 정책 때문일 것이다. 후술하겠지만(3장), 최근 연구에서는 '이덕보원'(以德報怨)이 곧바로 배상청구의 포기나 전범석방을 의미하는 것이 아니었다는 다양한 해석이 나오고 있다. 그러나 '이덕보원' 정책은 국민당정부의 중요한 지침이었다.

종전 직후 국민당정부는 전범 문제에 대해서도 '관대한 정책' 아래 '통상적인 전쟁범죄'의 인정기준을 확대한 새로운 규정을 설치하는 등 독자적인 방침으로 일관했다.

그러나 공산당과의 내전이 깊어지는 가운데 전범 문제의 조기종결 필요성 때문에 1947년 1월 오카무라 야스지(岡村寧次) 대장(지나파견군총사령관)에 대한 무죄판결을 끝으로 중국(타이완)의 재판은 모두 끝났다. 며칠 뒤 일본인 전범 251명은 일본으로 귀국, 스가모로 이관되어 국내에서 복역하게 됨으로써 감형 또는 석방 등의 관할권은 사실상 국민당정부의 손을 떠나게 되었다.(和田英穂), 「국민당정부의 대일전후처리방침의 변천」)

1952년 일화평화조약 협상에서도 강화조약 제11조와 마찬가지 규정이 국민당정부안에 삽입되어 있었지만, 일본측은 전범관할권이 중국의 손을 떠났기 때문에 이에 응하지 않았다. 이 규정의 제외는 부속의정서로 확인되었다.

이렇게 해서 중국(타이완)재판에 의한 복역자는 일화평화조약의 발효와 동시에 곧바로 석방되었다. 최대 피해국이었던 중국(타이완)이 국제적 지위가 저하됨에 따라 11조(전범조항)의 제외에 응함으로써 국제군사재판의 정당성이 사라진 것은 아니지만 그 국제적인 중대성은 현저하게 떨어졌다.

이 장에서는 일본 입장에서 보면 가장 길었고 가장 큰 피해를 입힌 중국과의 전쟁이 일본인의 시야에서 멀어져 간 배경과 요인을 다루었다. 그것은 무엇보다, 중국 국민당정부가 국제적 지위가 저하됨에 따라 선봉에 서서 책임추궁을 하지 않았던 것, 다른 나라들은 전쟁책임의 문제를 추궁했던 데 비해 일본정부와 국민당정부가 이 문제를 정면으로 진지하게 다룰 기회를 날려버렸다는 점이다.

중국에서는 민중을 가리켜 '노백성(老百姓)'(서민, 역자)이라고 부르기도 한다. 실제로 인적, 물적 피해를 당한 '서민'들 입장에서는 국민당정권이든 공산당정권이든 일본에게 배상을 받아 낼 수 있는 기회를 뺏긴 셈이 된다. 그들에게 전쟁피해의 배상은 금액 문제가 아니라 배상이라는 행위를 통해 한 사람 한 사람의 피해자에 대해 일본이 가해자라는 사실을 인식시키는 것이다. 정부 간의 화해가 성립되었다고 해서, '서민'들 간의 화해가 이루어졌음을 의미하지는 않는다. 이는 일본정부 뿐만 아니라 중국정부에게도 골치 아픈 일이다.

# 2장
# 전쟁희생자는 누구인가
국가보상과 전쟁배상

## I 원호입법과 국가보상

### 유족원호법의 제정, 군인은급의 부활

점령하인 1949년 5월 중의원에서 '유족원호에 관한 결의안'이 통과되었다. 결의안에서 '전사자의 대다수는 원해서 전장에 나간 것이 아니다. … 이들 유족에 대한 국가의 처우는 다른 전쟁희생자에 대한 원호에 비해 냉담하기 이를 데 없다. … 전사자의 대다수는 공무수행에 따른 사망자'라고 주장했다.(5월14일 중의원 본회의)

독립 직후인 1952년 4월말에 공포된 '전상병자 전몰자 유족 등 원호법'(이하 유족원호법)은 이러한 목소리가 반영된 것이었다. 유족원호법은 전후 일본에서 전쟁희생자에 대한 보상제도의 시작이었다.

유족원호법의 제정에 이어 1953년 8월에는 구 군인 · 군속에 대한 은급법이 부활했다. 관직에 있던 자가 사망, 퇴직할 경우 급부되는 은급제도는 이미 무진(戊辰, 1868~1869)전쟁 이후부터 군인을 우대하는 형태로 시행되고 있었지만, 본격적인 법률이 정비된 것은 다이쇼(大正) 말기인 1923년에 제정된 은급법을 통해서였다. 그 대상은 군인과 문관(공무원)이었지만, 많은 비율을 차지한 군인은급 부분은 패전 후인 1946년 2월 '비군국주의화' 정책의 일환으로 GHQ의 지령에 의해 폐지된 상태였다.

은급법은 퇴역군인이나 군인 유족에게 충분한 처우를 보장하는 것이었는데, GHQ는 군무에 복무한 자에게만 한정된 특권적인 보상제도라며 이를 폐지시키고, 일반적인 사회보장제도 아래에서 구제하도록 했다.(田中伸尙 외, 『유족과 전후』)

군인은급 부분의 폐지를 국회에 제안한 일본정부는 '우리나라는 전쟁을 포기하기로 결의하고, 무장을 해제하고 군비를 철폐한 이상, 전쟁을 전제로 한 규정 및 군인, 준(準)군인에 관한 규정을 필요로 하지 않는다'고 설명했다.(1946년 9월 3일 귀족원 본회의) '전쟁의 존재를 전제로 한 규정'은 군인은급 뿐만이 아니었는데, GHQ의 압력으로 이러한 규정들을 폐지하게 되었다고 하지 않고, 전쟁포기 때문이라고 한 점에서 일본정부의 의지를 엿볼 수 있다.

## 국가보상에 대한 저항

사실 유족원호법의 역할은 은급법에서 군인은급 부분이 부활하기까지 잠정적인 조치를 위한 것이었다. 1952년도 예산편성을 앞두고 대외적인 상황을 고려해 군인은급이 보류된 가운데 유족원호법이 먼저 제정된 것이다. 유족원호법의 심사 과정에서 구 군인은급처럼 계급에 상응하는 처우를 할지, 계급별 처우를 폐지하고 사회보장의 견지에서 대응할지 논의가 엇갈렸다. 결국 원안은 사회보장의 관점에서 전상병자나 전몰자의 유족에게 연금 등을 지급하는 것으로 수정되었다.(田中伸尙 외, 『유족과 전후』)

강화가 발효된 직후 전몰자유족에 대한 국가보상을 요구하는 수많은 청원서와 진정서가 국회에 제출되었다. 각 정당도 모두 국가보상을 요구하고 있었다. 그 중에서도 개진당은 '싸움의 승패를 떠나 마땅한 처우를 해주는 것이 국가로서의 당연한 책무'라고 지적하고, '전쟁 중에 군벌과 함께 국민을 전쟁에 내모는 데 큰 역할을 한 것이 관료들이었다. 그 관료들은 공직추방을 당했다가 해제된 자(者)도 은급과 부조료, 장해연금을 부활시켜 받고 있다'면서, 문관에만 치우친 처우를 비판했다.

이처럼 은급이 정지되지 않았던 문관과 비교할 때, 유족원호법안에서 다루는 군인은급 부분(유족연금, 장해연금 등)의 급부액은 매우 적게 책정되어 있었다. 그 이유는 점령하의 마지막 예산편성(1952년도 예산)에서, 재정 문제 고문이었던 조셉 닷지(Joseph M. Dodge)가 원호비의 대폭 계상에 난색을 표했기 때문이다.

이때 닷지는 '그런 데 돈을 쓰면, 배상협상에서 반드시 필리핀에게 당할 것이다. 일본인에게 살해당한 필리핀 병사의 유가족의 기분을 당신들은 모르는가?'라고 질책했다고 한다.(宮澤喜一, 『도쿄-워싱턴의 밀담』) 필리핀과의 배상협상이 난항 중인 시기에, 같은 전쟁의 희생자 유족이면서, 일본의 유족에 대한 배려에만 신경을 쓰고 다른 나라 희생자에 대해서는 신경쓰지 않는 일본정부의 이기적인 자세, 게다가 전쟁배상 본연의 의미에 대한 각성이 결여된 모습을 질책한 것이다.

국가보상을 전제로 하는 충분한 보상의 필요성을 주장했던 하시모토 료고(橋本龍伍, 하시모토 류타로〈橋本龍太郎〉 전 총리의 부친) 후생상의 사임 해프닝의 배경에는 닷지의 강력한 반대가 있었던 것으로 추정된다. 어쨌든 군인은급의 부활을 전제로 하는 유족원호법에 대해서는 정부도 신중했다.

결국, 정부와 국회의 힘겨루기 끝에 중의원에서 가까스로 '국가보상의 정신에 따라'라는 문장이 제1조에 포함되었다. '국가보상의 정신'이란, 군인은급의 부활을 규정하고, 국가와의 신분관계(고용관계)에 따라 지급된다는 것을 의미했다. 군인 · 군속이었던 자의 공무상 부상이나 질병, 사망에 대해 당사자나 그 유족에게 '국가보상의 정신'에 따라 원호한다는 취지에서, 유족연금과 장해연금, 조위금 등이 지급된 것이다.

사회보장적인 성격을 가지면서도 '국가의 강제'에 기인하여 생활수단을 잃은 유가족이나 부상자에 대한 보상은, '일반 생활빈곤자에 대한 부조의 관념과 별도로 원호해야 한다'고 했다. 이 점에서 유족원호법은 국가보상과 사회보장의 두 가지 성격을 띠게 되었다. 예를 들면, 같은 유족원호법에 따라 지급이 되었어도 유족연금은 생활부조(사회보장), 조위금은 국가보상이라는 성격을 띠는 것이다.(田中伸尙 외, 『유족과 전후』)

### 군인은급의 부활을 둘러싸고

군인은급의 부활을 심의하던 1953년 2월 국회에서, 오가타 다케토라(諸方竹虎) 관방장관은 개진당의 소장 의원인 나카소네 의원이 '어째서 군인은급을 부활시켰는가?'라고 질의하자, '군인을 위한 은급만 정지시켰더니 전쟁책임을 군인에게만 덮어씌우는 것 아니냐는 지적이 있었습니다. 사실 정부도 이러한 조치가 바람직하지 않다고 생각했습니다'라고 답변했다.

나카소네 의원이 '그렇다면 도대체 전쟁의 책임은 누구에게 있는 겁니까?'라고 맞받아치자, 오가타 관방장관은 이렇게 답변했다. '만주사변 이후 태평양전쟁 발발에 이르기까지 군부를 포함해 정부의 책임자는 전쟁에 관한 책임감을 느껴야 한다고 생각합니다. 그렇다고 해서 그 책임자들이 특히 현 시점에서 반드시 공직에 있으면 안 된다고는 생각하지 않습니다.'(1953년 2월 28일 중의원 예산위원회)

은급법 개정 심의에서 이런 논쟁이 더 심화되지는 않았다. 그 이유 중 하나는, 이 문제가 연금제도의 일환으로 인식되어 일반공무원은 계속해서 은급법의 대상이 될 수 있음에도 불구하고, 불공평하게도 군인은 대상에서 제외가 된 데 대한 동정심이 인정되었기 때문이다.

군인은급 부활을 요구하는 집회, 점령해제 후 은급부활 운동이 활발해졌다. 도쿄 히비야공원에서 열린 가가와현 상이군인회(1953년)

게다가 대다수의 군인들이 생사 여부를 떠나 나라에 헌신한 '희생자'였다는 인식이 널리 깔려 있었던 점도 책임론을 깊이 있게 따지는 데 장애가 되었다. 군인은급의 부활에 대해, 사회보장적인 관점에서 국가가 금액을 부담하는 국가보상이라면 '무차별평등'이 원칙이므로 군인이라고 해서 특별히 배제할 수는 없다는 비판은 있었지만, 전쟁책임의 소재에 관한 논란은 없었다.

다만, 일본에서 문제가 된 것은 문관과 군인의 차이보다는, 군인을 포함한 공무원과 일반피해자와의 구별이었다. 전쟁재해피해자나 해외로부터의 귀환자 등 '전국민이 전쟁피해자'라고 하는 이상, '군인 · 군속으로 죽었든 시민으로 죽었든 본질적인 차이는 없다'는 주장에 따라, 조위금의 수급 자격이 군인 · 군속 등의 유족에게만 한정되고, 전쟁재해로 인한 사망자의 유족은 배제된다는 문제가 종종 국회나 법정에서 지적되었다.(宍戸伴久, 「전후처리의 남겨진 과제」)

### 공무희생자의 확대

1953년 은급법이 개정되어 그때까지 귀족원호법의 대상이었던 군인 대부분이 은급법으로 옮겨갔다. 한편, 유족원호법은 1950년대를 통해 대상범위를 서서히 확대해 갔다. 특히 국가총동원체제 하에서 국민징용령, 학도근로령, 여자정신근로령 등 총동원법령에 따라 동원된 사람들, 그리고 총동원법령이 적용되지 않는 경우 국민의용대원과 같이 각의결정에 근거한 징용이나 동원도 보상의 대상이 되었다.

또한 일본본토, 만주, 조선, 타이완, 사할린은 은급법에서 말하는 '전쟁지역'으로 지정되지 않았기 때문에 1956년의 특별법으로 이들 전쟁지역에서 '공무'로 사망한 경우, 유족연금이나 공무부조료가 지급되게 되었다. 중의원 내각위원회 위원으로 이 문제를 담당했던 오히라 마사하라(大平正芳) 의원은 참의원에서 다음과 같이 설명했다. '전쟁이 지나사변(중일전쟁, 역주)에서 대동아전쟁으로 발전하여 전쟁의 양상이 기존의 전쟁개념과 매우 다르게 전개되어 갔다. 전쟁지역, 비전쟁지역이라는 의미가 모호해졌다. 내지도 만주, 조선, 타이완, 사할린도 전부 전쟁상태에 놓인 것과 마찬가지였다.'(1956년 11월 27일 참의원 내각위원회)

오히라 의원의 설명은 '공무상 사망'의 범위가 전투지역에서부터 구 식민지나 점령지까지 확대됨에 따라 국가의 전쟁개념이 '총력전 형태'로 변모했음을 말해주고 있다. 그러나 구제대상자는 어디까지나 '공무희생자'에 머물렀고 일반시민에까지 미치지는 않았으며, 그마저도 '일본인'에만 한정되었다. 이에 대해서는 후술하기로 한다.

한편, 은급법에 따른 지급액은 공무원의 급여가 개정되어 가는 것에 상응해서 균형감 있게 개정되어 갔다. 따라서 은급법의 개정안은 매년 국회에 상정되어 그때마다 만장일치로 가결되어 왔다. 국가보상적 성격을 지닌 연금제도이기는 하지만 처음부터 국가가 분명하고 충분하게 보상해야한다는 잠재의식이 작용한 것 같다. '은급제도는 애당초 장기간에 걸친 가혹한 전쟁을 예상하고 만들어진 것이 아니었다. 전시였다는 점을 고려해서 여러 가지 명목으로 금액을 가산해서 지급하기는 하지만 제도적으로 반드시 충분하다고는 할 수 없다'는 인식이었다.(1988년 3월 22일 중의원 내각위원회에서 다케도리 오사무〈高鳥修〉 총무청장관 발언)

그렇지만 여러 전후보상 관련 법안들 가운데 국가예산으로 지급하는 금액이 가장 많은 것이 은급인데, 이는 전후보상비 총액의 80%에 달한다. 그중에서도 군인은급이 압도적이다. 2010년 현재 98%가 군인은급이다. 은급의 수급대상자가 가장 많았던 때가 1967년인데 283만 명에 달했고, 1953년부터 누적 총액은 2010년까지 52조 엔에 달한다. 다음에 언급할 아시아 여러 국가의 피해에 대해 지불한 배상금 총액은 준(準)배상을 포함해 약 1조 엔이다. 단순하게 비교할 수는 없지만, 일본인 군인 · 군속에 대한 대우는 너무 과했다.

## II 전쟁배상의 인식, 냉전 중 동남아시아에 대한 배상

### 배상의 행방, 무배상원칙에 대한 반발

근대 이후 국제관례상 국가 간의 전쟁상태로 인한 손실이나 손해에 대해서는 패전국이 배상을 지불할 의무가 있는데, 평화조약에서 책임의 소재, 배상의 범위나 종류(금전, 역무, 생산물 등)가 명기된다.

그러나 대일강화조약에서는 배상의 책임이나 의무가 명확하게 규정되지 않았다. 그것은 미국의 비군사화정책 완화 때문이다. 1950년 6월 한국전쟁 발발 후인 9월에 나온 '대일강화7원칙'에 모든 당사국이 전쟁행위에서 발생한 청구권을 포기한다는 원칙이 담겼고, 1951년 1월에는 덜레스(John F. Dulles) 국무장관이 '무배상원칙'에 입각한 평화조약안을 제시했다. 이에 따라 네덜란드, 프랑스 등 주요 연합국측도 배상청구권을 포기하기로 했다.

그렇다면, 무배상원칙에 대한 지지가 늘어가는 가운데, '강화체제'에서의 배상은 어떻게 되었을까? 구체적으로 크게 세 가지로 나눌 수 있다.

첫째는, 일본인이 해외에서 보유하던 개인, 기업, 단체, 법인 그리고 정부의 공적 · 사적 재산을 몰수하는 것이었다. 그 취지는 강화조약 제14조(a)에 추인되었는데, 이미 패전 직후부터 각각의 연합국이 관리하는 지역에서 실시되었고, 이것이 앞에서 언급한 강화 이전의 배상이며 배상의 첫 번째 단계였다.

둘째는, 포츠담선언에 근거를 둔 것이다. 포츠담선언에는, 배상의 징수를 위해 필요한 산업은 유지되지만, '전쟁을 위한 재군비'를 가능케 할 수준의 산업은 허용되지 않을 것, 제1차 세계대전 후 독일에 대한 배상에서 얻은 교훈에 따라 금전적 배상뿐만 아니라 '실물배상'으로 할 것이 명기되어 있다. 이러한 지침에 따라 미국의 초기 배상구상은 일본의 공장설비를 중간배상으로 간주해 이를 철거하여 각국으로 이전시켜, 일본과 아시아를 한꺼번에 부흥시킨다는 것이었다.

이 '중간배상' 방침은 1949년 9월 극동위원회의 미국대표인 맥코이(Frank McCoy)가 시설철거를 중지한다는 내용의 성명을 발표함에 따라 곧 중단되었다. 원래 시설을 철거해 배상한다는 방침은 구상권을 갖는 국가에게 큰 도움이 되지 않으며, 또한 일본의 장래에도 영향을 미치는 비군사화는 신헌법이 보장하고 있었다. 그러나 신헌법을 그다지 신뢰하지 않았던 극동위원회의 중국 대표나 필리핀 대표는 맥코이 성명이 아시아국가의 감정에 상처를 주었고 이들 아시아국가를 납득시키기 힘들며 '극동에서 정의와 평화유지를 저해할 것'이라며 격렬히 비난했다.

셋째는, 강화조약 제14조에 따라 일본이 피해를 준 각국과의 개별적인 협상에 따른 배상이었다. 주요 연합국은 배상청구권을 포기했지만, 전쟁의 직접 피해국인 필리핀, 호주 등은 무배상원칙에 격렬히 저항했기 때문에, 최종적으로 강화조약 제14조에서 '일본은, 전쟁 중에 발생시킨 손해 및 고통에 대해 연합국에 배상을 지불해야 한다'고 규정되었다.

제14조는 일본의 지불능력을 고려하여 배상액을 결정한다는 원칙을 들어, 배상실시의 기초는 구상국의 일방적인 요구가 아니라 일본과의 '협의'와 '합의'에 따른다고 되어 있다. 제1차 세계대전 후의 독일의 경우, 지불능력과 경제사정을 고려하지 않았기 때문에 가혹한 배상액이 경제를 파탄시켜 결국 나치가 부상하는 한 요인이 되었다는 경험을 반영한 것이지만, 미국이 주도한 강화조약이었기 때문에 가능한 조치였던 것이다.

### 동남아시아 4개국에 대한 배상

강화조약 제14조에 따라 일본에 배상을 청구한 나라는 필리핀과 남베트남이다. 버마는 강화회의에 참가하지 않았고, 인도네시아는 강화조약에 서명했지만 비준하지 않았고, 두 나라는 각각 개별적으로 평화조약과 배상협정을 체결했다. 라오스, 캄보디아는 강화조약 당사국이었지만 청구권을 포기했다.

배상청구권을 포기한 국가도 공적 · 사적 재산의 반환에 응하지 않았지만, 인도는 일본과의 평화조약에서 배상청구권을 포기함과 동시에 인도 내에 있는 일본인 재산의 회복과 반환을 인정했다. 1952년 6월 동 조약을 조인할 때, 오카자키 가츠오(岡崎勝男) 외상은 그 결단을 높이 평가했고 국회에서 비준할 때도 높이 평가되었다.(1952년 6월 14일 중의원 외무위원회)

결국 동남아시아 국가들 가운데 일본이 배상협상에 임한 상대는, 필리핀, 남베트남, 버마, 인도네시아 4개국이었다. 배상협상은 모두 난항을 겪었지만, 1954년에 버마와, 1956년에 필리핀과, 1958년에 인도네시아, 마지막으로 1959년에는 남베트남과 배상협정이 체결되었다. 첫 상대였던 버마는 나중에 체결된 인도네시아와 필리핀과의 형평 차원에서 재협상이 이루어져 1963년에 경제기술협력협정이 체결되었다.

그런데 이상의 4개국은 일본과 교전상태에 있지 않았다. 그러나 필리핀은 미국, 버마는 영국, 남베트남은 프랑스, 인도네시아는 네덜란드를 계승함으로써 강화조약의 서명국가가 되었고, 각각의 배상청구권이 인정되었던 것이다. 청구권을 포기한 구 종주국을 대신해서 배상협상에 나섰다고 해도 과언이 아니다.

그러나 전쟁상태의 존재를 전제로 한 배상이라는 관점에서 보자면, 배상협상 당사자로서의 정당성이나 배상청구액의 근거라는 점에서 안팎의 비판세력으로부터 비난을 받기 쉬운 문제점을 안고 있었다. 필리핀과 버마는 분명히 영역 내에서 격전이 벌어져 주민의 피해가 컸다고 할 수 있지만, 베트남과 인도네시아에서의 사정은 매우 달랐다.

### 베트남의 복잡한 사정

베트남의 사정은 특히 복잡했다. 프랑스를 계승한 인도차이나 3국은 각각 강화조약의 서명국으로서 청구권이 있었지만, 캄보디아, 라오스는 청구권을 포기한 데 반해 베트남은 피해가 심각했다며 배상을 청구했기 때문이다.

베트남과의 협상은 1953년부터 시작되었는데 협상상대는 베트남에서 크게 세력을 넓힌 북베트남정권(베트남민주공화국)이 아니라, 바오다이(Bao Dai)의 남베트남정권(베트남국)과 1955년부터 이를 계승한 고 딘 디엠(Ngo Dinh Diem)정권이었다.

1940년 9월 후츠인(佛印)이라고 불렸던 프랑스령 인도차이나에는 일본군이 진주해 있었는데, 버마와 인도네시아와 달리 베트남정부도 일본에 협력적이었기 때문에 개전 후에도 일본군은 군정을 펴지 않았다. 1944년 8월 드골이 파리에 귀환해 본국에 프랑스정부를 수립시키자, 베트남정부는 반일성향을 강화했다. 이에 일본군은 1945년 3월 베트남을 무력으로 해방하고 사실상의 '괴뢰정권'인 안남제국(安南帝國)을 성립시켜 바오다이를 원수로 내세웠다. 그러나 일본이 패망한 직후 '8월혁명'을 통해 호치민(Ho Chi Minh)이 이끄는 베트남민주공화국이 1945년 9월 하노이에 성립되자마자 바오다이정권은 궁지에 몰려 퇴진할 수밖에 없었다.

그 후 베트남민주공화국이 프랑스를 상대로 해방전쟁에 돌입한 가운데, 바오다이는 프랑스의 지원을 받아 1949년에 성립된 남베트남정권(베트남국)의 원수로 복귀한다. 이렇게 해서 1950년대 초의 베트남에는, 중국, 소련이 승인한 북베트남정부와 미국이 승인한 남베트남정부가 병존하게 되었다. 대일강화조약의 조인국은 당연히 후자인 바오다이정권이었다.

한편, 베트민(베트남독립동맹, 월남민주동맹)과 프랑스의 전쟁을 종결시킨 1954년의 인도차이나 휴전협정은 결국 남북분단을 기정사실화했다. 바오다이의 후계정권인 고 딘 디엠 총리는 1955년에 베트남의 정치제체를 묻는 국민투표를 실시, 그 결과에 따라 베트남공화국의 대통령이 되었다.

### 남베트남정권의 정당성

베트남배상협정을 국회(1959년 가을)에서 비준할 때 논란이 된 것은, 우선 바오다이정권의 정당성 문제였다. 제2차 세계대전 말기에 성립된 바오다이정권(안남제국)은 일본군의 무력해방에 따른 결과였으며, 프랑스군과의 무력충돌 기간도 매우 짧았고 손해도 경미했다. 그 후에도 바오다이정권은 일본 입장에서 보면 '괴뢰정권'으로서 협력관계였지 적대적인 관계가 아니었다.

이러한 바오다이정권의 성격 때문에 야당은 '일본의 전쟁정책에 협력한 책임을 통감해야 할 바오다이가 배상을 요구할 자격이 있는 정당한 상대라는 것은 어불성설'이라고 주장했다. 오히려 전쟁 말기에서부터 전후에 이르기까지 일본과 프랑스에 맞서 독립전쟁을 수행하고 독립 · 해방을 실현시킨 북베트남정권(월맹)이야말로 배상협상의 상대로 정당성이 있다고 했다.(1959년 11월 27일 중의원 본회의, 12월 15일 참의원 외무위원회)

이와 관련해서, '라오스와 캄보디아는 배상청구권을 포기한 것에 비해, 어째서 베트남에게만 200억 엔이라는 거액의 배상을 할 필요가 있는가?', '남쪽의 피해는 경미하고 북쪽의 피해가 더 심각했음에도 불구하고 어째서 남쪽의 정권에게만 배상을 하려는 것인가?'라는 문제가 제기되었다. 남베트남정권이 협상상대로서 정당한가를 따졌던 것이다.

이에 대해 후지야마 아이이치로(藤山愛一郎) 외상은 이렇게 답변했다. '(일본은 그들에게, 역자) 점령과 군사행동으로 손해와 고통을 안겨 주었다. 진심어린 마음으로 보상을 해야만 한다. 전후 식민지가 해방되어 독립한 경우에 각 지역에서 정권을 담당하고 있는 상대가 전쟁 중 일본군에 협력했을 수도 있고 그렇지 않을 수도 있다. 협력했다는 이유만으로 보상을 요구할 자격이 없는 것은 아니다.'(1959년 12월 15일 참의원 외무위원회)

결국 협상상대의 역사적인 성격을 따지기 보다는 어디까지나 일본의 점령과 군사행동으로 발생한 손해라는 관점이 중시되었다.

베트남배상비준서 교환식(1959년 5월 13일)

한편, 북베트남정권은 일본과 남베트남정부와의 배상협정이 남북통일을 촉진하고 있는 1954년의 제네바협정의 정신에 위배되고 일본과 베트남 양 국민의 우호관계를 저해할 것이라고 지적하는 내용의 서한을 중참양원의 의장에게 보냈는데, 이에 야당도 남북통일이 이루어질 때까지 협상을 연기해야 한다고 주장했다.

일본 정부로서는, 당시 49개국이 바오다이정권을 승인한 데 비해 북베트남을 승인한 국가는 12개국에 지나지 않다는 점, 무엇보다 강화조약의 조인국이 바오다이정권이라는 사실에 입각해서 협상상대로서 바오다이정권에 정당성이 있다고 답변할 수밖에 없었다.

베트남에 대한 배상 문제에서 일본 정부는 인도차이나 독립 · 해방운동의 주체였던 북베트남정권을 배려하지 않은 채 냉전논리에 따라 반공주의적인 남베트남을 일방적으로 지원했다. 그렇다고 야당의 주장처럼 북베트남정권을 선택하는 것은 가능하지도 않았다. 그것은 거의 실현 불가능한 선택이자 샌프란시스코강화체제에 대한 도전이었다.

그리고 인도차이나반도에는 전후의 잦은 정치변동과 30년이나 계속

된 프랑스, 미국과의 전쟁 때문에 역사 문제에 관한 기록이 거의 남아있지 않았다. 그 대표적인 사례가 일본군이 베트남에 주둔할 때인 1944년부터 1945년에 걸쳐 북부에서 발생한 대기근 문제이다. 베트남민주공화국의 '독립선언'에는 프랑스와 일본이라는 이중의 멍에 때문에 인민은 궁핍했고 '200만 이상의 동포가 아사했다'고 명기되어 있는데, 베트남 입장에서는 일종의 '국민적인 신념'처럼 받아들여지고 있다. 일본군이 대량으로 쌀을 징발해서 재해나 질병이 가중되었다는데, 공식적인 기록이나 공적인 장소에서의 증언은 거의 없고 배상협상 테이블에서 거론된 적도 없었다. 90년대에 이르러서야 마침내 일본과 베트남의 공동조사가 본격적으로 이루어지기 시작했다.(古田元夫, 「전쟁의 기억과 역사연구, 베트남 1945년 기아의 조사」)

### 인도네시아의 전쟁피해는 무엇인가

인도네시아는 대일강화조약에 조인했지만 미국이 주도하는 강화체제는 인도네시아가 내건 비동맹중립노선과 양립되지 않으며, 배상금 총액을 일본이 제시하지 않았기 때문에 인도네시아 내에서 반발을 불러일으켜 결국 비준되지는 않았다. 이에 따라, 강화조약 제14조에 근거한 배상과 평화조약의 체결이 문제가 되었다.

인도네시아는 1945년에 인도네시아공화국으로 독립한 후 종주국이었던 네덜란드와 전쟁에 승리하고, 1949년에 네덜란드로부터 주권을 이양받았다. 정권은 불안정했지만 베트남처럼 분단국가가 되지는 않았기 때문에 정권의 정당성 문제는 일어나지 않았다.

그러나 인도네시아에 대한 배상은 일본의 의회에서 문제가 되었다. '평화조약은 전쟁상태의 유무가 전제되어야 하는데, 인도네시아와 전쟁상태에 있었는가?'라는 점이 제기되었다. 정부는, 1941년 12월 개전과 동시에, 네덜란드의 선전포고에 따라 전쟁상태에 들어갔고, 이 전쟁상태에서 발생한 청구권이 네덜란드로부터 인도네시아로 인계되었다고 답변했다.(1958년 4월 1일 참의원 외무위원회)

또 하나의 쟁점은, 배상액의 산정 근거였다. 일본정부는 '군대가 전투를 한 장소, 그에 따른 손해'와 배상의 범위를 한정하려고 했다. 결렬한 전장이었던 필리핀과는 대조적으로, 개전 초기부터 일본군은 거의 저항 없이 인도네시아로 진입해 들어갔고, 종전할 때까지 실제 전투는 이루어지지 않았기 때문이다.(1956년 5월 28일 중의원 외무위원회)

그러나 인도네시아측은 일본군 남방작전의 병참기지였다는 이유를 들어 물자나 노동력의 조달에 따른 손해, 주민의 정신적인 피해 등을 폭넓게 반영하여 배상 요구액을 크게 부풀렸다. 이에 대해 일본이 금액을 낮추기 위해 애를 쓰는 태도가 전형적인 협상의 양상으로 전개되었다. 인도네시아에 그치지 않고 '일본이 각 국가에 끼친 손해가 얼마나 되는지, 자료가 거의 없다'는 논란이 반복되었다.(1956년 5월 28일 중의원외무위원회)

이러한 사례처럼, 동남아 국가에 대한 배상은 모든 청구권 국가가 전시에 일본의 통치하에 있었지만 국가 간의 전쟁상태가 아니었기 때문에, 배상액의 산정기준도 각국의 국내사정과 정권의 성격에 따라 크게 좌우되었고 불투명했다. 현지 사정이 복잡하다보니 외교적 절충에도 영향을 미쳤다.

### 경제협력은 속죄가 되었을까

배상 문제를 단순히 배상 금액의 많고 적음에 관한 양 국가 간의 협상이 아니라, 여러 국가의 문제로 폭넓게 다룬 기타오카 신이치(北岡伸一)에 따르면, 미국은 강화 후에도 배상조항을 통해 일본을 억제할 수단을 보유했고 배상 문제는 시종일관 미국의 통제 하에 있었다고 한다. 이것은 미국의 세계정책과 납세자에 대한 책임이라는 관점이 뿌리깊게 반영된 냉엄한 현실이었다.(「배상 문제의 정치 역학」)

미국의 손바닥 안에 있다보니, 종종 야당으로부터 사죄에 대한 성의가 결여되어 있다는 비판을 받으면서도 도의적인 측면보다는 경제적인 관점을 우선시했다. 외무성 고문으로서 초기 배상협상에 임했던 쓰시마 주이치(津島壽一)는, 거액의 배상청구권이 예상되는 가운데 지불금에는 한도가 있으니 '민간의 경제력을 활용해서 경제원조 내지 경제협력이라는 형태를 병행함으로써 그 목적을 달성해야 한다'면서 이케다 하야토(池田勇人) 대장상의 협력과 경제계의 동의를 받았다고 한다.(津島壽一, 『마닐라에서 생각나는 사람들』) 정확하지 않은 배상액의 근거를 추구하기보다는 서로 경제적인 이익을 우선시했다.

동남아 국가에 대한 배상 문제는 사실상 1950년대 말까지 해결되었다. 그리고 캄보디아, 라오스도 경제기술협력협정을 체결하는 대신 청구권을 포기했다. 일본정부는 이러한 배상관련 협정에 근거해 이를 1960년대에 성실하게 이행했다고 할 수 있다. 오랫동안 배상협상에 관여했던 우야마 아츠시(宇山 厚, 외무성 배상부장)는 직접 감수한 『일본의 배상』의 서문에서, 배상이 현지의 경제발전과 생활수준 향상에 도움이 되었음을 강조하면서 '동남아시아 국가들이 우리 나라에 대한 악감정을 불식시키는 데 배상이 큰 역할을 했다'고 적고 있다.(배상 문제연구회 편, 『일본의 배상』) 그러나 우야마가 기대했던 것처럼, 전쟁으로 인한 아시아국가의 '악감정'이 불식되는 효과가 있었는가하면, 반드시 그렇지만은 않다.

예를 들면, 배상협상이 암초에 부딪혔던 1953년 초, 카이 후미히코(甲斐文比古) 캘커타 총영사는 협상 타개를 위해서는 '전쟁 중 일본군이 저지른 온갖 종류의 불미스런 사건들(특히 노무자 징용 및 위안부 징용)에 대해 일본국민이 진심으로 도의적인 책임을 인정하고, 성의를 갖고 사죄하는 의사표시가 필요하다'는 점을 지적하는 공문을 오카자키 외상에게 보내기도 했다.(외교기록⑤「對인도네시아 배상 문제에 관한 상대의 태도에 관한 건」)

카이의 보고는 1990년대에 문제화되는 노무자 징용과 위안부로 대표되는 '군의 불상사'를 언급한 것인데, 정부가 공식적으로 사죄의사를 명시한 적은 없다. 그 배경에는 아시아의 경제개발에 적극적으로 협력하는 것이 전쟁의 참화를 당한 지역에 대한 '속죄'가 된다는 발상이 정부와 민간에 면면히 이어져 왔기 때문이다.

강화를 전후해서 배상과 경제개발·경제협력을 묶어서 추진하는 것은 '평화조약에 한정된 배상 원칙을 혼란시킬 위험이 있으며, (중략) 일단 배상과 경제개발을 따로 떼어 생각해야만 한다'는 목소리가 신문지상에 실리기도 했다. 그러나 이러한 주장은, 경제가 성장함에 따라 경제협력의 효과도 평가해야 한다는 목소리에 압도되었다.(天川晃,「배상 문제를 둘러싼 여론동향」)

각각의 배상협정이 쌍방에 경제적 이익을 가져다 주었다고 하더라도, 배상과 경제협력의 일체화 방침 때문에 과거의 전쟁에 대한 책임을 누구에게 어떻게 지울 수 있겠는가라는 배상의 본질적인 의미를 솔직하게 따져볼 수 있는 기회는 날아간 셈이다.

### 미국의 전략 변화

전쟁배상의 주제에서 '전쟁책임'이라는 문제가 희미해지게 된 국제적 배경은, 피해를 입은 아시아국가에 대한 배려보다는 일본의 부흥과 정치적 안정을 우선하기로 한 미국의 아시아전략의 변화에 있다.

점령 초기에는 미국이 일본의 전쟁책임을 확실히 추궁하겠다는 강화안이 검토되었고, 또한 일본에 의한 전쟁배상을 매개로 탈식민지화와 국가형성 과정에 있었던 아시아 여러 지역과 일본의 부흥을 일체화시켜 달성한다는 강화프로그램이 존재했다. 그러나 곧 일본의 부흥과 정치적 안정만이 주요 관심사가 되었고, 일방적으로 배상경감을 밀어부쳐 배상협상에서도 아시아 국가에 대한 배려는 상대적으로 줄어들었다.

그와 대조적으로, 유럽에서는 미국이 서독을 주권국가로 재출발시킬 때 주변국가와의 관계개선을 촉진하는 정책을 취했다. 서독 또한 정치적, 경제적으로 통합된 하나의 유럽의 일원임을 국제사회에서 명백히 알리고 국가로서 재출발하는 길을 열어 나갔다. 국가주의나 국민의 귀속의식이라는 좁은 정의에 갇히지 않고, 서유럽 사회의 일원인 독일국민이라는 의미로 국가정체성의 재구축을 시도했던 것이다. 독일의 침략전쟁으로 희생된 폴란드, 네덜란드, 벨기에 등 주변국도 이를 후원했다.(柴田政子, 「아시아에서 일본의 '역사 문제'」)

이처럼 일본과 독일에 대한 미국의 대응이 서로 달랐던 것은 과거의 전쟁에 대한 인식을 주변국의 인식과 이해 속에서 검증할 기회를 가질 수 있었던 독일과, 그렇지 못했던 일본의 차이에서 기인한다. 강화체제는, 일본이 과거의 전쟁에 대한 해석과 인식을 형성한 상태에서 피해를 당한 주변국과 공유할 수 있는 해석과 인식을 충분히 검증하는 데 장애가 되었던 것이다.

3장

# 식민지제국의 청산, 청구권과 국적포기

## I 특수한 거래, 재외 사유재산과 배상청구

### 한국의 강화회의 참가 문제

강화가 진행되는 과정에서 식민지제국을 청산한 전형적인 사례는 바로 한국이다. 1948년 대한민국정부를 탄생시킨 이승만정권은 1910년부터 1945년까지의 한반도지배를 '폭력과 탐욕의 지배'로 규정하고 이에 대한 피해자로서 인적, 물적 피해의 상세한 조사를 통해, '배상'과 강화회의의 참가를 요구했다.(太田修, 『일한회담, 청구권 문제의 연구』)

한국은 일본과 정식으로 교전상태에 있지 않았기 때문에, 강화회의에 초청되지 않은 것은 당연해 보였다. 그러나 대통령특사로서 강화협상의 중심에 있었던 덜레스는 한국을 강화회의에 참가시키려고 일본측에 의사를 타진해 왔다.

일본정부는 한국이 서명국이 되면 100만 명을 넘는 재일한국인이 연합국(전승국) 국민으로서 재산의 회복, 보상 등의 권리를 취득하게 되는데, 일본으로서는 이를 감당할 수 없고 큰 부담이 될 것이며, 게다가 재일한국인은 '대부분 공산주의 계열'이라는 이유 등을 들어 거절했다.(외교기록⑥ 「한국정부의 평화조약서명 문제에 관한 우리측의 견해」 1951

년 4월 23일) 그런데 일본정부는 '재일조선인이 평화조약에 따라 일본 국내에서 연합국 국민의 지위를 취득하지 않는다면, 한국정부의 서명에 이의가 없다'고 회신한 바 있다. 결국 일본정부가 극도로 경계했던 점은 재일한국인이 연합국 국민과 동등한 지위를 획득하는 것이었다.

결국 한국의 바람은, 정상적인 교전국이 아니라는 영국의 주장에 의해 좌절되었다. 영국과 프랑스 등 연합국은 전후에도 여러 식민지를 유지했기 때문에, 일본에 식민지 지배 문제 자체를 들추어 청산을 요구할 의사가 없었다고 할 수 있다. 한국의 참여를 용인하는 것은 스스로 식민지 지배를 부정한다는 뜻이기 때문이다. 한편, 덜레스는 한국을 실질적인 '연합국의 일원'으로 받아들여 연합국과 같은 지위를 주려고 했다.

조선, 타이완 등 강화조약으로 인해 일본의 영토에서 분리된 구 식민지를 '분리지역'이라고 하는데, 강화조약에서 분리지역의 지배에 따른 '청구권' 문제는 일본과 해당 지역의 시정당국 간의 '특별협정'에 위임하는 것으로 되어 있다.(제4조)

### 재외 사유재산의 행방

분리지역, 즉 구 식민지에는 다수의 일본인이 거주하고 있었는데, 거액의 공적 · 사적 재산이 남아 있었다. 패전으로 일본인은 내지로 귀환할 수밖에 없었는데 남은 재산은 배상목적 때문에 연합국 당국에 의해 몰수되었다. 1945년 9월 공표된 '미국의 초기 대일방침'은 일본의 '영역 밖에 있는 일본재산'은 연합국 당국에 인도하도록 명령했다. 다만, 소련은 만주에 있는 일본인 자산을 '전리품'으로 몰수했기 때문에, 대일배상액에 포함되지 않는다고 주장하여 미국과 대립했다고 전해진다.

소련은 1950년의 중소우호동맹조약에서 이를 다시 중화인민공화국에 무상으로 양도했다는 입장을 취하는데, 수많은 약탈재산의 행방을 포함해 내용이 분명히 밝혀지지 않은 채 양도되었다.

일본정부는 강화준비 과정에서 재외 재산의 접수에 대해 강력히 비판했다. 특히 배상 목적이라고는 해도 국제적으로 승인되었던 분리지역(구식민지)에서의 사유재산의 접수는 부당한 것이었다. 그 이유는 다음과 같다.

연합국에서 보면 해외에 있는 일본인이나 일본계 기업의 재산은 '팽창정책의 선봉'으로서 축척된 과실이었는데, '징벌적 의미'로 이를 접수했다고 간주되지만, 기존에 일본 영토였던 사할린, 북(北)쿠릴, 조선, 타이완의 일본인은 평화적인 이주민이었고, 재산도 합법적으로 취득한 것이기 때문에 다른 점령지역과 같이 배상에 충당하는 것은 공정하지 않다.

실제 국제법상의 관례를 보아도 할양지에 대해서는 일정 기간 내에 잔류 또는 귀환의 선택권을 인정하고 잔류자에게는 재산권의 유지를 허가하며 귀환자는 재산을 처분하거나 대금을 가지고 가는 것을 허가하고 있다. 러일전쟁 후의 사할린 할양, 청일전쟁 후의 타이완 할양도 이 방식에 따른 것이며 이탈리아평화조약도 할양지에 항구적으로 거주하는 이탈리아국민의 재산과 권리의 승계를 인정하고 있다.(외교기록⑦ 「재외재산의 배상처리에 관한 건」) 1947년 7월 5일, 조사과)

이러한 일본정부의 방침에 호응하여 귀환자단체들은 1946년 말부터 귀환자단체연합회를 중심으로 해외에 남겨 둔 사유재산에 대한 '정당한 보상'을 요구하는 운동을 전개해 나갔다. 그 운동의 논리도 해외식민지에서의 일본인에 의한 사업활동의 역사적 성격을 어떻게 평가하느냐의 문제와 깊은 관련이 있다.(浅野豊美, 『제국일본과 식민지법제』)

예를 들면, 조선인양동포세화회의 대표인 미즈타 나오마사(水田直昌) 이사는 1946년 5월 정부에 제출한 진정서에서, '무릇 조선에서 공적 · 사적 사업에 종사했던 자'가 제국주의의 '침략적 착취'에 기여했다는 비방과 중상을 받는 것은 유감이며, 우선 조선의 '향상 발전'에 공헌했다는 점을 정당하게 평가하는 것에서부터 출발해야 한다고 주장하고 있다.

정부의 주장도 이러한 민간운동의 지지를 받아, 이른바 '식민지근대화론'이 주축을 이루게 되었다. 외무성이 준비한 '진정'에 따르면, 조선과 타이완에서의 시책은 '착취정치'가 아니라 저개발 상태에 있던 지역의 '경제적, 사회적, 문화적 향상과 근대화'에 공헌했고, 식민지통치의 비용이라는 면에서도 내지로부터 거액의 자본을 들여 와 투입했으며, '한마디로, 이들 지역에 대한 일본의 통치는 "돈을 쏟아 부은" 셈이라는 것이었다.' (외교기록⑧「할양지에 관한 경제적, 재정적 사항의 처리에 관한 진정」 1949년 12월 3일)

후술하듯이, 이러한 '식민지근대화론'은 강화조약 이후부터 시작되는 한일회담에서도 논란이 되었다.

## 강화조약에서의 재외 사유재산

강화준비 과정에서 부상한 문제는 사유재산의 상실을 누가 어떻게 보상하느냐였다. 전쟁은 국가 간의 관계이므로 사유재산을 배상이나 보상의 원천으로 삼을 경우에는 당사국이 보상한다는 취지를 강화조약에서 규정하는 것이 국제관례였다. 실제로 베르사이유조약에는 몰수된 독일인 사유재산에 대해 독일정부가 보상할 의무가, 이탈리아평화조약에는 배상 목적으로 개인 또는 법인의 재산이 상실된 경우 이탈리아정부가 일정하게 보상할 의무가 있다고 명기되어 있다.

이러한 선례에 따라, 일본정부는 처분된 사유재산의 소유자에 대해 일본정부가 보상할 의무를 질 것으로 예상하고 있었다.(외교기록⑨「대일평화조약 상정 대강」 1950년 9월) 그러나 강화조약에는 해외의 일본인 사유재산에 대한 일반적인 규정이 담기지 않았다. 일본정부는 재정부담

귀환자대표전국대회에서 재외재산의 보상을 요구하는 모습(1966년 10월 24일). 베르사이유조약 등과 달리, 구 식민지 등의 개인자산에 대한 정부보상은 대일강화조약에서 인정되지 않았다.

능력 뿐만 아니라 '다른 전쟁피해자와의 형평'이라는 관점에서 이 문제를 중요시하며 미국에 선처를 요구했는데, 이것이 결실을 맺어 결국 개별협상에 위임된 것이다.(외교기록⑧ 「할양지에 관한 경제적 재정적 사항의 처리에 관한 진술」 1949년 12월 3일)

이렇게 해서 강화조약 제4조(a)는, 조선, 타이완 등 구 식민지의 분단에 따른 '청구권' 문제의 해결은 일본과 해당 지역의 시정당국 간의 '특별협정'에 위임하는 것으로 되었다.

강화조약 제4조(b)에서는, 조선에 대해서는 미군정에 의해 이미 처분된 것을 일본정부가 '승인'하도록 했다. 1948년 9월 한미협정으로 38도선 이남에 있는 모든 일본재산이 한국정부에 이양되었는데 이를 일본정부가 인정하도록 했다. 이 가운데 사유재산 부분에 대해 한일회담 과정에서 일본측은 보상을 요구하게 된다.

게다가 강화서명국이 아닌 한국은 일본으로부터 독립 승인과 한반도 지역의 영유권 포기(제2조a), 어업협정의 체결 등 이익을 보았다. 제25

조는 조약에 서명, 비준하지 않은 국가에게는 어떠한 권리나 이익을 주지 않는다고 되어 있지만, '수익규정'(제21조)에 의해 연합국과 같은 대우를 받았던 것이다.

중국도 수익규정의 적용이 인정되어, 일본의 '특수권익' 포기, 중국 내 일본자산을 처분할 수 있는 이익을 얻었다. 그러나 강화 시점에서는 정식으로 이러한 이익을 향유할 중국의 주체가 결정되지 않았다. 타이완으로 도피한 중화민국정부(국민당정부)와, 대륙에 새로운 정권을 수립한 중화인민공화국정부(베이징정부) 모두 강화회의에 초빙되지 않았기 때문이다.

중국대륙의 점령지, 즉 '만주국'이나 왕자오밍(汪兆銘)정권의 통치 지역은 '식민지'가 아니었지만, 일본의 재외재산에서 커다란 부분을 차지하고 있었다. 강화조약(제10조)은 만주지역을 언급하지 않았지만, 화북, 화중, 화남의 전관조계(專管租界), 공동조계, 관동주(關東州)조차권, 치외법권, 철도이익 등 '특수권익'을 포기시켰고, 제21조에서 강화조약과 마찬가지 조건으로 중국에 처분권(사실상의 배상청구권)을 준 것이다.

강화 전의 이른 단계에서 공식적인 대일협상국이었던 중화민국정부는, 중국에서의 공적 · 사적 일본재산은 중국에 대한 배상에 충당되어야 한다고 주장했는데 결국 이를 받게 된 것이다.

## 한일청구권협정

'특별협정'에 따라 처리된 재외재산 문제의 대표적 사례로, 오랜 협상 끝에 1965년에 타결된 한일청구권 · 경제협력협정을 들 수 있다. 일본이 유무상 합계 5억 달러의 경제협력을 공여하는 것으로 해결되었다. 양 국가 및 국민 간의 청구권에 관한 문제도 '완전하고도 최종적으로 해결되었다'고 확인했다.

이 협상에서 당초 한국은 상해임시정부가 일본과 교전했다고 해석하고 승전국으로서의 배상을 요구하는 한편, 1910년에 체결된 한국병합조약은 무효라며 식민지 지배의 피해 배상을 요구했다. 일본측은 교전한 사실이 없으며 병합조약도 유효하다고 주장함으로써, 양측은 정면으로 대립했다. 1950년대의 협상 기조는 한국 내 일본인의 재산이 착취와 억압 위에 축적된 것인지, 아니면 일본제국의 법제도 하에서 이루어진 정당한 경제활동의 결과인지에 대한 역사인식의 문제와 깊은 관련이 있었다.(浅野豊美, 『제국일본과 식민지법제』)

그 후 한국이 '전승국'으로서의 배상요구는 취소했지만, 위법한 식민지 지배에 대한 배상, 보상은 강력히 주장했다. 한편, 일본은 식민지 지배의 법적 책임을 계속 부정하면서도 미 군정청에 의해 몰수된 일본인 재산 가운데 사유재산의 반환 · 보상을 요구했다. 그러나 1950년대 후반 일본이 이를 철회하고 서로 청구권을 상쇄하자는 주장을 내세웠다.

일본정부는 조선과 중국이 내전으로 인한 혼란에 빠져 있었기 때문에 강화조약 제4조에서 규정한 것처럼 그곳의 일본인재산 청구권을 해당국의 시정 당국과 합리적으로 처리할 수 없었다고 했다. 일본이 '상호 일체의 청구를 하지 않겠다고 규정하는 것 외에 현실적인 해결방법은 없다'고 한 이유이다.(외교기록⑩「평화조약 제4조에 관한 우리측 의견」1951년 7월 24일)

한국전쟁을 통해 남북한 분단체제가 고착화되는 가운데, 한국측도 식민지 지배에 따른 피해의 보상요구의 성질을 띤 '배상'에서 '청구권'으로 후퇴했다.

1960년대에 접어 들어, 이케다(池田勇人)정권은 한국측이 청구권을 포기하도록 경제협력방식을 내세웠고, 1962년 두 차례에 걸친 오히라(大平正芳) 외상과 김종필 중앙정보부장 간 회담에서 무상 3억 달러, 유상

한일기본조약의 조인.
상호 청구권 포기를 규정했지만, 실질적으로는 경제협력이라는 형태로 '보상'이 이루어졌다. 일본은 이 조약을 방패로 내세워 한국의 개인배상청구를 각하하고 있다.

(정부차관) 2억 달러, 민간상업차관 1억 달러 이상이라는 윤곽을 결정함으로써 청구권 문제는 사실상 결론이 났다. 이때 미국은 양국의 경제적 의존관계를 증대시켜 경제발전을 촉진시킨다는 관점에서 '경제협력' 방식에 따른 청구권 문제의 해결을 지지했다. 청구권 문제는 '완전하고도 최종적으로 해결된 것으로 간주한다'는 한일청구권협정(1956년 6월)의 표현은, 개인보상을 '경제협력'으로 대신한다는 일본측의 의사표현이었다.(太田修,『일한회담, 청구권 문제의 연구』)

한편, '한일회담에서 청구권 문제는 식민지 시대의 조선인이 받았던 피해 항목을 보상하는 문제인데, 이는 남조선 정권만을 상대로 해서 끝날 문제가 아니다'(1965년 11월 9일 중의원 본회의에서 사회당 楢岐弥之助 의원)라는 발언에 주목한다면, '경제협력' 방식의 해결은 이 문제를 최종적으로 해결한 것이 아니라 오히려 역사인식에 관한 문제의 해결을 어렵게 만든 것이라고 할 수 있다.

### 타이완, 일화평화조약과 이덕보원(以德報怨)의 행방

또 다른 분리지역인 타이완의 청구권 처리는 진전을 보지 못했다. 타이완을 통치하는 주체가 현지에서 수립된 정권이 아니라 대륙에서 온 중화민국정부였기 때문이다.

그래도 강화조약 발효 직전인 1952년 4월에 체결된 일화(日華)평화조약에서 청구권 문제를 협의하기로 해서, 일본 외무성은 다시 협상을 개시할 용의가 있다고 밝혔다. 그러나 타이완측은 시기상조라며 응하지 않았고, 결국 1972년 중일국교정상화로 인해 일화평화조약의 존속 의미가 없어짐에 따라 타이완과의 청구권 처리는 불가능해졌다.

이미 전쟁 중에 대일배상에 대한 조사를 시작해 금액도 산정해 놓았던 국민당정부는 일화평화조약협상에서 강화조약에 근거한 배상을 강력히 주장했다. 여기에서 생각할 점은, 장제스의 '이덕보원(以德報怨)'론이다. 최근 연구에서 다양한 해석이 제기되고 있지만, 그 취지는 강력한 일본군을 신속하게 철수시키기 위한 환경조성, 또는 배상과 전범재판이 중국의 의도대로 추진되지 않을 것을 예측하고 국민의 반감을 미연에 억제하기 위한 것이었다는데, 말 그대로 전범과 배상 문제에 대해 순수하게 관대한 정책을 취한 것만은 아니었다.(和田英穗 논문 등에서)

어쨌든 국민당정부는 무배상원칙(청구권의 포기)에 동의하고, 다른 연합국이 배상을 포기하는 데 동의한다면 거기에 따르겠다는 방침을 미국에 전달했는데, 전술한 바와 같이 최종적인 강화조약에서는 무배상방침이 변경되었기 때문에 배상을 요구하고 대일협상에 임했던 것이다.

일본이 중국의 일본인 재산을 포기하면 청구권 문제가 충분히 상쇄될 것이라고 주장하여 협상이 교착되었지만, 최종적으로는 국민당정부가 양보를 해서 강화조약에서 정한 일본의 배상을 자발적으로 포기한다고 일화평화조약의정서에서 밝혔다. 결국 일본의 타이완 통치에 대한 피해

보상이 아니라, 중일전쟁에 따른 피해의 배상청구권을 국민당정부가 포기하는 형태를 취한 것이다.

중국은 최대의 피해국 대표정부로서, 이에 상응하는 배상을 요구할 위치에 있었다. 그러나 불행하게도 대표정부였던 국민당정부는 내전 때문에 국제적 지위가 현저히 추락하여 미국에 대해 양보와 타협을 하지 않을 수 없었다.

일화평화조약에 따른 배상청구권 포기가 국민의 청구권을 포기한 것인지, 또는 아닌지 여부에 대한 논란이 있다. 하지만 이후 일본정부는 중일 간에 배상 문제는 존재하지 않는다는 입장을 견지하고 있다. 예를 들면, 1980년대에 조약국장이었던 쿠리야마 다카카즈(栗山尙一)는 사토(佐藤栄作) 내각까지는 배상 문제를 구체적으로 검토한 적이 없다고 단언하는데, '중일 간의 배상 문제는 중국에서 보면 당연한 명분이 있겠지만, 이 문제는 일화평화조약에서 해결되었다는 것이 외무성의 기정방침이었다'고 증언하고 있다.(栗山尙一, 『외교증언록』)

### 중일국교정상화와 배상 문제

이러한 일본측의 일방적인 인식이 문제가 된 것은 1972년 9월 중화인민공화국과의 국교정상화 협상에서였다. 이미 중국정부는 배상을 포기한다고 밝혔지만 주언라이(周恩來)는 9월 26일 다시 한 번 중국측의 태도를 다음과 같이 설명하고 있다.

'일화조약에 대해 분명히 해 두고 싶다. 그것은 장제스의 문제이다. 그가 배상을 포기했다고 해서 중국이 이를 포기할 필요는 없다는 외무성의 얘기를 듣고 놀랐다. 그는 타이완으로 도망을 갔고 게다가 샌프란시스코강화조약 이후에도 일본에 배상을 포기했다. 다른 이의 재물로 자기 체면을 세우는 것은 있을 수 없는 일이다. 전쟁의 손해는 대륙이 보았다. (중략) 장제스가 포기했다고 해서 이제 괜찮다는 생각을 우리는 받아들일 수 없다. 이것은 우리에 대한 모욕이다.'(霞山會 편, 『일중관계기본자료집』)

중국정부의 배상포기 방침은 '침략전쟁'의 책임과 반성을 전제로 한 포기방침이었기에, 이것을 법률적으로 해석한 외무성에 반발했던 것이다. 다시 말해, 역사인식의 문제와 배상포기는 불가분의 관계였던 것이다.

자민당 내부의 비판에 대응하느라 다나카(田中角榮) 총리와 오히라 외무상은 고생했지만, 오히라의 제안으로 공동성명에 '일본측은 과거에 일본국이 전쟁을 통해 중국국민에게 중대한 손해를 끼친 데 대해 책임을 통감하고, 깊이 반성한다'는 표현이 담겼다.

그리고 배상청구권에 대해서는, 중국측이 '일본에 대한 전쟁배상 청구의 포기를 선언한다.'(공동성명 제5조)고 했다. 중국측 초안의 '배상청구권'이라는 표현과 관련해 일화평화조약이 '처음부터 무효였던 것을 명백하게 의미한다'고 해서 일본측이 이에 동의하지 않자, '권'(權)이라는 글자를 삭제하는 데에 합의가 이루어졌던 것이다.(石井明 외 편, 『기록과 고증, 일중국교정상화 · 일중평화우호조약체결협상』) 이상의 협상 과정을 통해, 공동성명이 중국국민의 청구권을 제외하는 것은 아니라는 해석의 여지를 남겨두게 됨으로써, 1990년대에 접어들어 중국국민이 전시피해의 배상을 요구하는 운동을 펼치게 된 것이다.

## 강화체제의 위기 극복

중국(중화인민공화국)은 원래 강화체제 자체에 반대했다. 따라서 전쟁피해에 대한 청구권 문제에 있어서도 강화체제의 테두리 안에서 처리된 일화평화조약과는 별개로 배상청구권을 행사할 수 있는 지위에 있었다. 실제로 중국의 수교3원칙에서 일화평화조약은 불법이며 파기되어야 한다고 했고, 타이완이 중국 영토의 일부임을 확인할 것을 요구하고 있다. 그러나 강화체제의 테두리 밖에서 청구권이 행사되는 것은 일본의 대미관계를 손상시키고 장기적으로 미국의 대일관계를 회복불능에 빠뜨리며 결과적으로는 미국의 대소전략을 파탄시키는 것을 의미한다.

한편 일본 입장에서는 미일안보조약을 포함한 강화체제의 존속이 대중정상화의 조건이며 이는 대미관계가 기축이라는 것을 확인하는 작업이었다.(服部龍二, 『일중국교정상화』)

이렇게 중일국교정상화 협상과정에 난제도 있었지만, 결국 공동성명에서 '청구권'을 '청구'로 표현함으로써 배상청구를 포기하고, 일화평화조약의 파기를 강조하지 않는(일화조약의 파기는 성명 후에 오히려 담화로 한다) 것으로 타협이 이루어져 가까스로 강화체제의 테두리 안에서 협상이 타결될 수 있었다. 이처럼 고도의 정치적 타협을 가능케 한 것은 분명히 중일 쌍방의 지도자와 정치리더십이었다.

국교정상화협상이 시작되기 10여 년 전, 다카사키 다츠노스케(高碕達之助) 경제기획청장관은 '(중국이) 배상을 요구하게 되면, 일본의 국력은 버틸 수 없다는 점을 우려했다'(1956년 5월 28일 중의원 외무위원회)고 진술한 적이 있다. 중국지도자의 '관대한 마음'으로 일본이 구원을 받은 모양새가 된 것이다. 그러나 중국국민 입장에서 보면 '침략전쟁'을 통해 엄청난 피해를 받았던 사실을 잊을 수 없을텐데, 일본의 총리가 그 책임자들을 찬미하듯이 야스쿠니신사에 참배하는 것은 '피해국 인민의 감정과 존엄에 상처를 입히는 잘못된 행위'이다.(2005년 10월 '중국외교부성명')

### 청구권이라는 장벽

한편, 이 장의 주제인 '식민지제국' 청산의 양상은 역사 문제에 관련된 두 개의 과제를 부각시키고 있다.

하나는 재외재산 문제의 처리 과정에서 본 바와 같이, 배상목적이라고는 해도 식민지에서 '정당한' 사업활동에 따른 결과인 일본인 재외사유재산의 상실을 누가 어떻게 보상할지 명확하게 제시되지 않았다는 점이다.

다른 하나는, 식민통치 청산이라는 문제가 제대로 처리되지 못하고, '청구권' 문제로 개별협상에 위임되었다는 점이다. 특히 일본정부는 '청구권'이 다양하게 이용될 것을 염려하여 전투행위나 전쟁상태에 기인하는 것이라는 해석으로 일관했다.(외교기록⑪ 「배상청구권의 범위에 관한 우리측의 요망」 1951년 4월 23일) 식민지는 '일본과 전쟁상태에 있지 않았기 때문에 배상 문제는 없다'는 원칙을 고집한 것이다.

다시 말해, 강화체제는 '식민지제국'의 청산을 목적으로 하는 전후처리의 목적이 아닌, 어디까지나 국가 간의 전쟁에 기인하는 '청구권'의 문제로만 수렴되었던 것이다. 실제로 강화조약의 두 개 조문(제14조, 제19조)은 전쟁상태의 존재에 기인하는 '청구권'을, 국가도 국민도 원칙적으로 서로 포기하고 있다. 특히 일본의 경우, 제19조에서 '모든 청구권'을 예외없이 포기한 것은 재외사유재산 등 식민지와 점령지의 통치에 기인하는 문제의 해결을 공적 차원에서 봉쇄한 것이다.

## II 비정한 국적포기

### 식민지주민의 국적 문제

재외재산 문제와 더불어 구 식민지 출신 거주민의 '국적'에 관한 문제도 국회 안팎에서 오랫동안 논란거리가 되었다. 귀화 요건 등을 정한 국적법(1899년)은 헌법의 위임에 따라 '국민'과 '외국인'을 법적으로 분리하는 것에 주안점을 두어, 일본제국 전체의 법적 질서 기반으로서 식민지 출신 거주민에게도 적용되고 있었다.

국적 문제의 초점 중 하나는 한국·조선인, 타이완인 등 구 식민지 출신자는 패전까지 '일본신민'으로서 처우를 받았음에도 불구하고, 강화조약 발효와 동시에 한 장의 통달(1952년 4월, 법무부 민사국장 통달)에 의해 국적선택의 기회가 주어지지 않은 채 일방적으로 '외국인'으로 전락한 문제였다.

국제관행에 따르면, 어떤 영토가 할양될 경우 할양지의 주민은 새로운 영유국의 국적을 취득하든지, 아니면 구 영유국의 국적을 선택하든지 선택권이 인정되고 있다. 구 영유국의 국적을 선택한 자는 일정 기간 내에 퇴거하게 된다. 예를 들면, 타이완의 할양을 승인한 청일강화조약(1895년)에서는 타이완의 주민으로서 타이완을 떠나 거주할 것을 원하는 자는 2년 이내에 자유롭게 부동산을 매각하고 퇴거할 수 있었으며, 2년을 경과해도 퇴거하지 않는 경우에는 '일본신민'으로 간주한다고 규정하고 있다. 유예기간 동안의 국적이 문제가 되었지만, 결국 2년 동안은 구 영유국이었던 청의 국적으로 간주되었다.

국적 문제의 근원은 구 식민지 출신 거주민이 일본국적을 갖고 법적으로는 '일본신민'으로 처우받았다는 사실에 있다. 그 근거는 국적법이었다. 다만, 식민지 시기 조선에는 국적법이 시행되지 않았고 조선인에 대해서는 1910년 한국병합조약에 따르는 것으로 간주되었다.

패전 직후 일본정부는 일본 내 타이완인, 한국인에 대해 강화조약 전까지 일본국적을 유지한다고 판단했고, 1945년 가을 선거제도 개정 때에도 이들에게 패전 이전과 마찬가지로 참정권을 부여할 예정이었다. 그런데 그해 12월 국회에 상정된 개정안에, 호적법의 적용을 받지 않는 자에게는 당분간 참정권을 정지시킨다는 부칙(호적조항)이 생겼다. 영토분리에 따라 일본국적을 이탈한 자에게 참정권을 부여하는 데 대한 법리상의 회의, 식민지출신 의원의 증대에 따른 천황제와 '민족의 분열'을 우려하는 국회 내의 강력한 반대, 재일타이완인, 재일조선인의 국적 문제는 강화조약에 따라 최종적으로 확정될 때까지 '제국신민과 외국인의 중간적 지위'에 두는 것이 현실적이라는 외무성의 판단이 배경으로 작용했다.

1945년 11월 말 추밀원회의에서 히토츠마츠 사다요시(一松定吉) 의원이 온정주의적인 입장에서 구 식민지인에게 일본국적을 취득케 하자는 내용의 특별입법을 정부에 촉구한 적이 있는데, 이러한 목소리는 이상의 이유들 앞에서 힘을 쓰지 못했다.(水野直樹, 「재일조선인 · 타이완인 참정권 '정지'조항의 성립」)

게다가 1947년 5월의 외국인등록령(신헌법 시행 직전의 마지막 칙령)에서는 미등록 타이완인, 조선인은 '당분간 외국인으로 간주한다'고 정함으로써, 이들은 일본국적을 가진 채 '외국인'으로 전락했다.

예를 들면, 타이완은 일본 패전 후 중화민국의 일부(하나의 省)로 편입되어, 타이완 주민은 일본의 통치 종료(1945년 10월)와 동시에 중화민국 국적을 회복하게 되었다. 결국 타이완주민은 '전승국'으로서 연합국 국민의 지위를 받아야 했다. 그러나 일본은 타이완을 포기했지만 그 귀속지는 강화조약 전까지 미확정이라는 입장이었기 때문에, 재일타이완인에게는 연합국국민으로서의 지위를 부여하지 않았다.

그러나 중화민국정부는 '전승국'으로서, 해외에 거주하는 타이완인에 대해 일정한 발언권을 행사할 수 있는 입장이었다. 1946년 6월 6일에는 재외타이완인에 대해 화교등록을 하게 함으로써 연합국 국민과 마찬가지로 재판권과 식량배급의 특권을 향유할 수 있다는 '재외타이완교민국적처리방침'을 공포했다.

구 식민지인을 '전승국민'으로 인정하는 연합국의 입장에서 보면 이는 당연한 조치였지만, GHQ는 일본에 잔류한 타이완인, 조선인에 대해서는 일본의 법질서에 따르도록 했다. 따라서 GHQ는 화교등록에 따른 중국국적의 회복이라는 조치에 동의하지 않았다. 미 국무성은 재일타이완인에 대해서는 '전승국'인 국민당정부와의 관계 때문에 GHQ의 방침에 소극적인 태도를 보였다. 이러한 미 정부 내의 입장이 일치되지 않은 까닭에 재일타이완인의 법적지위는 불안정했다.(「朝海浩一郎보고서」)

재일타이완인의 법적지위의 불안정 문제는, 일본경찰의 단속이 어디까지 가능한가라는 문제를 야기시켰는데, 1946년 7월에 발생한 일본경찰과 타이완인 노점상 간의 충돌사건(시부야(渋谷)사건)이 그 상징이라 할 수 있다.

사건 후에도 일본정부는 국적결정에 대해 강화조약을 기다려야 한다는 입장을 고집하는 한편, 치안유지 필요 등의 이유 때문에 재일타이완인의 중국국적 취득에 비판적이었다. 그러나 1947년 5월의 외국인등록령에서는 등록한 타이완인은 '중국인'(연합국국민)으로 간주하고, 미등록 타이완인도 '당분간 외국인으로 간주'한다고 했다. 재일타이완인은 연합국 국민으로서의 지위 획득에 매우 근접한 셈이다. GHQ가 국민당정부의 입장을 존중한 결과이기도 했다. 한편, 재일타이완인은 법령상 일본국적을 보유하면서도 외국인관리의 대상이었다. 이후 일본정부는 강화 전까지 타이완 출신자를 공식적으로 '중국인'으로 인정하지는 않았지만, 실질적으로는 연합국 국민처럼 취급했다.

### 재일조선인의 국적

재일조선인도 외국인등록령에 의해 일본국적을 가진 상태에서 '외국인'으로 간주되었고, '조선의 독립'으로 조선국적을 회복하게 되었다. 문제는 '조선의 독립'이 대한민국만이 아니라는 데 있다. 1948년 대한민국 정부 수립과 동시에 북한도 조선민주주의인민공화국정부를 수립했다.

외국인등록령에서 재일조선인의 국적은 기호(용어)상 '조선'으로 표기하게 했다. 남북한에 두 개의 정부가 성립되자 한국정부와 거류민단의 강력한 요구를 받아들여 1950년 이후부터는 '조선'이라 기재되어 있던 것을 '한국'으로 변경하는 사람이 나타났다. 당시 상황에 대해 일본정부는 다음과 같이 설명했다.

'일본정부는 일률적으로 조선이라 표시했지만 한국대표부가 생긴 뒤 대표부로부터 한국으로 표시해 주기 바란다는 요청이 왔고, 총사령부(GHQ)의 이야기도 있고 해서 희망자에 한 해 국적란에 한국으로 기입하게 했다. 그렇다고 해서 이것이 곧바로 한국 또는 북한을 의미하는 것은 아니었다.'(1952년 3월 28일 중의원 외무위원회)

한국정부는 병합조약과 그 이전의 조약이 모두 무효라는 입장에서 재일한국인은 원래부터 '일본국민'이 아니었으며, 대한민국의 수립으로 일본국적에서 이탈하여 한국국적을 회복했다는 견해를 GHQ에 전달했다고 한다.

어쨌든 강화조약 성립을 전후하여 일본정부는 재일조선인의 국적에 대해 '독립한 조선이 결정할 문제이다. 일본이 조선을 독립정부로 인정하고 협상하고 있는 상대는 대한민국이므로 지금 당장 문제가 되는 것은 대한민국의 국적법에서 정할 문제이다. 한국으로 등록하기를 원치 않는 사람은 그냥 조선인으로 등록하는 것도 인정한다'는 입장으로 일관했다.(1952년 4월 24일 참의원 외무 · 법무위원회 연합심사회)

그러나 일본에는 남한의 주일대표부만 있으니, 국적표기 변경을 요구할 경우 증명서류의 확인을 북한정부에 요구하는 것은 사실상 불가능하기 때문에, 사실상 한국국적으로 표기할 것을 강제하는 듯한 인상을 주었다.

강화조약(타이완의 경우는 일화평화조약)의 발효는 이러한 국적 문제를 일단락 짓는 것이었다. 후술하겠지만, 강화조약에는 국적규정이 없지만 강화조약이 발효됨에 따라 법무부 민사국장 통달로 호적법을 기준으로 내지에 호적이 없는 주민은 모두 일본국적을 상실하게 되었다. 일본의 호적제도는 '내지호적'과는 별개로, 조선호적, 타이완호적처럼 각각의 식민지 출신 주민에게 호적을 주는 '외지호적'이라는 것이 있었는데, 기본적으로 호적의 변경은 금지되어 있었다. 일본정부는 바로 이 점을 활용한 것이다.

이렇게 해서 재일타이완인과 재일조선인 모두 일본국적을 상실하고, 타이완인은 중화민국국적 보유자가 되었고, 재일조선인의 법적지위는 한일회담에 의한 '특별협정'에 위임되었던 것이다.

### 국적의 회복이란

일본정부는 강화준비 과정에서 영토의 변경과 함께 국적선택의 자유라는 국제적 원칙에 결코 무관심하지 않았다. 특히 외무성은 조선에 정주하는 '일본신민'(조선인)은 조선국적을 취득하고 일본국적을 상실하지만 강화 후 일정한 기간 내에 일본국적을 선택할 수 있음을 인정하고, 타이완에 정주하는 '일본신민'(타이완인)은 중국국적을 취득하고 일본국적을 상실하지만 역시 일정한 기간 내에 일본국적을 선택할 권리를 부여한다는 내용의 국적규정이 만들어지리라 예상하고 있었다.(외교기록⑨ 「대일평화조약 상정 대강」 1950년 9월)

또한 일본에 잔류한 조선인, 타이완인에게도 각각 조선국적, 타이완국적을 취득할 권리를 인정하는 한편, 일본국적을 선택할 자유도 부여하는 것을 상정하고 있었다. 재일조선인이라면 조선의 독립 회복에 따라 조선의 국적을 회복할 가능성이 있고, 재일타이완인에 대해서는 타이완의 귀속결정과 동시에 똑같은 처우를 받게 될 예정이었다.

그러나 강화조약에는 조선, 타이완, 쿠릴열도, 남사할린 등을 포기하는 것, 즉 영토의 변경에 따른 국적 취급에 대해 아무런 언급이 없었다. 귀속영토를 대표할 국가들이 모두 강화회의에 초청되지 못했던 것도 하나의 원인이었겠지만, 그 이상으로 일본의 사고방식도 중요한 의미를 지녔다. 외무성에서 이 문제를 담당했던 니시무라(西村熊雄) 조약국장은 다음과 같이 진술했다.

> 기존에 독립국이었다가 합병되어 일본 영토의 일부가 되었던 조선이 이번의 평화조약으로 독립을 회복할 경우에, 조선인이었던 자는 독립을 회복한 결과 당연히 종전에 갖고 있던 조선의 국적을 회복한다는 생각이 일반적 통념이므로 제2조(a)에는 국적에 관한 내용이 포함되지 않았던 것이고, 그렇다면 문제는 일본에 거주하고 있는 조선인을 위해 일본인으로 거주하고 싶은 자에 대해 평화조약에 특별조건을 설정할지 여부만 남는다. 그 점을 연구한 결과, 지금의 국적법에 따라 귀화시키는 방식이 있으니 이에 따라 체류를 희망하는 조선인을 만족시킬 수 있다는 결론에 도달하였고, 특히 국적선택에 관한 조항을 설정해 달라고 요청하지 않아도 되었던 것이다.(1951년 11월 5일 참의원 평화조약 및 일본안보조약 특별위원회)

여기에서 니시무라는 강화조약에 국적 조항의 삽입을 요구하지 않았던 이유에 대해 두 가지를 진술하고 있다. 첫째는, 식민지였던 조선이 독립을 회복하면 조선인은 조선국적을 회복하는 것이 국제관례상 당연하니까 국적 조항을 둘 필요가 없다는 것이다. 둘째는, 재일조선인이 일본인으로 남고 싶다면 일본국적을 회복하는 조치, 즉 귀화하면 된다는 것이다.

결국, 일본정부는 국적을 선택하는 방식이 아닌, 한국국적의 '회복'이라는 방식으로 처리하려고 했음을 알 수 있다. 그 배경에는 '국적의 선택이 아니라, 한국으로 복귀한다는 생각을 가지고 평화조약과 그 이후의 처리 방침을 진행한다'는 방침이었던 것이다. 강화조약 조인 직후부터 이미 한일회담이 시작되었는데, 법적으로는 조선에서 유일한 정부로서 협상할 수밖에 없었다. 게다가 UN이 조선에서의 유일한 정부로 대한민국 정부를 인정했던 것도 중요했다. 요약하자면, 사실상 한국을 승인하는 것을 전제로 국적 문제도 처리되었던 것이다.

## 국적선택론의 귀추

외무성 출신으로 국제법에 밝은 소네 에키(曽祢 益, 사회당) 의원은 강화조약을 심의하는 특별국회에서 국적선택권의 부여를 주장한 적이 있다. 그는 일본국민이 조선에서 사실상 퇴거했으니 재일조선인에게도 국적선택을 인정하고 일본국적을 선택하는 자에게는 '일본국민'과 같이 처우하고, 일본국적을 선택하지 않은 자는 합리적, 인도적 조건 속에서 퇴거시키자고 주장했다.(1951년 11월 5일 참의원 평화조약일미안보조약 특별위원회)

소네의 의도는 '성가신 소수민족' 문제를 남기지 말자는 것인데, 청일강화조약 등의 국제적 선례에 따른 것이었다.

이에 대해 요시다 총리는 종래 조선인은 일본국민과 같은 국민으로서 '일본화'시켜 온 결과, '조선인으로서 오랫동안 일본에 뿌리를 내려서 완전히 일본인 같은 사람도 있고, 데모에 참가하는 사람도 있다. 국적을 부여하는 것은 좋은 측면도 있고 나쁜 측면도 있다. 지적하신 바와 같이 다른 나라의 경우 소수민족 문제가 발생하여 곤란을 겪는 사례도 적지 않다'고 답변했다.(1951년 10월 29일 참의원 평화조약일미안보조약 특별위원회)

한반도의 정부가 양분되어 있는 가운데 '통일정부'의 가능성도 없고,

한국전쟁이 한창인 시기에 국적을 선택하는 것은 사실상 불가능했다. 당초 일본정부는 국적선택권 부여를 고려했지만, 조선국적의 '회복'으로 방침을 전환한 것은 한반도의 분단과 곧이어 발발한 한국전쟁 때문이었다.

조선국적의 '회복'이라는 관점에서 보자면, 외무성이 주장하는 것처럼 '조선의 독립'을 승인한 강화조약에 국적조항을 둘 필요는 없다고 볼 수 있다. 그러나 민사국장통달로 일본국적을 상실시킨 조치가 강화조약 발효와 '동시에' 필요했는가에 대해서는 다소 회의적이다. 최고재판소는 이 조치 자체에 대해서는 합법이라고 판단했지만(1961년 4월 5일 최고재판소 판결), 당시 한반도 정세를 감안하면 매우 정치적인 조치였다고 할 수 있다.

이러한 조치가 최고재판소에서 용인되었다는 것은 국적상실의 근원이 된 강화조약 제2조(a)의 취지를 일본의 '침략주의 청산'으로 이해하고 침략 전의 상태로 되돌린다는 전제에서 '원상회복'을 인정했다는 설이 유력하다. 1961년의 최고재판소 판결 역시 강화조약으로 일본은 '조선에 속해야 할 사람들에 대한 주권을 포기한다'고 반복해 강조하며 조선과의 지배 · 종속 관계를 청산하고 대등한 관계로 돌아간다는 인상을 주고 있다.(大沼保昭, 『재일한국 · 조선인의 국적과 인권』)

원래 국적변경은 당사국 간에 해결해야 할 사안이며, '조선에 속해야 할 사람'을 정하는 것은 어디까지나 조선의 '민족자결권'에 속하는 문제였다. 또한 이미 한국이나 북한도 국적법 등으로 자국민의 범위를 확정했다는 점을 고려한다면, 재일조선인의 주체적 의사를 전제로 한국 또는 북한의 국적을 보유하는 자에게는 일본국적을 상실시킨다는 '원상회복' 대신 기본적으로 '국적선택'의 조치를 취했어야 한다.(大沼保昭, 『재일한국 · 조선인의 국적과 인권』)

그러나 일본정부의 조치는 국내법상의 호적을 기준으로 당사자의 의

사와 상관없이 일률적으로 국적을 상실시키고, 일본국적을 희망한다면 귀화하면 된다는 논리 아래 그들을 입국관리법 등 외국인법제의 대상에 편입시켰던 것이다.

재일조선인, 재일타이완인의 자동적인 일본국적 상실은 광범위한 법적 차별을 초래하는 근본적인 원인이 되었다. 국적선택 대신 '귀화'를 하면 된다고 하지만 귀화는 법무상의 재량 범위이고 그 조건도 '동화적 귀환 행정'이라고 비난받았던 것처럼 신청자를 배려한 조치라고 보기 어렵다.

그 후 귀화 요건이 완화되고 각종 법률에서 국적조항이 철폐되는 등 국적차별은 크게 시정되고 있다. 일본의 항복 이전부터 일본에 거주했던 조선인, 타이완인과 그 자손들에게는 '특별영주제도'가 적용되고 점진적으로 참정권도 부여하도록 하고 있다.

이런 식으로, 문제가 '해결'되었다기보다는 계속 '해소'되는 방향으로 나가는 것 같지만 '해소'는 진정한 문제의 '해결'이 아니다. 기본적으로 '귀화'의 목적이 국가가 재량으로 선별해서 '일본인화' 하는 것이라면, 이질적인 것을 끊임없이 동화시키는 형태로만 문제를 해결하려는 사회는 다른 문제들에 대해서도 같은 방식으로 해결을 모색하려 할 것이다.(大沼保昭, 『재일한국 · 조선인의 국적과 인권』)

어쨌든 '재일'의 문제는 과거 식민지 지배와 전쟁에서 기인하는 문제이지, 단순한 차별의 문제가 아니다. 이런 점을 깊이 생각해 볼 수 있는 사례가 있다. 1993년 8월 일본군이었던 재일한국인이 패전 후 일방적으로 일본국적을 빼앗겨 유족원호법에 따른 연금을 받지 못했다며 소송을 냈는데, 1심, 2심에서 모두 기각되었다.

타이완, 조선 출신의 일본군, 군속처럼 식민지 시대에 '일본국민'이었던 데에서 기인하는 문제들을 여전히 일본은 떠안고 있다.

### 구 식민지 출신자의 배제

미국, 캐나다, 프랑스, 이탈리아, 구 서독 등 서구의 전쟁희생자 보상제도의 공통적인 특징은 일반시민과 군인 · 군속을 구별하지 않고 평등하게 취급한다는 '국민평등주의'에 있다. 또 다른 특징은 자국민과 외국인을 구별하지 않고 모든 전쟁희생자에게 평등한 보상과 대우를 한다는 '내외인평등주의'이다.(宍戸伴久, 「전후처리의 남겨진 과제」)

일본 보상입법의 중심인 은급법과 유족원호법은 이러한 두 가지 국제적 표준에서 벗어난 것이다.

우선 '국민평등주의'라는 관점에서 볼 때, 예를 들면 은급법에 따른 각종 연금의 지급액은 기본적으로 퇴직시의 봉급과 재직년수를 근거로 산정하고, 군인의 경우 재직시의 계급에 따라 차이를 둔다. 이는, 본인이 납입한 금액을 자원으로 하는 사회보장제도가 아니라, 1923년에 제도가 생긴 이래 본인과 국가의 고용관계에 입각하여 국고에서 자원을 부담하는 '국가보상적 성격'인 연금제도에서 유래한 것이다.

또한 두 법 모두 일본국적을 가져야 수급 요건에 해당하기 때문에, 외지의 호적법이 적용되는 조선, 타이완 등 구 식민지 출신자는 배제되었다. 은급법의 경우, 일본국적을 지닌 채 일본군으로 싸운 조선인이나 타이완인은 수급권이 없다. 수급권의 근거가 공무원으로서 공무를 수행했다는 데에 있다고 한다면, 애당초 수급자의 국적은 문제가 되지 않는 것이었다.(田中伸尙 외, 『유족과 전후』)

똑같은 군복무를 제공하고 피해를 당했지만, 국적에 따라 수급권을 차별하는 합리적인 이유는 무엇인가? 일본정부의 설명은 다음과 같다.

'은급수급권의 요건을 일본국적의 유무에 두는 것은, 공무원과 국가 간의 특별한 관계에 입각한 공무원연금제도라는 우리나라 은급제도의 연혁 내지 성격에서 유래하는 것인데, 이는 합리적인 동시에 모든 사람에

게 적용되기 때문에 객관성을 지닌 것이라고 생각합니다.'(1993년 3월 29일 참의원 내각위원회)

다시 말해, 다이쇼(大正)시대 이래의 은급제도를 그대로 계승하고 있기 때문에 '합리적'이라는 것이다. '내외인평등주의'라는 국제적 표준에 비춰 볼 때, 무엇이 '합리적'인가라는 질문에 대한 답변이라고 보기 어렵다.

## 강화체제의 틈새, 타이완 출신 군인 · 군속

국적 요건이라는 '내부지향적' 법제도는 전후처리 문제 해결에 난제가 되었다.

예를 들면, 타이완 출신 군인 · 군속이 약 20만 7천 명(이 중 군속이 12만 7천 명)에 달하고, 전몰자는 모두 3만 명(군속이 2만 8천 명)인데, 이들은 일본군 병사나 군속으로서 전투에 참가하여 전사나 부상을 당한 경우에도 보상도 받지 못하고 방치되어 왔다. 전후 이들은 자신의 의사와 관계없이 일본국적을 잃어버렸다.

이 문제는 종종 국회에서도 논의가 되었고, 또한 보상청구소송도 제기되었다. 최초의 판결인 1982년 도쿄지방재판소 판결은 '전쟁손해에 대해 어떠한 범위, 정도로 보상을 할지는 국가의 입법정책에 위임된 것으로 해석한다'며 소송을 기각했다. 1985년의 도쿄고등재판소 판결도 이를 답습했지만, 이때 재판장은 '똑같은 경우이면서도 일본인과 비교하면 현저하게 불이익이 있다. (중략) 국정관계자에 대해 이러한 불이익을 조속히 불식하여 국제적 신용을 제고하도록 노력할 것을 기대한다'고 지적했다.

이에 1987년 의원입법으로 조위금 급부에 관한 법률이 제정되어, 전몰자와 전상병자 1인당 200만 엔의 특별조위금이 지급되었다.(최종적으로 2만 9,600여 명) 원고는 다시 최고재판소에 상고했지만, 사법부의 판단은 바뀌지 않았다.

타이완 출신 병사의 보상 문제가 조위금을 지급하는 형태로 '해결'된 데는, 본래 일화평화조약에 근거하여 양국 간에 처리했어야 할 문제가 1972년의 중일국교정상화로 일화조약이 소멸됨으로써 해결이 불가능했던 사정과 배경이 있었다.

### 준엄한 법, 조선 출신 군인·군속

다음으로 조선 출신 군인 · 군속이 약 24만 2천 명(이 중 군속이 12만 6천 명), 전몰자는 모두 2만 2천 명(군속이 1만 6천 명)에 달하는데, 이들도 일본국적을 상실해 유족원호법 등의 적용에서 제외되었다.

1962년부터 일본정부는 귀화해 일본국적을 취득하고 호적법의 적용을 받게 된 경우 유족원호법 적용대상이 된다고 통지하고 있다. 유족원호법의 국적조항은 개인의 의사에 따라 국적을 상실한 경우에만 적용되는 것이지, 강화조약에 따라 국적을 상실한 것은 개인의 의사에 따른 것이 아니기 때문에 유족원호법의 국적상실에 해당되지 않는다는 뜻이다.

이 통지에 따라, 한일 간 청구권 및 경제협력협정의 효력이 발생하는 날(1965년 12월)까지 일본으로 귀화해 국적을 취득하면 강화조약 시기로 거슬러 올라가 은급을 받을 수 있다. 그러나 협정발효일 이후 한국국적인 자가 일본으로 귀화할 때는 적용되지 않는다. 협정에서 청구권 문제는 '완전하고 최종적으로 해결'되었다고 했기 때문이다.

2002년 7월 구 일본군이었던 재일한국인이 국적을 이유로 은급을 지급하지 않는 것은 위법이라며 낸 소송에서, 최고재판소는 '국적에 따라 은급을 차별해도 법 아래 평등하다는 원리에 반하지 않는다'며 상고를 기각했다. 판결문에서 법원은 일본군이었던 재일한국인이 한국에서 보상대상에 포함되지 않았고 일본에서도 보상받지 못하는 데 대해 '고도의 복잡한 정치적 고려와 판단이 요구되는 문제이기 때문에, 어떤 조치를 취

군속으로 소집된 대만인(1938년, 위), 조선인 육군지원병훈련생(1943년, 아래). 대만 군인 · 군속은 약 20만 명, 조선 군인 · 군속은 약 24만 명, 일본을 위해 싸웠던 이들에 대한 보상은 이루어지지 않았다.

하지 않았다고 해서 국회의 재량 범위를 벗어났다고까지 할 수는 없다'고 했다.

법의 사각지대에 놓인 구 군인 · 군속 재일한국인은 일본정부가 어떠한 조치를 취하지 않는 한 은급과 보상을 받을 길이 없다.

원폭피해자에 관한 입법을 제외하면, 모든 원호입법에 두루 적용되고 있는 국적요건은 '일본신민'만을 대상으로 한 이전의 은급제도를 그대로 계승한 데에서 기인한다. 거기에는 자국민 또는 외국인을 국적으로 구분하는 국가적 시점이 반영되어 있다.

이처럼 일본의 비정함은 '어쩔 수 없이 일본인이 되어, 전쟁에 휘말려 함께 싸웠지만 끝내 버림받았다'라는 말처럼, 식민지시대 일본인으로서 종군한 한국 · 조선인의 마음 속 깊은 곳에 새겨졌다.

'국민'인가를 정의하고, 관할할 권한이 국민국가에 주어졌다. 일본제국은 식민지인을 대외적으로 같은 일본인 국적이라고 했지만, 내부적으로는 호적을 근거로 '외지인'이라며 차별해 왔다. 총력전체제 아래에서 식민지인을 동원할 필요 때문에 이들에 대한 처우 개선이 불가피했지만 식민지인과 내지인 사이에 호적을 변경할 자유는 '민족의 혼유'를 초래할 우려가 있다며 인정하지 않았다. 국적과 호적은 이민족 통치의 편의적 기술로 활용되어 왔다.(遠藤正敬, 『근대 일본의 식민지 통치에서의 국적과 호적』) 스스로 '탈제국화'를 추구한 적이 없었던 전후의 일본은 이런 식으로 과제를 해결하지 못했던 것이다.

# 2부
# 1980년대, 공평과 고통분담

전후처리의 기반인 '강화체제'가 완성되고 일단락된 것은 1970년대이다. 강화조약을 기점으로 동남아국가들과의 평화조약과 배상협정이 체결되고, 1965년 한일기본조약이 체결되고, 1972년 중일공동성명에 이어서 1978년 중일평화우호조약이 체결됨에 따라, 아시아 주변국가들과의 정상적인 관계가 재건되었다.

일본 정부 입장에서는 강화체제를 기반으로 하는 '정부 간 화해'의 틀 속에서 전쟁과 식민지통치, 점령지배에 기인하는 문제들을 해결하고, 아시아태평양의 국제질서 안정에 기여하고, 국내적으로는 '자손들에게 부담을 주지 않는 노력'이 성과를 거둔 셈이다.

이때까지 나라 안팎에서 제기된 '역사 문제'에 대해 일본 정부는 배상이나 책임의 문제 등 새로운 부담으로 이어지지 않도록 부심해 왔는데, 그 기반이 된 것은 강화체제였다.

그런데 아시아 주변국들과의 관계가 정상화되고 새로운 단계로 접어든다는 것은, 역사 문제가 발생하면 곧바로 국가 간의 문제로 발전하고 국제적인 비난을 당할 가능성도 높아진다는 뜻이다. 이 경우에도 강화체제는 효력을 발휘해야 하지만(하는데) 1980년, 특히 나카소네내각 시기에 국내의 역사 문제인 교과서 문제와 야스쿠니 문제가 '국제화'하고, 국가로서의 전쟁에 대한 인식과 전쟁책임에 관한 문제가 다시 부각되어 비난을 당하게 되었다.

1980년대 유족원호법 등의 적용을 요구하는 일본인 '전쟁희생자'

에 대해, 국가는 어떻게 인식하고 보상하고 해결해야 하는가에 대한 문제에 직면한다. 그 처리 여하에 따라서는 강화체제의 안정이 흔들릴 수도 있다. 이때 고안된 것이 일본인 전쟁희생자에 대한 '국민적 고통분담'과 '공평'이라는 원칙에 따른 국가의 보상 방식이다. 이는 국내에서 발생한 전쟁책임론이나 보상요구의 분출을 억누르기 위한 논리였다.

# 4장
# 야스쿠니신사 문제의 국제화, 나카소네 총리 공식참배의 좌절

## 합사기준과 순국

야스쿠니신사는 창설 이래 천황의 이름으로 전쟁이나 사변에서 전사한 자를 '제신'(祭神)으로 합사하며 확충되어 왔다. 전몰자가 '제신'이 된다는 것은 현인신(現人神)인 천황이 올리는 '제사'와, 신도(神道)에 바탕을 둔 종교적 의식에 따르기 때문이다. 전몰자를 '영령'으로 기리고, 후손들의 모범으로 '현창'하는 것이 그 기조였다.

메이지정부는 '신앙의 자유'를 보장한다는 제국헌법 아래 불교와 기독교를 용인하는 한편, 신사와 신도를 '국가의 제신'으로서 종교에서 분리하여 신도를 사실상 국교화하려고 했다. 즉, 야스쿠니신사는 법제도상으로는 제사의 의식을 행하는 중심시설이었지만, 종교시설도 아니고 국가신도 역시 종교가 아니었다.

그러나 패전 후 1945년 12월 점령하에서 GHQ가 발령한 신도에 관한 지령은, 법제도상으로는 종교가 아니었던 신사를 국가지정 종교와 제사의식으로 다시 규정짓고 국가에 의한 원조와 보호를 금지했다. 즉 정교(政教)분리와 신앙의 자유라는 관점에서 국가로부터 분리된 신사신도는 허용되지만, 국가신도로서의 신사는 폐지된 것이다. 이러한 취지는 1946년 2월 종교법인령과 신헌법 제20조(정교분리 원칙)에 반영되었

다.(赤澤史朗, 『야스쿠니신사』 등)

이때 야스쿠니신사는 다른 종교의 예식을 배타하지 않는 비종교적 시설이 되든지, 또는 종교법인으로 존속할지 선택을 해야했지만, 결국 종교법인으로 존속하게 된다.

패전 직후인 1945년 9월 야스쿠니신사를 관할하고 있던 육군성이 합사 기준을 개정하고, 합사자의 범위에 일반 전쟁피해사망자 등을 추가하는 제안을 한 적이 있다. 그 이유는 '국가가 총력을 기울였고 또한 본토 역시 전장이 된 이번 전쟁의 특성을 감안할 때, 적의 전투행위로 사망한 자는 군인 · 군속에 한정되지 않으니 일반인도 합사하는 것이 적당하다'는 것이었다.(『신편 야스쿠니신사 문제자료집』) 총력전에 걸맞은 합사형태를 모색하는 제안이었다.

그러나 육군성의 개정안에 대해 야스쿠니신사는 처음부터 반대했고 해군성 등도 일반 전쟁피해자를 합사범위에 추가하는 데 비판적이었기 때문에 결국 합사기준 개정은 보류되었다. 전쟁의 양상이 어찌되었든 야스쿠니에 합사되는 전사자는 어디까지나 '국가를 위해 순직한 자'로 한정했다.

그러나 다른 한편에서는 유족원호법이나 은급법이 그 대상범위를 확대함에 따라 합사범위가 점차 확대되었다. 전범사형자도 국가를 위해 순직했다고 해서 합사 대상에 포함되었다. 유족원호법과 은급법의 대상에 포함되지 않는 경우에도, '국가의 공무'를 수행하다 전사한 것이 확인되면 합사 대상에 포함되었다.(1956년 5월 23일 중의원 해외동포귀환 · 원호특별조사위원회) 그러나 '공무로 순직한 자'의 기준은 기본적으로 전전과 전후에 변함이 없었다. 국가와 고용관계나 특별한 관계가 아닌, 일반 시민의 전쟁피해사망자는 제외되었다.

합사기준을 개정했더라면, 전사할 때의 신분이나 국가에 대한 공헌도가 아닌 희생의 정도만을 기준으로 보상할 수 있었을 텐데, 이는 전쟁의 역사적 성격을 국가가 어떻게 인식하느냐라는 근본적인 문제로 이어지는 것이었다.(赤澤史朗, 『야스쿠니신사』) 합사기준의 변경은 전쟁의 성격을 정말로 모든 국민을 끌어들인 '총력전'으로 봐야 할지, 19세기처럼 국가 간의 전쟁으로 봐야 할지의 문제로 발전할 만 했다.

### 일본유족회, 영령의 현창을 요구하다

일본유족회(처음에는 '일본유족후생연맹'으로 발족, 이하 '유족회')는 야스쿠니신사와 깊은 관계를 쌓아 왔는데, 가족 대부분이 중일전쟁과 태평양전쟁에서 전사했고 이들이 야스쿠니신사에 '영령'(英靈)으로 합사되어 있기 때문이다. 전몰자군인 유족이 단체를 조직해서 여러 가지 활동을 하는 사례가 세계적으로도 드물지만, 최고 번성기에는 전몰자 310만 명, 180만 세대 가운데 약 60%가 유족회에 가입되어 있었다.

유족회의 운동 목표는 우선 유족에 대한 경제적 처우개선에 있었다. GHQ가 군인은급 및 유족에 대한 원조금을 중지하라는 명령을 내리는 바람에, 구 군인과 전몰군인 유족의 생활이 갑자기 곤궁해졌기 때문이다. 이들을 구제하기 위해서는 전몰자를 '국가의 명령'으로 '공무' 중 순직한 자로 만들 필요가 있었다. 정부와 보수정당도 이에 호의적이었고, 이것이 전술한 바와 같이 1950년대의 유족원호법 제정이나 군인은급의 부활로 이어졌다.

또 하나의 운동 목표는 전몰자를 단순한 전쟁희생자로 간주하는 것을 넘어서는, 정신적인 차원의 처우개선이었다. 독립 직후인 1952년 5월 정부가 주최하는 최초의 국가적 행사로서 전국전몰자추도식이 개최되었을 때, 요시다 시게루(吉田茂) 총리는 공식적으로 전몰자를 '평화의 초석'이라고 언명했다. 나아가 다나카 고타로(田中耕太郎) 최고재판소장은 '우리 나라가 과거의 전쟁으로 중대한 잘못을 저질렀던 것'을 인정하면서도, '전쟁 자체에 대한 비판과 전몰자에 대한 추도와 감사는 전혀 별개'라며, 조국을 위해 목숨을 바친 행위는 '인류 보편의 도덕원리'에 부합하는 것이라고 칭송했다. 다나카의 인사말에서, '전몰자에 대한 추도와 위령의 문제는 전쟁에 대한 평가와 분리해야 한다'는 전후를 관통해 이어지고 있는 인식의 일면을 엿볼 수 있다.

1950년대 전반, 유족회는 처우개선운동의 원동력을 전쟁이라는 '공무' 중 순직한 '최다 희생자'라는 의식에 두었을 뿐, 반드시 전쟁에 대한 평가와 특정한 전쟁관에 바탕을 둔 건 아니었다.

그러나 1950년대 후반, 유족의 중심적인 운동 목표가 '영령의 현창'에 놓이자 사정은 변했다. '영령의 현창'이란 야스쿠니신사에 제신으로 합사된 전몰자를 국가의 손으로 위령하는 것인데, 이는 순국자를 기리는 최고의 영예이다. 다시 말해, 유족 자신들의 처우개선과 국가보상을 요구하는 운동이 일단락되자, 이제는 전몰자에 초점을 맞춰 '순국의 정신'과 '애국심'의 계승을 전면에 내걸게 된 것이다. 이러한 운동은 필연적으로 전쟁에 대한 긍정적 평가로 이어지는데, 이를 촉진한 요인이 몇 가지 있다.

그 중 하나는, 역사학계나 논단에서 '침략전쟁론'이 정착된 데 있다. 1960년대는 제2차 세계대전에 관한 논쟁이 한창이었는데, 역사학계에서도 세계대전에 관한 연구가 진전됨에 따라 전쟁 전체를 어떻게 평가하느냐가 중요한 쟁점이었다. 그러나 이러한 논쟁이 반드시 생산적인 성과로 이어지지는 않았는데, 다수파의 '침략전쟁론'과 소수파의 '전쟁긍정론'(해방전쟁론과 자위전쟁론)으로 양극화되었다가 1960년대 후반에 수렴되었다.

이러한 지적(知的) 담론의 장(場)에서 유족회는 소수파인 전쟁긍정론

일본유족회의 진정, 대표 등 40여 명이 1955년 5월 13일 하토야마 이치로 수상(바로 앞 오른쪽 두 번째) 사저에서 생활부조금 증액을 요구하는 모습.

의 유력한 지지자가 되었다. 예를 들면, 1968년 9월 발행된 『일본유족통신』(212호)의 기사에서, '대동아전쟁'에 대해 '침략전쟁'이라는 호칭이 완전히 기정사실화되었지만, '이는 일본인에게 정신적 자신감을 빼앗는 것인데, 이렇게 왜곡된 전쟁관을 시정하지 않으면 진정한 일본인으로의 재생은 불가능하며 전사자에 대한 의미부여도 할 수 없다'고 했다. 전사에 대한 의미부여가 전쟁의 평가와 무관하지 않다는 것이다.

### 야스쿠니법안을 둘러싼 공방

1963년 10월 전국유족대회에서 유족회는 최종 목표를, 야스쿠니신사는 국가를 수호하는 곳이므로 국가가 관리하게 만드는 것이라고 밝혔다. 실제로 이 주장이 국회에 상정된 것은 서명운동을 시작한지 4년이 지난 1969년이 되어서였다. 1974년까지 매년 상정되었지만, 유족회의 노력이 결실을 맺지는 못했다. 마지막 기회라고 여겨진 1974년 5월에 자민당 단독가결로 중의원을 통과했지만, 참의원에서 성사되지 못하고 말았다.

운동의 중심에 있었던 이타가키 타다시(板垣正, 자민당) 의원에 따르면, 야스쿠니법안이 실패한 가장 큰 원인은 반드시 야당 때문만이 아니라, 정교분리에 관한 '정부견해'에 있었다고 한다.(「야스쿠니신사 공식참배의 길」) '정부견해'란 야스쿠니신사의 종교성에 관한 일관된 해석을 말한다. 예를 들면, 이나바 세이이치(稲葉誠一, 사회당) 중의원 의원이 제출한 '야스쿠니신사 문제에 관한 질의서'(1980년 9월 30일)에 대한 정부답변서에서, 정부는 '야스쿠니신사의 국가관리라는 것이 국가가 야스쿠니신사의 운영에 대해 참여하고 또는 국비를 지출한다는 의미라고 한다면, 국가가 이러한 행위를 하기 위해서는 야스쿠니신사가 종교성을 배제할 필요가 있다고 생각한다'고 했다.

'종교성을 배제한다'는 것이 구체적으로 무엇을 의미하는지, 정부견해에서 자세한 설명은 피했지만 중의원 법제국 등의 견해에 따르면, 축사의 진상이나 포교활동의 폐지는 물론이고 예배형식의 자유화, 신직자나 도리이(鳥居)의 명칭변경에 이르기까지 제사의식을 구성하는 모든 요소의 변경이나 폐지를 의미한다.

이는 신도 제사법에 따라 영령을 기리는 전통적인 의식을 할 수 없다는 것을 의미한다. 실제로 자민당의 '야스쿠니신사 법안'이나 그 전에 검토한 사회당의 '야스쿠니평화당에 관한 법률안 요강'(1956년 3월) 모두 야스쿠니신사를 종교법인법에서 분리하여 별도의 법인격을 부여하여 국가의 관리하에 두는 점에서는 일치하지만 이상의 엄격한 조건을 충족하는 것은 아니었다.

### 종교법인 이탈이라는 선택지

전후, 야스쿠니신사는 신도에 관한 지령에 따라 종교법인이 되었기에 정교분리 원칙 아래 하나의 유력한 선택지가 남아 있었다. 그것은 바로 강화가 발효되면 신도에 관한 지령의 효력이 소멸되므로 종교법인법에서 이탈하는 것이었다. 야스쿠니신사가 국가관리를 바랐다면 어째서 이 방법을 선택하지 않았을까?

이러한 의문에 대해 유족회는 이른바 '야스쿠니간담회'('각료의 야스쿠니신사 참배 문제에 관한 간담회')에 제출한 의견서(1984년)에서, 강화 이후 '자발적으로 종교법인에서 이탈할 수 있었지만, 국가관리운동이 일어나서 그 추세에 기대'를 걸었기 때문에 종교법인으로 남았다고 밝혔다. 이를 액면 그대로 받아들이면, 영령을 기리기 위한 '제사' 의식을 포함해 현상을 그대로 유지하는 형태, 즉 유족회와 야스쿠니신사가 바라는 최고의 형태를 국가관리운동에 걸었다는 뜻이다.

유족회가 야스쿠니신사의 국가관리를 위한 서명운동을 시작할 때 만든 취지서에서 '야스쿠니신사는 일정한 교의를 전파하려는 종교가 아니며, 그 제사의 본질은 종교적 의식이 아니고 전 국민이 감사한 마음을 표현하는 국민적 행사'라고 명기했는데, 이러한 취지는 일관되게 유지되었다.

이러한 주장은 야스쿠니신사의 국가관리를 인정받기 위한 수사이기는 하지만 유족 뿐만이 아니라 수많은 참배객도 심정적으로 동감할 수 있는 것이었다. 그러나 야스쿠니신사가 종교법인인 이상 심정만으로는 헌법 제20조의 정교분리 원칙을 뛰어넘을 수 없다. 현행 헌법 아래에서 국가관리를 실현하기 위해서는 야스쿠니신사가 스스로 '종교성'을 배제하든가, 종교법인에서 이탈하는 수밖에 없다. 종교성을 배제하는 것이 제사 의식의 본질에 관한 조치라서 곤란하다면, 스스로 종교법인을 이탈하는 수밖에 없다.

이러한 야스쿠니신사 문제의 구조는 오늘날까지 근본적으로 변하지 않고 있다.

국회에서의 국가관리운동이 좌절되자, 유족회와 관련단체, 자민당의 유력 의원들은 각료나 천황의 야스쿠니 '공식참배'라는 현실적인 목표에 집중하게 되었다. 이를 위해 운동의 형태도 국회활동이 아닌 대중매체를 포함한 '국민운동'으로 선회하였다.

이 운동의 중심에는 1976년에 결성된 '영령에 답하는 모임'이 있었다. '영령에 답하는 모임'은 공식참배의 실현을 목표로 했지만, 정치로부터 교육, 문화에 걸친 '전후체제'를 부정하는 국가주의적인 이데올로기운동의 측면이 있는데, 1979년에는 지방의회에서 거듭 결의를 채택하여 마침내 원호법(援護法)을 실현시킨 바 있다. 지방의회를 동원한 전략은 나중에 '부전(不戰)결의'를 저지하는 운동 등에서도 효과를 발휘한다.

### A급전범의 합사

야스쿠니신사 문제를 정교분리라는 헌법상의 문제, 전사자의 위령과 추도의 문제로 파악한다면, 그 자체로는 국내의 문제라고 할 수 있다. 그러나 1979년 4월 14명의 A급전범이 '쇼와시대 순난자'(昭和殉難者)로 합사된 사실이 밝혀짐에 따라 돌연 양상이 바뀌었다.

전범으로 사형된 BC급전범에 대해서는 1950년대 말까지 이미 합사가 완료되어 있었다. 정부가 반드시 '국사(國事)로 숨진 자'라는 기준에 따라 '조용하게 합사'할 것을 지시했던 것이다. A급전범에 대해서는 1969년 초에 야스쿠니신사와 후생성의 합의에 따라 '외부 발표는 삼가'하는 형태로 합사기준이 마련되었다.(『신편 야스쿠니신사 문제 자료집』)

그후 1978년에 야스쿠니신사 측의 판단으로 이들에 대한 합사가 결정되었다. 그해 궁사직(宮司職)에 취임한 마츠다이라 나가요시(松平永芳)의 판단이었다고 한다. 전임자인 츠쿠바 후지마로(筑波藤麿)와 달리, 이른바 '도쿄재판사관'에 부정적이었던 마츠다이라에 의해 A급전범이라도 전범 사형자와 일반 전몰자의 구별이 없어진 것이다.(松平永芳, 「'야스쿠니' 봉사 40년의 무념」) 어쨌든 합사대상자에 A급전범자가 포함됨으로써, 그때까지 '정교분리'를 중심으로 논란이 일었던 야스쿠니신사 문제에 과거의 전쟁에 대한 평가와 전쟁책임이라는 논란거리가 새롭게 추가되었다.

수마트라섬에서 포로생활을 경험한 무라타 히데조(村田秀三, 사회당) 의원은 '이른바 전쟁책임의 문제는 연합국이 판단을 내린 것인데, (중략) 그 판단은 연합국이 한 것이지 우리가 한 게 아니다. 이 문제를 정리하지 않으면, 도조 히데키 등 전범을 합사한 것은 종교법인인 야스쿠니신사의 정상적인 활동이라고... 이렇게 말해도 국민이 이해하지 못할 것 아닌가'라면서, 전쟁책임 문제에 대해 다시 한 번 분명히 해 둘 필요가 있다고 지적했다.

그러나 미하라 아사오(三原朝雄) 총무장관은 '우리 국가와 국민은 모두 전쟁에 대해 크게 반성하고 있다. 신헌법이 제정된 것은 그 결과라고 생각한다'고 답변하는 데 그쳤다. 이는 전쟁책임 문제가 신헌법에 의해 청산되었다는 '정부견해'의 전형적인 사례라 할 수 있다.(1979년 5월 24일 참의원 내각위원회)

또한 노다 테츠(野田 哲, 사회당) 의원은 천황과 총리대신이 '이른바 가해자가 합사되어 있는 신사에 가서 참배하고 경의를 표하는 것은 역시 제2차 세계대전에서의 행위를 용인하고, 면죄부를 주는 것으로 보인다'고 지적하고, '폐하는 A급전범이 합사된 것을 알고서도 칙사를 파견한 것인가?'라며 다그쳤다.(1979년 5월 22일 참의원 내각위원회)

쇼와 천황은 신사에 공식참배하는 것만 삼가고, 춘추 예대제에 칙사를 보내 참배하는 것은 매년 해왔다. 정부위원은 '전쟁에서 희생된 사람들을 생각하면 가슴이 아프다'는 '자연스런 기분'에서 참배를 한 것이라고 답변했다.(1979년 5월 22일 참의원 내각위원회) 다만, 2006년에 공표된 도미타 토모히코(富田朝彦) 전 궁내청장관의 메모에 따르면, 쇼와 천황은 A급전범의 합사에 불쾌감을 표시했고, 1979년부터는 참배를 자제하고 있다고 한다.(「富田메모연구위원회 검증보고」)

현직 총리의 야스쿠니신사 참배는 1975년 8월 3일 미키 다케오(三木武夫) 총리가 개인 자격으로 참배한 것이 최초였다. 그 다음 총리인 후쿠다 다케오(福田赳夫) 총리는 방명록에 '내각총리대신'이라 기재하고 참배했지만, '개인적인 행위'로 간주되었다. 이것은 각료의 참배가 '공인'(公人) 자격인지, '개인' 자격인지를 놓고 끝없이 논쟁하게 되는 발단이 되었다.

A급전범의 합사가 밝혀진 이후 각료들이 집단으로 참배한 것은 1980년 8월 스즈키 젠코(鈴木善幸) 총리와 18명의 각료들이 '개인' 자격으로 참배한 것이 최초이다. 이후 스즈키 총리는 8월 15일의 참배를 두 번 계속했는데, 『인민일보』는 그때마다 '공적'인 참배에 주의를 촉구한다는 논평을 게재했다.

## 나카소네 총리의 공식 참배

일본정부는 각료의 참배에 대해 헌법적 판단을 피했는데, 1980년 11월 '위헌이라는 의혹에 대해 부정할 수 없다'면서 참배를 삼가하겠다는 견해를 밝혔다.

그러나 스즈키 총리 이후, 1982년 11월에 총리가 된 나카소네는 1984년 후지나미 다카오(藤波孝生) 관방장관 밑에 '각료의 야스쿠니신사 참배 문제에 관한 간담회'를 발족시켜, 각료의 공식 참배에 대한 합헌성 여부를 다시 한 번 검토시켰다.

야스쿠니간담회의 보고서는 1985년 8월 초순 '정교분리 원칙에 저촉되지 않는 모종의 방침으로 공식참배의 길이 열릴 수 있다'는 두루뭉실한

미키 다케오 총리의 야스쿠니신사 참배(1975년 8월 15일). 전후 총리로는 처음으로 반발을 고려해서 '개인적으로 참배'했다는 점을 강조했는데, 총리전용차를 사용하지 않고 공물도 바치지 않았다.

용인론을 시사했는데, 이에 따라 그해 8월 15일에 나카소네 총리의 공식 참배가 실현되었다.

참배 방법은 방명록에 내각총리대신이라고 적되 공금으로 지불된 생화로 장식한 본전에 올라, 신에게 '2번 절하고 2번 박수 치고 1번 합장하는 의례'는 하지 않고 '1번만 절'을 하는 것이다. 정부는 이런 방식에 대해, '사회통념상, 헌법이 금지하고 있는 종교적 활동에 해당하지 않는다'는 관방장관담화를 발표했다. 덧붙여, 정부설명에 따르면, 야스쿠니신사에 국비를 지출한 것은 이때 공물헌화비로 3만 엔을 지불한 것이 처음이자 마지막이다.

그런데 야당은 나카소네 총리의 참배는 이전의 정부견해를 바꾼 것이라고 추궁했다. 내각법제국은, 그동안 참배를 '위헌이라고도 합헌이라고도 판단할 수 없다'고 한 것은 공식참배에 관한 '사회통념'이 어떤 것인지 알 수 없는 상태였기 때문인데, 이번에 야스쿠니간담회의 견해로 그것이

1985년 8월 15일 '공식참배'를 명언한 각료들과 함께 야스쿠니신사에서
인터뷰하는 나카소네 총리, 국내외로부터 격렬한 비판을 받았다.

명확해졌는 바, 기존의 견해가 신도 형식의 공식참배를 상정한 것이었다면 이번처럼 종교색을 띠지 않는 참배형식인 경우는 헌법에 저촉되지 않는다고 했다.

## 중국의 비판, 책임이분론의 원칙

나카소네 총리가 공식참배하기 하루 전인 1985년 8월 14일, 중국정부는 일본 각료의 공식참배는 '일본군국주의에 의해 다대한 피해를 받은 중국 인민을 포함한 아시아국가 인민들의 감정에 상처를 주는 것'이라고 지적하며 자제를 요구했다.

중국주재일본대사였던 나카에 요스케(中江要介)는 '공식참배가 중일간에 큰 문제가 되리라고 아무도 생각하지 못했다. 나 자신조차 어림짐작도 못했다'고 회상한다. 나카에가 인식했던 야스쿠니신사 문제란 총리의 참배가 헌법위반인가 아닌가 하는 정도의, 오로지 '국내 문제'였기 때문이다. 나카에는 중국과 내통하는 반(反)나카소네 세력의 현 정권을 흔들기 위한 책략이 아닌가 의심하며, 중국 외교부의 항의에 대해 '중국이 반대하는 이유를 모르겠다. 나라를 위해 목숨을 바친 영령을 기리는 것은 어느 나라에서나 하는 일'이라고 반론했다.(『아시아외교 動과 淨』)

8월 하순 『인민일보』는 비판 대상을 A급전범에 맞춰서 '일본정부가 역사를 존중하기를 바라며, 전쟁의 성질과 책임을 애매하게 하는 것을 결코 용납하지 않겠다'고 지적하며 공식참배를 견제했다. 한편, '중국정부는 일관되게 일본의 소수 군국주의 분자와 광범위한 일본 인민을 엄격하게 구별한다는 방침을 견지하고, 또한 광범위한 일본 인민과 함께 다시 한 번 전쟁의 비극이 재발하지 않도록 (중략) 부단한 노력을 기울여 왔다'고 주장했다.

여기에는 일본 인민도 전쟁의 희생자였다는, 이른바 '책임이분론'이 담겨 있다. 이것은 중일국교정상화 당시 중국이 배상청구를 포기할 때 중국 국민을 설득하기 위한 논리였는데, 야스쿠니신사 문제에 대해서도 그럴 듯하게 이용되었다.

9월 18일 베이징대학에서 개최된 '9 · 18사건(만주사변) 기념집회'가 5천 명에 달하는 학생데모로 발전해, 각지의 주요 대학에까지 파급되었다. 주된 슬로건은 나카소네내각 퇴진, 일본군국주의부활 반대, 경제침략 반대였다. 중국정부는 이러한 항의운동을 억제하고 진화하는 한편, '책임 이분론'을 이용해 야스쿠니 공식참배에 강력히 항의했다.

나카소네 총리는 공식참배를 자제해 줄 것을 요청하는 외무성의 의견에 따라 자민당 내의 '유족회그룹'(「영령에 답하는 의원협의회」 등 3개의 야스쿠니관련협의회)의 공식참배 요구를 제어하며 예정되어 있던 야스쿠니신사 가을 예대제에 총리와 각료의 공식참례를 유보했다. 이때 1985년 10월 '일중우호 21세기위원회' 제20회 회의에서 후야오방(胡耀邦) 총서기가 제출한 '중일우호발전에 대한 4개항목 의견서'가 사태를 타개하는 데 중요한 시사점을 주었다고 한다. 주요 골자는 '극소수의 사람들이 군국주의를 부활시키려는 활동을 전개하는 것을 용인해서는 안 된다'고 하면서, 한편에서는 양국의 교류를 심화시키기 위해 '역사상 일어났던 싸움이 오늘의 협력에 영향을 미치지 않도록' 하는 것이 중요하다는 지적이다. 즉, 야스쿠니신사 문제에 엄중하게 대처하면 우호관계를 계속할 의사에 변함이 없다고 말한 것이다.

이 4개항목 의견서를 받아들여 일본정부는 11월 5일 야스쿠니신사 문제에 관한 참의원 대표질문에 대해 정부답변서를 각의 결정했다.

그 요지는 ① 공식참배는 제도화된 것이 아니다. ② 공식참배는 전몰자의 추도와 세계평화에 대한 결의를 새롭게 할 목적이지 과거의 행위를 정당화할 의도가 아니었다는 것인데, 이를 작성할 때 양국 간에 공식 · 비공식 의견조정이 이루어졌을 것이다. 『인민일보』(11월 7일)는 이 내용을 자세히 보도했는데, 더 이상 중국정부가 문제시하지 않겠다는 취지였다.

### 고토다(後藤田) 담화, 아시아국가에 대한 배려

1986년 7월 중의원 · 참의원 합동선거에서 자민당이 중의원 3백석을 넘는 대승을 거두었다. 그 직후 야스쿠니신사 참배 문제가 다시 불거졌다.

자민당의 대승에 기여한 유족회는 공식참배의 계속을 강하게 요구했다. 나카소네 총리는 외무성의 조언에 따라 공식참배는 하지 않더라도, 어떤 식으로든 참배할 수 있는 방안을 모색했다. 그러나 때마침 발생한 제2차 교과서 문제와 결부되어 중국 측의 강경하고 원칙적인 태도가 바뀔 기미가 없자, 외무성은 고토다 마사하루(後藤田正晴) 관방장관과 총리에게 '더 이상 시끄러워지면 일중 간의 이슈로 끝나지 않을 것'이라면서 자제를 구했다. 그러나 고토다에 따르면 당내 분위기는 '쉽게 끝날 상황이 아니었다'고 한다. 한편, 나카소네는 개인적으로 참배하는 방식을 모색하는 한편, 새로운 위령시설을 건립하는 구상에 대해서도 의욕을 보였다. 그러나 유족회는 그런 방식을 검토하는 것에 대해서조차 강하게 반대했다.(「柳谷謙介 구술회고록」)

7월 하순 제3차 나카소네내각 발족 후, 공식참배추진론은 점점 더 강해졌다. 특히 유족회를 배경으로 당내 야스쿠니관련협의회는 '야스쿠니 문제는 내정(內政)이므로 외국에 굴복했다가는 유족회가 가만있지 않을 것'이라면서 양보할 기미가 없었다. 고토다 관방장관은 일본이 강화조약에 따른 도쿄재판의 결과를 수락했다는 사실을 감안하면 공식참배를 우려하는 '상대방의 감정을 무시할 수 없다'면서 강경론을 억제하면서, 총리의 승인을 받아 공식이든 비공식이든 모든 참배를 중지해야 한다고 당의 실력자와 각료들을 설득했다.

그 결과 각료의 참배는 중지되었다. 8월 14일 고토다 관방장관 담화에서 '우리나라의 행위에 책임이 있는 A급전범에 대한 참배라는 비판을 불러일으키고, 나아가 우리나라가 여러 차례 밝혀 온 지난 전쟁의 반성과 그에 따른 평화우호의 결의에 대해서마저 오해와 불신을 초래할 우려가 있다. (중략) 전몰자의 궁극적인 바람에도 부합되지 않는다'고 밝혔다.

'고토다 담화'는 A급전범 합사에 대해 주로 언급했는데, 이는 중국의 반응을 최우선으로 의식한 것이었다. 한편, 담화는 공식참배가 합헌이라는 정부견해를 변경하지 않은 채, '공식참배 자체를 부정하거나 폐지하지 않는다'라고도 했다. 결국, 공식참배의 합헌판단에 변화는 없지만 아시아국가에 대한 배려 차원에서 '그 정도로' 판단한다는 것이었다.

1986년 이후 총리의 야스쿠니신사 참배는 공식이든 비공식이든 중단되었다. 고토다 담화는 어느 정도의 효과가 있었다고 할 수 있지만, 교과서 문제에서 '근린제국 조항'과 같이 정부의 통일된 지침이 되지는 않았다.

## 정교분리와 목적효과기준

관방장관으로서 나카소네 총리를 뒷받침한 고토다에 따르면, 총리가 공식참배를 한 것은 다음의 네 가지 점을 고려한 것이었다고 한다.

① 유족회의 강력한 요망
② 수많은 지방의회의 결의
③ 자민당 총무회의 결의
④ 야스쿠니간담회의 답신

이 가운데 ①, ②, ③은 유족회와 자민당의 야스쿠니 관련 의원들이나 지방의회가 개입한 운동이었는데, 공식참배를 실현시키는 데 커다란 압력이 되었다. '영령에 답하는 모임' 등 야스쿠니 관련 의원들이 지방의회를 끌어들이는 이 같은 운동방식은 1990년대 '부전결의' 등에서도 반복되었다.

고토다의 공식참배론이 나오게 된 배경에는 1977년 최고재판소가 제시한 정교분리에 관한 판단이 있다. 이 소송은 츠시(津市)가 주최하는 지진제(地鎮祭)라는 '종교행위'에 대한 위헌성을 따지는 것이었다. 최고재판소는 국가의 활동과 종교의 완전한 분리는 사실상 불가능하다면서 헌법 제20조 제3항에서 말하는 '종교적 활동'에 저촉되는지 여부를 판단하는 지침을 제시했다. 이것이 '목적효과기준'이라는 것인데, 행동의 목적이 종교적 의의를 지니고 그 효과가 종교에 대한 원조, 조장이나 압박, 간섭 등에 해당하는지 여부로 위헌성을 판단한다는 것이다.

정부의 내각 법제국을 중심으로 '목적효과기준'에서 일탈하지 않는 공식참배 방식을 찾은 결과 앞서 말한 참배방식으로 의견이 모아진 것이다. 나카소네도 츠시에 대한 최고재판소 판결의 목적효과론을 참고해서 법제국에 검토를 지시한 후, '종교의식과 신도를 떠나 총리대신으로서 전몰자추도를 위해 예법상 절을 하는 행위로서, 이는 바람직하다고 생각한다'고 국회에서 답변했다.(1985년 10월 29일 중의원 예산위원회)

'목적효과기준'은 국가의 행위가 종교활동인가 아닌가를 판단하는 기준으로서 최고의 권위를 지니는데, 실제로 종교적 색채를 띠는 문화재에 대한 국가의 보호, 종교계 사립학교에 대한 국가의 지원금 등은 이러한 기준에 비춰볼 때 위헌이 아니라고 해석된다.

고토다 담화는 이러한 '목적효과기준'을 참고한 것으로서 제도화되지는 않았지만, 공식참배가 가능한 길을 열었다. 공식참배의 목적은 오로지 전몰자에 대한 추도에 있기 때문에 외견상 그 목적이 분명한 경우에는 헌법 제20조에서 금하고 있는 국가의 종교적 활동에 해당되지 않는다는 것이 현재 정부의 입장이다. 공식참배가 신도에게 특별한 이익과 지위를 부여하거나 다른 종교를 압박 또는 간섭하지 않는 한, 위헌이 아니라는 것이다.

그러나 참배 목적이 세속적인 것이라 해도 그 효과 면에서는 국가와 종교단체 간에 특별한 관련이 있다는 인상을 주고, 특정한 종교를 조장 또는 배제한다고 판단될 가능성도 있다.

실제로 고이즈미 준이치로(小泉純一郎) 총리의 과도한 참배로 인해 정신적인 타격을 받았다며 188명이 손해배상을 요구한 소송의 공소심 판결(2005년 9월)은 위헌판단을 제시했다. 즉, 정교분리에 관한 '목적효과기준'도 정권의 수반이 의지할 수 있는 확고한 기반이 되지는 못한 것이다.

### 분사론(分祀論)의 기원

1985년 12월 주중대사로서 야스쿠니신사 문제 때문에 분투하던 나카에 요스케(中江要介)는 소설 『대지의 자식』 집필 때문에 취재 차 베이징을 방문 중인 야마자키 토요코(山崎豊子)로부터 후야오방(胡耀邦) 총서기와의 식사에 초청을 받았다. 그때 후야오방 총서기는 전범이 2천 명이나 되는 야스쿠니신사를 공식참배해서 문제가 된 것을 이대로 둔다면 중국인민을 납득시킬 수 없다고 말했다. 야마자키가 BC급전범은 중국인민과 마찬가지로 희생자이며 A급전범과는 다르다고 지적하자, 후야오방은 'A급전범을 빼내기만 하면 세계인민의 생각이 크게 변하지 않겠는가?'라고 했다.(『아시아외교 動과 淨』)

이러한 대화내용을 나카에가 외무성에 보고하자, 참배 문제 때문에 골머리가 아픈 나카소네가 '분사론'으로 기울게 되었다고 한다. 실제로 나카소네는 시마무라 요시노부(島村宜伸) 의원 등을 통해 야스쿠니신사의 궁사 등 관계자들에게 분사를 설득했지만, 도조 히데키(東條英機)의 유족을 포함한 모든 유족이 반대했다고 한다.

실제로 나카소네의 주변 측근들을 통해 여러 경로로 분사를 위한 공작이 이루어졌다. 마이니치신문사가 발행한 『This is』(1986년 10월호)에, 분사 공작에 깊이 관여한 것으로 짐작되는 익명의 인사에 의해 작성된 「야스쿠니신사 궁사에게 경고한다」라는 제목의 기사가 게재되어 있다. 이 기사는 A급전범에게는 '태평양전쟁 개전과 그에 따른 자타 국민 수백만 명이 희생된 데 대한 역사적 책임'이 있고, '국가권력의 명령에 따라 무참하게 죽어 간 전몰자들과 본질적으로 다르다'면서 A급전범의 분사를 주장한 후, '총리의 의향에 따라 재계의 유력자가 마츠다이라 궁사에게 A급전범의 이전을 설득했지만, 완고한 궁사가 이를 받아들이려 하지 않았기 때문에, 총리가 참배 중지를 선택한 것이다'라고 적고 있다.

나아가 이 기사는 '야스쿠니신사는 종교법인이므로, 정부의 간섭을 배제할 수 있다는 것도 일리가 있다. 하지만 그렇다면 총리나 각료에게 공식참배를 요구하는 것도 월권이고 불손한 것이다. (중략) 이러한 불합리가 시정되지 않는다면 조속히 순직자를 모시는 공공시설을 건설해서 야스쿠니신사가 전몰자를 독점하는 것을 중단시켜야 한다'고 주장했다.

그러나 야스쿠니신사의 입장은, A급전범의 합사는 반드시 신사의 독자적인 판단이 아니었다는 것이다. 신사 측에 따르면, 유족원호법의 개정(1953년)으로 전범사형자와 그 유족이 전몰자와 그 유족과 마찬가지 대우를 받게 된 사실은 전범사형자의 법적 복권을 의미하는 것이므로, 이에 따라 신사 측은 합사의 책임을 다하고 있다는 것이다.(『야스쿠니』 1986년 3월호, 「쇼와순난자 야스쿠니 합사의 근거」) 결국 야스쿠니가 마음대로 합사한 것이 아니라는 의미이다.

이에 대해 일본 정부는, 합사는 신사 측의 독자적인 행위이며 정부는 단순히 사무적으로 조사의뢰에 응했을 뿐이라는 입장을 현재까지 유지하고 있다.(1986년 10월 22일 중의원 법무위원회) 종교에 대한 행정의 개입이라는, 헌법에 반하는 사실을 행정부가 스스로 인정할 수는 없기 때문이다.

## 침략전쟁을 둘러싼 논쟁

A급전범의 합사를 둘러싼 국회에서의 논쟁은 전술한 바와 같이 합사가 분명해진 1979년부터 시작되었다. 당초 야당은 'A급전범을 야스쿠니에서 제사지내는 것은 전쟁책임을 해소하는 것과 연결되고 역사에 역행하는 움직임으로써 중대한 의미가 있다'고 비판했다.(1979년 4월 20일 중의원 내각위원회)

그러나 1982년에 교과서 문제가, 1985년에 야스쿠니신사 문제가 '국제화' 하는 가운데, 여러 국가들(특히 중국)의 비판이 더해지자 강화조약 제11조의 문제가 부상했다. 국회에서는 30여 년만의 일이다. 대표적인 사례는 1985년 11월 도이 다카코(土井たか子, 사회당) 의원과 아베 신타

로(安倍晋太郎) 외상 간의 논쟁이다.

도이 의원은 강화조약 제11조에서 도쿄재판을 수락한 이상, A급전범은 국제적으로 인정된 범죄인이라는 점을 받아들인 것이라는 오와다 히사시(小和田恒) 조약국장의 답변을 인용하면서 다음과 같이 지적했다.

'전몰자와 전쟁범죄인은 다르다. (중략) 전쟁에 내몰렸던 전몰자의 유족들 입장에서는 자신들을 전장으로 내몰았던 자들과 함께 합사되는 것에 반대하는 유족들도 있다. 하물며 침략을 당한 쪽에서 보면, 과거의 잘못을 두 번 다시 되풀이 하지 않고 깊이 반성한다는 (중략) 공동성명의 취지에 반하는 심각한 문제이다.'

이에 대해 아베 외상은 '나로서는 솔직히 중국 측이 그렇게 생각할 수도 있다고 본다'고 답변하면서도, '전쟁범죄인으로서 사형당한 사람들에 대해 애도의 뜻을 표하는 입장이 아니라, 전쟁희생자를 기리는 중심적인 시설로서 야스쿠니신사에 평화를 기원하는 입장이다'라고 반론했다.(1985년 11월 8일 중의원 외무위원회)

또 다른 사례는 1982년 8월 사쿠라우치 요시오(桜内義雄) 외상과 노마도모이치(野間友一, 공산당) 의원 간의 논쟁이다. 사쿠라우치 외상은 보충병으로 한커우(漢口) 공략전에 참전했다가 중국 대륙에서 부상을 당해 귀국 후 병역면제를 받은 경험이 있다. 노마 의원은 변호사 출신이다.

사쿠라우치: 전쟁 전 우리나라의 행위에 대해 국제적으로 침략이었다는 엄중한 비판이 있다. 이러한 비판의 사실은 그대로 받아들이고 있고, 정부로서도 이를 충분히 인식하고 있다.

노마: 그러한 인식의 핵심에 대해, 침략전쟁이자 잘못된 전쟁이었다는 지적이 객관적으로 분명한 사실이며 평가라고 생각하는가?

사쿠라우치: 국제적으로 그러한 비판을 받고 있고, 이 점을 정부도 충분

히 인식하고 있다. 그 이하도 그 이상도 아니다. 따라서 특별히 말해 두겠는데, 전후 일본은 평화헌법 아래 전쟁이라는 것을 부정하고 있으니까 질문한 것보다 훨씬 더 나아 간 자세를 취하고 있음을 명백히 해 둔다.

### 일관된 정부의 입장

도이 의원은 국제적으로 인정된 전쟁범죄인과 전몰자는 성격이 다르다는 점을 제기하고 있는데, 1980년대의 야스쿠니신사 문제는 강화조약 제11조에 따른 '국제군사재판의 수락'에 대한 국내적 의미를 다시 한 번 생각하게 만들었다. 도쿄재판에 관한 국회 안팎에서의 논란은 연구가 진전됨에 따라 그 평가도 다양하게 전개되었지만, 강화조약 제11조에 관한 정부의 입장은 강화 전후로도 변하지 않았다.

고토다는 도쿄재판에 관해 '전쟁이라는 것은 국가 간의 전쟁이므로 재판관 중 일부는 이를 개인의 책임으로 전환할 수 없다는 비판을 제기했었다. 그러나 일본은 재생하기 위해 할 수 없이 샌프란시스코조약을 국가가 승인했기 때문에 이 재판을 부정할 수는 없다'고 다시 한 번 강조했다.(1986년 9월 9일 참의원 결산위원회) 그러나 그렇다고 해서 정부가 '침략전쟁론'을 기조로 하는 도쿄재판의 판결 내용을 정당한 것으로 받아들인 것은 아니었다. 사쿠라우치의 답변은 이 점을 보여주는 것이었다.

고토다도 이렇게 얘기했다. '과거의 전쟁에 대해 여러 나라들이 그것은 침략이었다라고 하는 사실은 일본이 인정하지 않을 수 없다. 이것이 정부의 입장입니다.'(1986년 9월 9일 참의원 결산위원회) 침략전쟁이었다는 국제적인 비판은 엄숙하게 받아들이지만, 스스로 인정한 것은 아니었다. 이러한 정부의 입장은 1980년대를 통해 일관적이었다. 침략전쟁을 공적으로 인정하는 것은 곧바로 책임 문제로 이어지고, 전쟁 피해의 '국가보상'을 요구하는 운동이나 여러 가지 전후처리 입법에도 영향을 미치기 때문이다.

국제적 비판은 인식하면서도 어째서 스스로 침략전쟁을 인정하지 않는가라는 지적에 대해, 사쿠라우치는 '평화헌법 아래 전쟁이라는 것을 부정하고 있으니까 질문한 것 보다 훨씬 더 나아간 자세를 취하고 있다'고 답변했다. 이는 침략전쟁인가 아닌가를 따지기보다 평화헌법으로 인해 과거의 전쟁은 청산되었다고 간주하고 평화국가의 건설에 매진하는 것이 중요하다는 입장과 같은 맥락이다.

이렇게 일본 정부는 침략전쟁이라는 국제적 비판을 엄숙하게 받아들이면서도 스스로 침략전쟁이라고 인정하지 않는 모순된 입장을 취하지 않을 수 없었다. 평화헌법으로 과거의 전쟁을 청산했다는 입장은 이러한 모순을 해소하지는 못해도 모순을 비켜가는 편법은 될 수 있기 때문이다. 이는 국제화한 역사 문제를 국내적으로 수습할 수 있는 몇 안되는 방법이기도 했다.

5장

# 역사교과서 문제

이데올로기 논쟁에서 국제 문제로

## 이에나가(家永)의 교과서 소송

역사교과서에 관한 문제가 외교적 쟁점이 된 것은 1980년대였다. 그러나 국내에서는 이미 50년대부터 문제가 되고 있었다.

좌 · 우파 사회당의 통일과 보수합동에 의한 '55년체제'의 성립에 따라 여당인 자민당과 야당 각파의 대립이 그대로 교육행정 영역인 문부성 · 교육위원회와 일본교직원조합(일교조) 간의 투쟁에까지 투영되었기 때문이다. 보수합동 직전인 1955년 가을, 일본민주당의 교과서 문제 특별위원회가 작성한 소책자 『우려해야 할 교과서 문제』는 일본의 교과서가 일교조의 정치활동과 급진적인 노동운동의 추진을 조장하고, 마르크스 · 레닌주의를 '아동들에게 주입하고 있다'며 편향성에 대해 강하게 비판했다.

이렇게 극단적인 편향론은 1950년대 '국내에서의 냉전' 상황이 얼마나 심각했는지 잘 보여주고 있다. 교과서 검정을 담당한 문부성은 자민당 우파들이 좌우하는 이데올로기 관리 하에 있기 때문에, 교육개혁의 성과를 부정하고 천황에 대한 경의를 중심으로 하는 전전의 국사(國史)교육의 복권을 노리는 듯했다.

1950년대의 교과서는 교과서 문제 특별위원회 위원이었던 키요세 이

이에나가 사부로(家永三郎)

치로(清瀨一郎) 문부상이 국회에서 잘 지적했듯이 '사상적으로 특정 이데올로기에 편향되어' 있었다.(1956년 2월 10일 중의원 예산위원회) 그로부터 10년 뒤인 1965년, 일본사교과서 집필자였던 이에나가 사부로(家永三郎, 도쿄교육대학 교수)가 제기한 교과서소송도 이때부터 시작된 것이다.

### 무모한 전쟁을 둘러싼 논쟁

이에나가가 집필한 교과서에 대해 국회에서 자주 논란이 되었던 구체적인 역사 문제 가운데 '무모한 전쟁'에 관한 논쟁이 있다.

이에나가가 집필한 교과서에는, 중일전쟁이 태평양전쟁으로 확대됨에 따라 일본은 군국주의 일색으로 변모하여 국민들은 진상도 모른 채 '무모한 전쟁에 열심히 협력하지 않을 수 없는 상황에 놓였다'는 기술이 있다. 특히 '무모한 전쟁'이라는 표현에 대해 교과서조사관이 일방적인 견해라고 문제를 제기했다.

1965년 5월 문교위원회에서, 학도병으로 참전한 경험이 있는 가와사키 칸지(川崎寛治, 사회당) 의원이 '이에나가 교수의 원고에 대해 조사관이 이러저러한 트집을 잡고 있다. 그 내용을 보면, 태평양전쟁에 대해 분명하게 기술하라고 하는데, 이에 대해 문부성의 의견도 일치하는 것인가 묻고 싶다'고 질의했다.

이에 대해 후쿠다 시게루(福田繁) 문부성 초중등교육국장은 태평양전쟁에 대해 '분명하게 기술하라'는 지시는 하지 않았지만, '무모한 전쟁'이라는 표현은 태평양전쟁을 특정한 입장에서 표현한 것이므로 '좀 더 교육적인 배려를 해 주면 좋겠다는 주문'을 단 것이라고 답변했다.(1965년 5월 12일 중의원 문교위원회)

후쿠다 국장의 국회답변을 뒷받침하듯이, 검정에 관한 '문부성 견해'가 5월에 공표되었다. 견해에서, 교과서는 학술서나 전문학술지가 아니므로 '중립적이고 타당한 교육적 목적에 맞게 배려해야만 한다'면서 다음과 같이 서술되어 있다.

> 검정은 저자의 사상, 학문연구의 가치를 따지는 것이 아니라 교육적인 목적에 적절한지 여부를 보는 것이다. 예를 들면, 우리나라의 역사에 관해 그 결함이나 실패, 어두운 사회적 측면 등에 특별히 중점을 두어 가르치는 것은 타당한 목적이라고 할 수 없다. 민족의 생활체험 전체를 있는 그대로 보는 것이 진정한 국민적 정서를 고양시킬 수 있기 때문이다.(『요미우리신문』 1965년 5월 5일자)

'문부성 견해'는 역사서술 내용에까지 간섭한 것으로써 전후 검정의 역사에서도 이례적인 것이다. 아마도 일개 조사관이었던 무라오 지로(村尾次郎)가 중심이 되어 정리한 내용이었을 것이다.

무라오는 조사관으로서는 드물게 자기 입장을 언론매체를 통해 적극적으로 주장하던 인물이었다. 그의 주장에 따르면, 이에나가가 집필한 교과서는 '일본사를 도마에 올려 놓고 이것이 얼마나 비민주적이었는가, 침략적이었가를 강조하는 것이 역사교육의 본령'이며, '평화와 민주주의를 국민들에게 침투시킬 결정적인 방법'으로 이해한다는 것이다. 무라오는 어째서 역사교육이 이렇게 '선악결정론'으로 치우쳤는가 자문하면서, 전후 역사학의 '좌경화'가 역사교과서에 반영되어 '세상을 사회주의적으로 변혁하려는 문제의식'으로 일관하고 있기 때문이라고 주장했다.(村尾次郎, 「전후 역사교과서는 이대로 좋은가?」)

무라오의 주장에는, 점령기에 형성된 마르크스주의적 일본사관의 '영향에서 빠져나올 수 없는 교과서를 수정할 필요가 있다'고 극단적으로 주장하는 부분도 있고, '교육적 배려'라는 명분 아래 '좌경화'한 교과서에 대항해, 또 다른 역사이해의 모습을 보여주려는 의도가 엿보인다.

### 충분히 논의되지 못한 역사교육의 모습

이에나가의 소송은 보수와 혁신 간 이데올로기 대립의 상징처럼 되었지만 사실 이러한 대립구도를 뛰어넘는 논쟁으로 발전할 수도 있었다. 사회당도 인정했듯이, 역사교육의 관점에서는 학습지도요령과 검정기준이 '보는 사람의 주관에 따라 해석될 수 있는 것'이기 때문이다.

예를 들면, 고바야시 다케시(小林武, 사회당) 의원은 신헌법 전문에 '정부의 행위로 또 다시 전쟁의 참화가 일어나지 않게 한다'는 결의가 포함된 것을 강조하면서 다음과 같이 지적했다.

'이러한 헌법정신에 근거한 반성을 전제로 해야만 비로소 일본국헌법의 교육목표에 적합한 교육내용을 배우게 될 것이다. 과거의 역사적 사실에서 반성을 하지 않고 이를 맹목적이며 무비판적으로 미화하는 것이 일본인으로서의 자각을 고양하고 민족에 대한 풍부한 애정을 함양할 수 있다고 생각한다면, 이러한 사고방식은 일본국헌법 및 교육기본법의 정

신에 반하는 것이다.'(1963년 6월 20일 참의원 문교위원회)

이는 전술한 무라오 조사관의 견해에 대해, 민주주의와 평화의 개념이 절대적 척도라고 공박한 것이다. 그러나 문부상과 문부성은 이에 대해서 답변하지 않았고, 국회 안팎에서도 헌법에 근거한 역사교육의 정체성에 대한 논의로 발전하지는 못했다.

1960년대 후반 중앙교육심의회가 작성한 「기대되는 인간상」의 초안을 둘러싼 애국심 문제와 '건국의 날' 제정 문제 등 보수와 혁신 간 대립이 심화되는 가운데, 역사교육 문제는 이데올로기 대립과 교착 속에 매몰되어 갔다.

이에나가의 소송은 1997년 최고재판소가 검정제도 자체는 합헌이라고 판결함에 따라 종결되었지만, 30년에 걸친 재판을 통해 검정절차가 명확해지고 불합격 처분에 대한 구제조치 등 제도개선이 이루어졌다. 이에나가에 따르면 소송의 의의는 권력의 개입으로부터 국민의 정신적 자유를 지키려는 데 있었다고 한다. 분명, 이에나가 재판은 국민에게 이러한 문제의식을 상당히 각인시켰다. 한편, 소송의 쟁점이 검정제도의 시비에 맞춰져 있었기 때문에 '공교육'으로서의 역사교육의 정체성에 관한 논의는 제대로 이루어지지 못했다.

그리고 1980년대에 접어들자, 국내적 사안인 역사교과서 문제가 외부의 지탄을 받는 사태가 벌어졌다. 이는 보혁 이데올로기 간의 논쟁에 머물렀던 역사교육의 정체성에 관한 문제가 새로운 국면을 맞이하게 되었음을 의미한다.

### 1982년 역사교과서 문제

중일국교정상화로부터 10주년이 되는 1982년, 축하분위기에 찬물을 끼얹는 일이 발생한다. 그해 6월 26일의 신문보도가 발단이었다. 각 신문은 그 전날에 공표된 고교 일본사교과서의 검정결과를 일제히 보도했다. 공통으로 보도한 내용은, 검정 결과 중국에 대한 일본군의 '침략'이라는 표기가 '진출'로 정정을 강요당했다는 취지였다. 이러한 보도는 후술하겠지만, 표현의 정정을 강요했다는 의미에서는 오보이다. 그러나 검정을 통해 '침략'을 '진출'로 고친 교과서가 있는 것은 사실이므로 그런 의미에서는 반드시 오보라고 할 수도 없다.

어쨌든, 그로부터 1개월 뒤인 7월 26일, 중국정부는 '일본군국주의가 중국을 침략했던 역사를 개찬(改竄)했다'며 문부성의 행위를 비판하고, 검정교과서의 오류를 바로잡도록 요구했다. 이때 한국정부도 식민지통치에 관한 기술에 문제가 있다는 비판을 제기했는데, 항의와 비판, 시정을 요구하는 자세는 한국보다 중국 쪽이 강했다.

중국의 항의에 대해 일본정부는 교과서 기술의 적정성에 관해서는 최선의 노력을 기울여 왔으며 중국 측의 수정 요구에는 응하지 않겠다는 입장을 분명히 했다. 이러한 태도는 자민당 내 교육분야 관련 정치인들의 입장을 배려한 것인데, 결과적으로 중국과 한국의 반발을 심화시켜 9월로 예정되어 있던 스즈키 젠코(鈴木善幸) 총리와 오가와 헤이지(小川平二) 문부상의 방중에도 악영향을 미치게 되었다.

하시모토 히로시(橋本恕) 외무성 정보문화국장과 함께 중국을 방문해서 문제를 타결하는 데 참여한 오자키 히토시(大崎仁) 문부성 국제학술국장에 따르면, 현행 교과서를 보여주면서 '절대로 중일공동성명의 정신에 반하지 않는다고 설명했지만, 중국 측의 기본적인 태도는 변하지 않았다'고 한다.(1982년 8월 20일 중의원 문교위원회)

일본정부는 8월 26일, 수정하겠다는 방침을 '미야자와 기이치(宮沢喜一) 관방장관담화'로 발표하고 문제를 해결하고자 했다. 그 내용은 '아시아 주변국과의 우호와 친선을 진전시키기 위해, 이러한 비판에 충분히

教科書さらに「戦前」復権へ

「侵略」表現薄める

古代の天皇にも敬語

검정에 따른 교과서 수정 문제가 신문에 크게 보도되었다. 보도에서 '침략→진공(進攻)', '탄압→진압', '출병→파견' 등 세밀한 검정지시가 눈에 띈다고 지적했다. 『朝日新聞』 1982년 6월 26일.

귀를 기울여 정부가 책임을 지고 시정한다'는 것이었다.

중국 측은 '곧바로 확실하고 유효한 조치'를 취해야 한다며 받아들이겠다는 태도를 보였는데, 일본정부는 미야자와 담화의 취지에 따라 중국 측에 검정기준의 개정시기 등 보완설명을 했다. 이때 중국 측 설득에 나섰던 하시모토 정보국장과 기우치 아키타네(木内昭胤) 아시아국장 등은 비공식 접촉을 통해 타협을 이끌어내는 데 공헌했다.(服部龍二, 『일중 역사인식』)

이렇게 해결하는 과정에서 문부성은 검정제도의 근간에 관한 문제이자 '절대로 수정할 수 없다'는 태도로 일관했는데, 자민당의 문교정책 관련 의원도 이를 지지했다. 한편 외무성은 이런 사태가 '두 번 다시 반복되지 않도록 교육에도 반영시키는 것'이 중요하다고 보고 교과서의 재검정을 다시 해야 한다는 입장이었다고 한다. 외무성이 이러한 태도를 취한 데 대해 당시 야나기타니 켄스케(柳谷謙介) 외무심의관은 다음과 같이 설명한다.

> 일본 스스로 '그 전쟁은 침략전쟁이었다'고 공식적으로 말하지 않는 것이야 당연하겠지만, '세계가 침략전쟁이라고 간주하고 있다'는 사실은 인식하고 있습니다. 그리고 이를 엄숙하게 받아들이려는 의지도 없지는 않습니다. 이는 나중에 '나카소네 담화'에서도 엿볼 수 있습니다.(『柳谷謙介구술기록』)

'나카소네담화'란, 이 문제가 해결된 다음에 열린 국회에서 나카소네 총리가 일관되게 발언한 것을 가리킨다. 예를 들면, 1982년 12월 참의원 예산위원회에서 총리는 이렇게 말했다. 태평양전쟁의 역사적 평가 문제는 역사가가 판단할 테지만, '일본의 행위에 대해 우리는 관련국 또는 세계의 역사가로부터 침략행위가 있었다, 침략적 전쟁이었다는 판단을 받고 있다. 이 점을 깊이 반성하고 나아가 우리는 재출발해야만 한다.'(12월 22일 참의원 예산위원회)

이듬해인 1983년의 행정개혁 국회에서도 총리는 같은 취지의 내용을 언급했다. 즉, 전쟁의 역사적 평가는 역사가가 해야 하는 것이지만, 외국으로부터 '침략전쟁'이라고 비판받고 있다는 현실은 무겁게 받아들여야 한다고 했다. 이러한 나카소네 총리의 답변 유형(나카소네 담화)은 이상의 교과서 문제를 통해 형성된 것이었다.

### 근린제국조항의 성립

당시 중국은 외교적 충돌과 더불어 격렬한 대일 비난전을 펼쳤다. 1982년 8월 15일자 『인민일보』는 처음으로 난징대학살 특집을 꾸미고, 싱가포르와 필리핀에서의 학살 사건까지 다뤄가며 교과서의 '개찬'을 비판했다. '역사를 거울로 삼아 미래로 나아가자'는 주장도 이때부터 시작되었다.

대일 비판의 배경에는 중국공산당이 '자주독립' 노선의 견지를 부르짖으며 미국과 일본에 치우친 외교노선의 궤도를 수정하려고 했다는 점, 게다가 대외개방정책이 가져 온 공산주의에 대한 청년층의 냉소주의를 불식시키기 위한 역사교육의 의도가 잠재해 있던 것 같다. 이러한 국내외 정세 때문이었는지는 모르지만, 교과서라는 매우 상징적인 소재를 가지고 일본의 역사인식이 비판을 받았다는 점은 분명한 사실이다.

1982년 11월 문부성이 '미야자와 담화'를 받아들이고, 역사교과서 검정기준의 하나로 '근린제국조항'을 신설하여 '근린 아시아 국가와 관련된 근현대사의 역사적 사실을 기술할 때 국제적 이해와 국제적 협조라는 견지에서 필요한 배려를 한다'고 규정했다. 그러나 근린제국조항의 신설은 이른바 '교과서 주권'이라는 입장에서 보면 주권을 침해당했다고도 할 수 있다.

유족회를 이끌어 온 자민당의 이타가키 의원은, 일교조에 의한 편향된 교육이 문부성의 '신념있는 교과서 검정 조사관 등'과의 협력을 통해 서서히 시정되어 왔는데, 근린제국조항은 이를 '일거에 뒤집는' 것이며, '우리나라의 자유로운 교과서 제작에 커다란 족쇄를 채우고 있다'고 회고했다.(1996년 4월 7일 참의원 총무위원회)

그러나 근린제국조항으로 자유로운 교과서 제작이 제한되는 것도, 교과서가 침략전쟁론으로 물드는 것도 아니었다. 오히려 이에 반대되는 문제가 잇따랐다.

### 1986년의 제2차 교과서 문제

1986년 '일본을 지키는 국민회의'가 편집한 『신편 일본사』로 인해 교과서 문제가 다시 불거졌다.

'국민회의'는 자주헌법 제정 등을 운동목표로 내 건 운동단체였는데, 일본사교과서 편집에 나선 계기는 1982년의 교과서 문제가 발생했을 때 일본정부의 반응이 '외압'에 굴복한 형태로 검정기준에 '근린제국조항'을 추가하자, 이를 '취약점'으로 간주했다는 것이다. 『신편 일본사』의 경우 교과용 도서 검정조사심의회(검정심)에서는 그 복고적 기조에 대한 이론(異論)도 제기되었지만, 1986년 5월말에 검정의 실질적 최종단계에 해당하는 '내부열람 본심사'에서는 일부수정을 조건으로 합격했다. 이를 『아사히신문』(5월 24일)에서 '지금 왜 이런 교과서를(검정합격시켰는가?, 역자)'이라는 제목의 특종 보도를 했는데, 일본의 대외침략을 정당화하려는 경향과 일본의 피해를 강조하는 기술이 눈에 띄는 한편, 중국과 한국의 반발은 더욱 격렬해졌다.

결국 이 문제는 1982년 교과서 문제의 학습효과가 있었기에 나카소네 총리와 문부성의 발빠른 대처로 사태가 확대되는 것을 피했다고 하지만 외무성과 문부성 간의 알력은 여전했다. 6월 중순 나카소네 총리, 아베 외상, 가이후 도시키(海部俊樹) 문부상, 고토다 관방장관의 4인회담에서 가이후 문부상이 '검정제도는 좌익의 교육지배에 대한 유일한 방파제'라며 수정이나 취소 요구에 반대했지만, 미야자와 담화의 취지에 맞지 않는다는 지적에 따라 검정의 신청 취소를 요구하는 데 일단 동의했다.

그러나 문부성은 출판사에 취소를 요구하는 것은 이례적이라며 강하게 반발했다. 야나기타니 외무심의관에 따르면, 나카소네가 '일본의 역사교과서 속에 오른쪽으로 치우친 사람 하나 정도는 있어도 되잖아'라고 해서, 취소가 아니라 수정을 요구하게 되었다고 한다. 일단 취소에 동의했던 나카소네의 '변절'에 대한 이유는 분명하지 않다. 어쨌든 그 결과에 따라 외무성은 중국과 한국이 용인할 정도로 수정할 곳을 정리해 문부성과 협의조정한 후 이를 7월 7일 검정심의회에 제출해 합격시켰다.(『柳谷

謙介 구술기록』)

검정 부분은 '만주국 건국'에 관한 기술에서부터 '왕도낙토'(이상국가)라는 용어가 삭제되고, '난징사건'에 대해 '난징대학살'이라는 용어 등이 삽입되었다. 이렇게 수정된 데 대해 중국 외교부와 주일중국대사관은 '다시 쓴 교과서에서도 가해자와 피해자에 대해서는 중국측이 생각하는 정도로 설명되지 않았다'며 납득하지 않았다. 아마도 그 이유는 『신편 일본사』에서 일본의 '침략전쟁'이라는 성격이 애매하게 처리된 데 있을 것이다.

그 후 중국이 추가로 수정을 요구하지는 않았지만, 근린제국조항이 있어도 당시 검정제도 하에서 중국 측의 역사관에 부합되는 기술을 요구하는 것은 불가능했다. 중국 측도 일본의 검정제도가 지닌 한계를 이해하고 있었던 것이다.

### 후지오(藤尾正行) 문부상의 발언

그러나 문제는 교과서만이 아니었다. 제2의 교과서 문제가 조용해지기도 전인 1986년 7월 25일, 내각개편으로 이제 막 취임한 후지오 문부상이 기자회견에서 『신편 일본사』의 검정과정을 문제시하는 발언을 되풀이한 것이다. 게다가 한국과 중국을 강력히 견제하는 내용이 발언에 포함되었는데, 특히 한국 측으로부터 강력한 반발이 일었다.

불행하게도 9월 초순, 후지오 문부상이 『문예춘추』 10월호(9월 발행)의 인터뷰 기사에서, 한국 측에도 한국병합의 책임이 일부 있으며 야스쿠니신사 참배에 관한 총리의 판단은 저자세라는 등의 언급을 한 것이 밝혀졌다. 기사 내용이 양국의 언론에 크게 보도된 직후인 9월 7일, 한국정부는 주한일본대사에게 정식으로 항의의사를 전달하고 문제 해결을 위해 납득할 만한 조치의 실시, 10일로 예정되어 있던 제1차 정기 외무장관협의의 연기를 요구했다.(服部 龍二, 「후지오 문부상의 발언-외무성 기자들로부터」)

한일 간 역사 문제는 1984년 9월 방일한 전두환 대통령에 대해 쇼와 천황이 '언급'한 것으로 조용해지고 있었다. 쇼와 천황은 '금세기의 한 시기에 양국 간에 불행한 과거가 존재했던 것은 실로 유감이며, 또 다시 반복되지 않으리라 생각합니다'라고 했고, 한국 측은 이에 대해 '과거의 역사에 대한 외교적 사죄'로 받아 들여, 양국관계는 새로운 단계로 접어들었다고 여겼다.(友田錫, 『입문 현대일본외교』)

후지오에 따르면, 인터뷰 기사 내용은 '전후정치의 총결산'을 주장하는 나카소네 구상을 더욱 발전시킨 것으로 '정치가로서의 발언'이었다고 한다. 그러나 한국정부는 '국교회복 후 가장 중대한 사건'으로 간주하며, 신속한 조치를 취하라고 요구했다.(服部 龍二, 「후지오 문부상의 발언-외무성 기자들로부터」)

외무성은 잡지 공표와 동시에 후지오의 사임을 요구하는 조치를 취하도록 자민당의 유력자를 설득했다. 당 내에서는 후지오를 강력하게 변호하는 목소리도 있었지만, 9월 8일 후지오를 포함한 나카소네와 고토다와의 회담에서 파면하기로 결정했다. 그 자리에서 후지오는 '사임하면 내 주장을 굽히게 된다. 그러니 총리가 내 목을 쳐서 한국 측에 가져다 주면 좋겠다'고 했다고 한다.(『柳谷謙介 구술기록』)

일본정부는 후지오 파면과 동시에 관방장관담화를 발표하여 유감의 뜻을 밝혔다. 한국정부는 일본 측의 신속한 조치를 평가했고, 한일외무장관협의도 예정대로 개최되었다.

후지오의 글을 평가한 세키 요시히코(関嘉彦, 민사당) 의원은 '일본의 역사가 모두 탄압의 역사이며, 인민을 착취한 역사였다고 말하는 일부 역사서에 대해 나는 이게 말도 안 된다고 생각한다. 반대로, 이를 시정하는 것도 필요하지만 이 또한 지나쳐서 과거의 일본이 모두 옳았다고 한다면 이것이야말로 진짜 내셔널리즘이 아닌가'라고 지적했다. 민사당의 당 강령을 기초한 사람이자 사회사상사연구자인 세키 의원은 사회민주주의의 입장에서 '후지오의 내셔널리즘에서 보면 내 입장은 정말이지 아무 것도 아니다'라고 탄식했다.(1986년 9월 9일 참의원 결산위원회)

## 근린제국주의 조항의 배경

1980년대의 교과서 문제는 한일, 중일 국교정상화의 의미를 어떻게 역사교과서와 역사교육에 반영시킬 것인가, 달리 말하자면 교과서 검정의 의미를 다시 확인하는 것이었다.

오가와 헤이지(小川平二) 문부상과 스즈키 이사오(鈴木勲) 초중등교육국장에 따르면, 1982년의 교과서 문제의 경우, 검정의견은 '보다 객관적인, 가치판단을 수반하지 않는 용어로 다시 고치면 어떻겠는가?' 정도의 개선의견이었을 뿐 강제하지 않았다는 것이다.

실제로 일본사 교과서 10종류 가운데 검정 전에 '침략'이라고 기술한 것이 3종(4군데)이고, 검정의견에 따라 기술을 바꾼 것이 1종(1군데), 검정 후에도 그대로 '침략'이라고 둔 것이 2종(3군데)이었다.

오가와 문부상에 따르면, 역사적 사실을 왜곡하려던 의도는 털끝만큼도 없었고, '침략'이라는 가치판단을 수반한 용어를 사용하지 않고서도 각각의 교과서가 중일공동성명의 취지에 따라 과거의 전쟁을 정당화하지도 않았고, '과거의 사실에 대한 철저한 반성에 입각해 노력해야 한다고도 썼다'는 것이다.(1982년 7월 29일 참의원 문교위원회)

한편, 오가와 문부상은 객관적인 사실을 기재하여 읽는 사람 스스로 판단하는 힘을 기르는 것이 역사교과서이며, 이러한 취지의 개선의견을 냈을 뿐이라고 했다. 정부위원(스즈키 초중등교육국장)도 '사실(史實)에 입각해 역사를 객관적으로 표기하고 객관적으로 판단하는 태도를 기르는 것이 역사교육의 목적'이라고 답변했다.(1982년 7월 29일 참의원 문교위원회)

그러나 현행 검정제도의 전제가 되고 있는 이러한 사고방식은 침략을 침략으로 인정하지 않는 한 문제가 해결되지 않는다는 중국의 비판 뿐만 아니라 야당으로부터도 비판을 당하게 되었다.

1982년의 교과서 문제 발생 직후, 사회당의 나라자키 야노스케(楢崎弥之助) 의원은 한 역사교과서의 난징학살사건에 관한 기술이 검정 때문에 변경되었다고 지적했다. 검정 이전의 기술은 '난징을 점령했을 때, 일본군은 중국 군인과 민간인 다수를 살해하고, 폭행 · 약탈 · 방화를 저지르고, 난징대학살이라는 국제적 비난을 당했다. 학살된 중국인의 수는 20만 명에 달하는 것으로도 전해진다'였다. 그러나 검정 이후 '중국군의 격렬한 저항에 부딪혀 일본군의 손해도 커지자 이에 격앙된 일본군은 난징을 점령했을 때 다수의 중국 군인과 민간인을 학살하고, 국제적인 비난을 받았다'로 바뀌었다는 것이다.

미야자와 관방장관은 문부성의 사고방식에 따라, '검정을 할 때 가능한 객관적으로 사실에 입각해 쓰기 바라는 생각으로 검정을 실시하고 있습니다. (중략) 도쿄재판에서 말하는 것만이 역사의 진실이라고 생각하는 것은 옳지 않습니다'라고 답변하자, 나라자키 의원이 '관방장관의 생각은 도쿄재판의 판결에 대한 중대한 의구심을 표출한 것이다. 우리로서는 그렇게 받아들일 수밖에 없다'고 반론했다.

나라자키는 '도쿄재판에 관한 내용이 수정된 것은 도쿄재판의 판결에 대한 도전'이라고 지적했다. 미야자키의 답변이 의미하는 것은 강화조약 제11조에 따라 국제군사재판을 받아들였다고 해서 판결내용까지 받아들인 것은 아니라는 점이다.

한편, 미야자와는 '이쪽에서 바라보는 경치만이 사실적인 경치라고는 할 수 없다'고 하면서, 중일공동성명에서 합의한 표현(전쟁을 통해 중국 국민에게 중대한 손해를 끼친 것에 대해 책임을 통감하고, 깊이 반성하고 있다.)을 포함해서 '교과서를 고치려는 것인가라고 묻는다면, 국정교과서가 아니기 때문에, 이는 정부의 권한이 아니다'라고 못을 박았다.(1982년 7월 29일 중의원 내각위원회)

미야자와의 답변에서는 중일공동성명의 합의를 어떻게 공식 교육의 교재에 반영시킬 것인가라는 문제에 대한 정부의 고뇌를 읽을 수 있다. 검정제도에 대한 정부의 영향력에는 한계가 있기 때문이다. 반 년 후 검정기준에 추가된 '근린제국조항'은 검정제도의 최대 한계선까지 도전한 결과물이라고 이해할 수 있다.

### 역사교육 논쟁– 3개의 생각

또 다시 1985년 중의원 문교위원회에서 민사당의 다키자와 고스케(滝沢幸助) 의원이 중학교용 검정완료 교과서에 대해, '침략'이라는 용어가 특별히 일본의 행동을 가리키는 경우에만 사용되고 있다는 점을 지적하고, 종전 시 소련이 일방적으로 만주나 북방영토를 침공한 데 대해 '이것이 침략이 아니면 무엇이 침략인가?'라고 따져 묻자, 마츠나가 히카루(松永光) 문부상과 다음과 같은 논쟁이 벌어졌다.

다키자와: 일본의 교과서가 일본이라는 나라를 제3자의 입장에서 바라보는 것을 나는 반드시 교육적 견해라고 생각하지 않는다. 학문으로서의 역사와 교육으로서의 역사는 다르다. (중략) 교육의 단계에서는, 제3자의 냉정한 눈이 아니라 나라를 생각하고, 나라를 사랑하고 그리고 아이들의 건전한 성장을 바라는

애정어린 시점에 서서 역사를 바라봐야만 한다. (중략) 지금 우리나라의 교과서가 사용하고 있는 표현은 매우 유감스런 것이다.

마츠나가: 앞으로의 교육은 국제사회에서 통용되는 일본국민의 육성에 중점을 두어야 한다. 그런 의미에서 국민에게 독선적인 역사를 가르친다는 것은 적절하지 않다. 역시 역사의 교육이라는 것은 객관적인 사실에 부합하면서도 공정하고 균형적인 내용이어야만 한다. 그리고 우리 선배들이나 과거 우리나라의 행위가 침략을 반복해 왔다는 것을 필요 이상으로 가르치는 것은 적절하지 않다.(1985년 4월 17일 중의원 문교위원회)

마츠나가는 '객관적이며 공정하고 균형 잡힌 내용의 역사교육'을 중시한 데 비해, 다키자와는 역사연구와 역사교육은 다르다면서 중등교육에는 '나라를 생각하고, 나라를 사랑하고, 그리고 아이들의 건전한 성장을 바라는 애정어린 시점'이 필요하다고 역설하고 있다. 두 사람 모두 '침략전쟁론'을 역사교과서에 그대로 반영한 것에 부정적인 태도를 보이는 데 일치하고 있다.

이 두 개의 역사교육론에 대해 아리시마 시게타케(有島重武, 공명당) 의원이 역사교육에는 사실을 정확하게 인식하는 것 뿐만 아니라 '하나의 역사관에 따라 가치판단을 하는 것'이 필요하며, 학교교육의 경우 판단기준은 '평화, 민생, 인권의 헌법 3원칙'이라고 설명한 적이 있다. 오가와 문부상이 '교과서에서 반드시 가치판단이 수반되는 용어를 사용해야만 하는 것은 아니라고 본다'고 답변한 데 대한 반론이었다.(1982년 7월 30일 중의원 문교위원회) 교과서 기술의 기반을 현행 헌법의 여러 원칙에 두어야만 한다는 주장도 있다.

이상 세 가지 역사교육에 관한 생각은 오늘날에도 논쟁이 될 만한 부분이 있다. 마츠나가의 생각은 오늘날의 검정에 관한 문부성의 입장이기도 하다. 다키자와의 주장은 이른바 '새로운 역사교과서를 만드는 모임'의 생각과 맞닿아 있다. 마지막인 아리시마의 의견은 마찬가지로 역사교육의 실현에는 여러 어려움이 있지만, 수많은 역사관계자를 염두에 두고 있을 것이다.

그리고 이런 시기에, 무라카미 마사쿠니(村上正邦, 자민당) 의원이 나카소네 총리의 '국제국가' 구상의 과제로서 역사교육 문제를 거론하며 교과서 제작 방법으로 '당면, 한일, 중일 양국의 민간인들로 구성된 원탁회의를 열어서, 상호 기탄없이 의견을 교환해 보면 어떻겠는가? 중국, 한국의 교과서에도 우리나라에 대한 증오가 그대로 실려 있다. 그것에 대해 일본도 말하고 싶은 점을 말해 보자. 양국의 주장을 서로 자유롭게 꺼내 놓고 토론하는 데 의미가 있다'고 제안한 적이 있다. 당시 시오카와 마사주로(塩川正十郎) 문부상은 '민간 차원에서의 의견교환'을 참고로 하는 데 대해 '괜찮은 제안 같다'고 환영했다.(1986년 10월 6일 참의원 예산위원회)

이미 민간 차원에서는 1980년대에 한국과 역사대화가 시작되고 있었는데, 정부가 이러한 역사대화를 지원하는 데 관심을 기울이게 된 것은 90년대 후반이 되어서였다.

# 6장
# 전후처리 문제의 종언
## 수인론(受忍論)에 따른 국가보상 회피

### 일반시민의 제외와 세 개의 보상 문제

1부에서 서술한 바와 같이, 일본 국민에 대한 전쟁피해의 보상은 기본적으로 군인·군속과 국가의 역무를 수행했던 경우로 한정되며, 공습피해 등 일반시민의 전쟁피해는 해당되지 않는다. 따라서 원폭피해자 단체와 공습피해자 단체 등 일반시민이 추진하는 보상운동은 끊임없이 각종 소송을 제기하고 국회 안팎에서 입법운동을 전개하는 것이었다. 이에 대해 일본정부는, 전쟁피해는 일반국민이 '받아들이고 참아야 하는 것'(受忍)이라며 사회보장제도에 따른 급부 이외는 인정하지 않았다. 이러한 급부도 구 식민지 출신자에게는 외국 국적자라는 이유로 대상에서 제외하고 있는 것이 전후보상입법의 현재 모습이다.

다만 그 희생이 '특별'하다는 점에 착안하여 특별입법으로 구제된 경우가 있다. 피폭자의 요구에 따른 두 개의 원폭 관련법(1957년의 원폭의료법, 1968년의 원폭특별조치법), 해외로부터 귀환한 자에 대한 보상입법(인양급부법, 시베리아 억류피해, 재외재산의 손실보상 등)이 그것이다.

그러나 이러한 조치는 군인·군속을 포함한 공무원과 그 유족을 대상으로 한 은급법과 유족원호법과 같이 '국가보상의 정신'에 따른 보상이 아니었다. 대다수는 인도적 견지에서의 일시적 지급이며, 보상액도 매우 적다. 이러한 결함 때문에 보상을 요구하는 운동이 잦아들 기미가 보이지 않는다. 특히 은급결격자, 시베리아 강제억류자, 재외재산의 손실이라는 세 가지 문제는 대상자가 많다는 이유만으로 종종 국회나 법정에서 다루어졌고, 정부도 이에 대응하는 데 고심이 많았다.

은급결격자란, 군경력 기간이 짧아서 은급자격에 미달한다는 이유로 은급이나 연금을 수급할 수 없는 구 군인 · 군속을 가리킨다. 그 수가 253만 명에 달한다. 또한 소련에 의해 시베리아 등에서 강제억류되었던 자는 57만 5천 명인데 그 가운데 귀국자는 47만 3천 명, 중도귀환자 4만 7천 명, 현지에서 사망한 자가 5만 5천 명이었다.

재외재산 문제는 3장에서 서술한 바와 같이, 구 식민지에 재산을 남겨 둔 채 귀국한 206만 명에 관한 것이다. 이미 '위로금'을 지급했지만, 손해를 본 재산의 보상에는 한참 모자랐다. 귀환자단체전국연합회의 부이사장인 유우키 키치노스케(結城吉之助)는 국회에 참고인으로 참석해 '정부가 재외 사유재산을 배상금 지불에 충당했기 때문에 우리 일본의 국가경제 재건에 출발점이 되었다'(1988년 4월 28일 중의원 내각위원회)고 진술했다. 근대국가의 사유재산불가침 원칙에서 보면, 배상금에 충당된 재외 사유재산에 대해 국가보상을 강력히 요구하는 것은 나름 일리가 있다.

### 전후처리 문제 간담회 발족

이렇게 해서 1982년 6월, 정부 · 여당의 합의에 따라 총리부 총무장관 소속의 '전후처리 문제 간담회'(좌장 미즈카미 다츠조〈水上達三〉, 이하 간담회)가 설치되는데, 위의 세 가지 문제에 대해 다시 한 번 보상 여부를 논의하게 되었다. 이 경우에도 일반시민의 피해는 검토 대상에서 제외되었다. 간담회가 발족한 배경에는 자민당의 선거조직인 각각의 이익단체가 나카소네 내각에 국가 보상을 요구하는 압력을 가했던 점도 작용했다.

1984년 12월, 간담회는 35차례의 회합을 거쳐 관방장관에게 보고서를 제출했다.

우선 보고서는 '무릇 전쟁이란 국민 전체에게 손해를 끼치고, 그런 의미에서 전 국민이 전쟁피해자'라 할 수 있고, 전후처리 문제에 대해 '전쟁손해'를 '공평'하게 겪었다며 다음과 같이 지적하고 있다.

은급 결격자 문제에 대해서는, 수급자격이 제도의 기본적 요건인데 십수 년이 지난 지금 시점에 군인만 변경할 수 없다. 왜냐하면 국가의 명령으로 사실상 군무에 참가한 다른 일반인과 형평에 맞지 않으며, 모든 국민이 정도의 차이가 있을 뿐, 어떻게든 전쟁의 피해를 입었다는 사실에 주목한다면, '사회 형평'의 관점에서 말한다면 문제가 있다.

시베리아 억류자 문제에 대해서는 포츠담선언 위반은 물론이고 포로의 인도적 취급에 관한 국제관례에 반하여 억류되었고 가혹한 노동에 대한 대가도 받지 못한 점을 감안할 때 '해당인이 국가에 보상을 요구하는 심정은 이해할 수 있다'며 최대한의 동감을 표현했다. 한편, 국가도 은급법에서 억류에 대한 가산(加算)을 두어 유가족 수당을 지급하는 등 가능한 범위에서 노력을 계속하겠지만, 특별한 정책적 조치는 다른 전쟁희생자와의 '형평'이라는 관점에서 문제가 있다는 결론을 내렸다. 가혹한 억류라 해도 '국민 각각의 입장에서 받아들일 수밖에 없었던 전쟁 피해의 한 종류에 속한다'는 것이다.

해외재산의 상실자에 대해서도, 일반 전쟁재해자가 입은 손해와 비교해서 특별했다고 인정될 경우에는 급부(위로금)로 '공평성'을 맞추고 있기 때문에 새로운 급부는 하지 않아야 한다는 입장이다.

이러한 간담회의 결론을 정부도 받아들여서 간담회가 제안한 '평화기념사업특별기금'이 1988년에 창설되었다. 이 평화기념사업은 세 가지 안건의 대상자 등에게 새롭게 돈을 지급하지 않는 대신에 은급결격자, 억류 중 사망자에 대해서는 위로서한과 은잔, 위로품을 증정하고, 귀환자에 대해서는 서한을 증정하는 등 '위로의 마음을 전하는' 사업을 진행했다. 또한 평화기념사업의 일환으로 총무성 소관의 '평화기념전시사료관'(현재, 신주쿠 스미토모빌딩 내)이 설치되어, 귀환자의 '노고'를 보여주는 자료의 전시, 수기를 편집한 책자를 간행하고 있다. '평화기념사업특별기금'의 창설은 정부가 전후처리 문제의 종결을 선언하는 것이었다.

1988년 4월 '지난 전쟁에 의한 전쟁희생자에 대한 정부의 기본적인 태도는 무엇인가?'라는 질의를 받은 오부치 게이조(小渕恵三) 관방장관은 다음과 같이 답변했다. 1988년은 사실상 쇼와시대의 마지막 해였다.

> 지난 전쟁에 관해 모든 국민이 어떻게든 희생을 당할 수밖에 없었던 점은 틀림없는 사실이며, 정부로서는 그런 분들에게 어떻게 보답할 수 있을지 고심하고 있으나, 실제로는 재정상 곤란한 점도 있어서 기본적으로는 국민 한 사람 한 사람이 각자의 입장에서 받아들일 수밖에 없는 문제라고 생각합니다.(1988년 4월 28일 중의원 내각위원회)

국민 한 사람 한 사람이 각자의 입장에서 받아들일 수밖에 없다는 오부치 관방장관의 답변은 일본 국민의 전쟁희생자에 대한 국가의 '보상' 형태에 대한 하나의 결론을 보여주고 있다.

### 국민수인론의 전개

전후처리 문제간담회는 기본적으로 국민을 전쟁의 '총피해자'로 간주한 후 수많은 전쟁피해자 관련 법률의 대상자와 '공평'해야 한다는 관점, 그리고 '국민수인론'의 입장을 견지하고 있다. 그러면서 '국가보상'이라는 발상은 신중하게 기피하고 있다.

'국민 총피해자' 관점에서 나온 '국민수인론'이란, 국민 모두가 정도의 차이만 있을 뿐 피해나 손해를 참고 감수해야 한다는 사고방식이다.

전쟁피해 재판에서 '국민수인론'이 전개된 것은 1968년 11월 재외재산 보상에 관한 최고재판소의 판결이 처음이다. 최고재판소는 국가의 존망에 관련된 비상사태 시 국민 모두가 크든 작든 생명과 재산의 피해를 당할 수밖에 없었고 이러한 희생에 대해 헌법은 전혀 예상하지 못했다고 판단했다. 그리고 다음과 같이 부언했다.

'정치적으로 국가의 전쟁책임을 운운하는 것은 차치하고, 개전과 강화와 같은 이른바 정치행위에 대해 국가의 불법행위 책임 등 법률상의 책임을 추궁하고 그 법률적 구제책을 찾는 길은 마련되어 있지 않다.'

국민수인론은 그 후 여러 전쟁피해 재판에서도 전개되었다. 예를 들면, 1970년대 후반에 제기된 도쿄대공습 소송이 있다.

이 소송은 '침략전쟁'의 개시 · 수행에 따른 처와 자녀의 사망에 대한 손해배상, 전쟁피해의 보상과 사죄를 요구하는 것이었다. 그러나 1980년 1월 도쿄재판 판결은 전쟁의 성격규정은 피하면서도 다음 세 가지의 판단을 제시했다.

① 전쟁재해는 전쟁이라는 비상사태를 '수인해야 하는 의무'의 범위 안에 있기 때문에 국가의 손해배상 책임은 발생하지 않는다.
② 전쟁재해는 전쟁의 수행과정에서 생긴 국민 전체의 평등한 부담에 따라 국가적 존립을 위한 기여적 희생이지 '특별한 희생'이 아니다.
③ 전쟁재해의 보상과 배상은 입법정책의 문제이다.

또한 국회에서는 '전시재해원호법안'이 1973년에 의원입법으로 제출된 이래 1988년까지 14번이나 제출되었지만 모두 '심의 미결' 또는 '계속 심의'로 무산되었다. 야당이 제출한 이 법안은 공습 등 전시재해에 따른 사망자에게 유족원호법과 마찬가지로 '국가보상의 정신'에 근거한 원호를 해 주라는 것이었다. 사망 당시 '일본국적'을 가진 자가 수급조건인 점도 다른 보상입법과 마찬가지였다.(宍戸伴久, 「전후처리의 남겨진 과제」)

시베리아 억류자에 대한 고심

'국민수인론'을 내세우면서도 정부가 대응하는 데 가장 고심했던 문제는 시베리아 억류자에 대한 미불임금과 원폭피해자에 대한 처우였을 것이다. 우선 시베리아 억류자 문제에 대해서는 국회에서도 다음과 같이 절절한 요구가 거듭되고 있었다. '시베리아 억류라는 것은 경우가 다르죠. 따뜻한 곳에 있다가 포로가 된 사람들의 경우와 사정이 다른 겁니다. 추위만으로도 희생자가 많았습니다. 따라서 역시 어떤 형태로든 정치적인 배려가 이루어져야 맞다고 생각합니다.'(사회당 瀬谷英行 의원, 1984년 4월 4일 참의원 예산위원회)

일본 정부는, 소련에 의한 억류를 국제법에 반하는 문제행위였다고 일관되게 주장해 왔다. 그러나 일소공동선언(제6항)에서 청구권을 전부 포기했기 때문에 일본이 러시아에 대해 문제를 제기할 수 없고, 또한 국내법으로는 정부에 보상의무가 없다. 그 근거는 수인론이었다. '지난 대전에 관해서는 전중, 전후를 막론하고 국민 모두가 많든 적든 전쟁으로부터 각종 희생을 당했기 때문입니다. (중략) 이러한 전쟁희생에 대해서는 국민 모두가 똑같이 수인(감내)해야만 합니다'.(외무성 유라시아국장 西山健彦, 1984년 4월 4일 참의원 예산위원회)

전 억류자들이 미불임금 지불 청구에 관한 소송을 계속 제기했지만, 최고재판소는 1997년 3월 역시 수인론에 근거해서 최종적으로 청구를 기각했다. 그러나 입법부에 의한 해결을 촉구하는 판결 결과에 따라, 정부는 2006년에 평화기념사업을 폐지하고 새로운 위로사업을 시작했다.

또한 의원입법에 의한 해결책도 강구되어, 2011년에는 특별급부를 지급하는 '전후강제억류자법'이 마련되었다. 다만, 지급대상자는 억류 당시 일본국적을 가진 사람에게만 제한되고, 조선이나 한국인, 타이완인은 대상에서 제외되었다. 여전히 국적 문제는 해결되지 않고 있다.

피폭자의 전쟁희생

일반 시민의 피해 가운데 예외적인 보상조치인 두 개의 원폭 관련법(원폭의료법, 원폭특별조치법)은 국적 요건이 없는 유일한 경우이다. 그러나 원폭자단체가 요구했던 '국가보상'이나 '원호'라는 문구는 들어가지 않았다. 동시에 이 법은 인도적인 입장의 예외적인 조치이자 사회보장적인 급부의 색채가 짙은 것이었다. 다른 전후보상입법과 달리 국적 요건이 없는 것은 피폭이라는 건강상 장해의 특이성과 중대성 차원에서 내국인과 외국인을 구별해서는 안 된다는 이유 때문이다.

1978년 밀입국한 피폭한국인에 대해 원폭의료법 적용의 가부를 따지는 '손진두(孫振斗)재판'에서 최고재판소는 원폭의료법은 사회보장과 '국가보상'의 복합적 성격을 갖는 것으로서 인도적인 목적에 비추어 설령 밀입국자라 하더라도 원폭의료법을 적용해야 한다고 인정했다.

이 최고재판소의 판결을 계기로 정부는 '원폭피폭자 대책 기본 문제 간담회'(좌장 茅誠司, 이하 간담회)를 설치했다. 1980년 1월에 제출된 간담회의 답신은 1968년의 최고재판소 판결을 답습하여 '국민수인론'을 그대로 전개하고 있다. 방사선에 의한 건강피해를 '특별한 희생'으로 인정하면서도 원폭피해에 대한 국가의 법적 책임은 부정한 것이다.

간담회의 결론을 수용하여 정부는 1981년 봄 국회에서 원폭2법의 개정안(정부안)을 제출한다. 야당은 이에 대항하여 '원폭피폭자 등 원호법안'을 공동제안했는데, 두 안을 둘러싸고 격렬한 공방이 펼쳐졌다.

정부와 자민당 안은 최고재판소 판결과 간담회 답변을 고려하여 전쟁을 일으킨 책임이 아니라 '결과책임에 바탕을 둔 국가보상'이라는 방식을 기본으로 하고 있다. 이에 대해 야당안은 원폭피해나 일반 시민을 포함해 모든 전쟁희생자를 '침략전쟁'을 수행한 국가의 책임으로서 '국가가 보상'하는 것을 전제로 하고 있다.

두 안의 차이는 예를 들면, 이마이 이사무(今井 勇, 자민당) 의원과 모리이 추료(森井 忠良, 사회당) 의원 간에 벌어진 다음의 논쟁에서 엿볼 수 있다.

이마이: 히로시마(廣島), 나가사키(長崎) 뿐만 아니라 전쟁희생자는 전부 구제해야 한다는 것인지 묻고 싶다.

모리이: 예산이 없어도 국가가 일으킨 전쟁에 대해서는 모든 최종적인 책임을 지지 않으면 안 된다. 7인 위원회(간담회)는 전쟁책임을 국가의 통치행위라고 단정하고 있는데, 전쟁을 경험한 우리들로서는 납득할 수 없다. 아시아의 침략을 목표로 일으킨 전쟁의 희생을 어째서 전부 국민이 짊어져야만 하는가. 통치행위론의 입장을 취한다 하더라도, 서독의 경우 국가가 군인 등에 한정하지 않고 그밖의 일반 국민에게도 평등하게 보상하고 있는 점에 주목해야 한다.(중략)

이마이: 감히 말씀드리지만, 원인행위의 위법 적법을 떠나서, 결과책임에 근거한 국가보상 차원에서 특별한 피해를 당한 사람들에게 상당한 보상을 하는 것이 순리라고 생각한다.

정부안이 야당안과 근본적으로 다른 점은 원폭 투하의 책임론이나 전쟁책임론과 같은 정치론을 포함하지 않고, 시종일관 결과책임론에 따라 국가의 완전한 배상책임(국가보상)을 인정하지 않는 것이다. 이러한 대립구도는 1980년대를 통해 변함이 없었다.

### 내부에서 지지하는 국민수인론

그만큼 국회논쟁도 격렬했다. 예를 들면, 토가노 타이지(栂野泰二, 사회당) 의원과 소노다 스나오(園田 直) 후생상 간의 논쟁이 전형적인 사례이다. 토가노 의원은 패전을 히로시마에서 맞이했고 현장에서 수많은 피폭자를 구한 경험이 있다. 소노다는 치토세(千歲) 기지의 천뢰특공대 사령관으로서 사이판 출격을 준비하다가 갑자기 원폭탑재기로 돌진하라는 지시를 받고 장비를 변경하던 중에 패전을 맞이했다고 한다.

토가노: 후생상은 지난 전쟁의 성격에 대해 어떻게 생각하는가?

소노다: 태평양전쟁 자체를 침략전쟁이라고 생각하지는 않지만 그 원인은 일찍이 만주를 비롯해 중국에 대한 침략에서 시작되었다고 생각한다.

토가노: 만약 침략전쟁이라고 한다면, 그 죄의 보상을 해야만 하지 않겠는가? 도대체 어떤 대상에게 어떤 방법으로 보상을 해야 하는가? (중략) 나는 가장 먼저 침략을 받은 국가와 국민, 두 번째로 식민지라는 이유로 일본의 침략전쟁에 동원되었다가 희생된 사람들이라고 생각한다. 세 번째는 우리나라 국민들이다.

소노다: 국가 지도자의 잘못으로 인해 큰 고통을 당한 사람들, 이런 사람들에 대해 제일 큰 보상은 헌법 제9조라고 본다. 이것을 전 세계 사람들에게 호소하고 이 정신이 정착되도록 하는 것이 가장 큰 책임을 지는 것이다.(1981년 4월 9일 중의원사회노동

위원회)

토가노는 침략전쟁론의 입장에서, 우선적으로 '보상'을 받아야 하는 사람은 침략을 당한 국가와 국민이라고 주장한다. 한편 소노다는 태평양전쟁 그 자체가 침략전쟁은 아니지만 그 원인은 중국침략이라고 주장하고, '잘못된 행위'의 책임을 지기 위해서는 헌법 9조를 세계에 호소하고 그 정신을 정착시키는 것이라고 했다. 이것이 1980년대 이후 국회 안팎에서 벌어진 '침략전쟁' 논쟁의 한 단면이다.

어쨌든 원폭 피해에 대한 '국가보상'을 요구한 야당의 제안은 실현되지 않았다. 1994년이 되자 원폭2법이 통합되어 '원자폭탄 피해자에 대한 원호에 관한 법률'(신원호법)이 제정되었다. 전문에서 '국가의 책임'으로 종합적인 원호대책을 강구할 것, '국가가 원자폭탄에 의한 사망자의 존엄한 희생에 책임을 지도록 하기 위해 이 법률을 제정한다'고 밝히고 있지만, 역시 '국가보상'이라는 단어나 '국가의 전쟁책임'을 인정한다는 취지의 문장은 없다.

'전쟁이 모든 국민을 동원한 총력전이라면 오히려 국가와의 계약관계가 아닌 일반 시민의 전쟁 피해자에게도 당연히 어떤 식으로든 보상을 해야만 한다'는 주장은 '공정'이라는 관점에서 반복되어 왔다. 그러나 국가보상의 범위를 무제한으로 확대하면 국가로서 커다란 부담을 지게 되니까 그 제한선이 된 것이 바로 '국민수인론'이었다.

여기에는 '국민을 전쟁에 내 몰은 지도자를 용서한 국민이 결과적으로 책임을 수인해야 한다'는 '국민총책임자론'이 반영되어 있다.(자민당 熊代昭彦 의원, 1994년 12월 1일 중의원 후생위원회)

'국민수인론'은 강화체제를 내부에서 지탱하는 논리가 되었다. 한편, 강화체제를 기반으로 하는 전후처리체제에 대해 이의를 제기하는 야당은, 도쿄재판은 강화조건이라는 국제적 합의로 받아들이면서 왜 침략전쟁이었다는 점은 인정하지 않느냐며 공박했다. 그러나 전후처리체제를 위협하는 더 큰 위험은 야당이 아니라 여당 내부에 있었다.

예를 들면, 후지오 마사유키(藤尾正行) 문부상은 이른바 '후지오 발언' 사건이 있은 후, 각료로서 도쿄재판의 판결 준수를 명언하면서도 점령정책의 일환으로서 도쿄재판의 합법성에 의구심을 가지며, 같은 맥락에서 헌법 개정이나 자주적 헌법 제정이 자민당의 창당 기반이라고 주장했다.(1986년 8월 22일 참의원 결산위원회)

요약하면, 야당의 공세에는 헌법 준수라는 입장에서 대항할 수 있지만, 강화체제의 파괴를 의미하는 헌법과 도쿄재판을 부정하는 입장에 대해서는 아시아 주변국과의 선린우호관계를 고려해야 한다는 이유 외에는 마땅한 대응책이 없었던 것이다.

### 전후처리 문제의 미결

1982년 10월 정권 발족을 앞둔 나카소네 총리가 기록한 '신정권정책 메모'에는 전후처리에 관한 문제로서 '세 개의 과제'가 적혀 있다. '중국고아, 타이완 군인, 사할린의 한국인'이 그것이다.(渡辺昭夫 편, 『전후일본의 재상들』) 정권 발족 당시 나카소네에게 전후처리 문제란, 야스쿠니신사나 역사교과서 문제가 아니라, 중국에 잔류 중인 일본인 고아나 구 일본군 타이완인에 대한 보상과 같은 대외적인 문제였던 것을 보여주고 있다.

중국잔류 고아 문제는, 이른바 중국잔류 일본인의 귀국 문제이기도 하다. 1959년의 '미귀환자 특별조치법'에 따라 소식불명 미귀환자 1만 3천 6백여 명을 사망자로 선고하여 호적이 말소되었다. 1972년 중일국교정상화 이후 본격적인 귀국이 시작되는데, 말소된 호적에 대한 조사나 지원 사업은 충분하지 못했다. 귀국한 잔류 고아들 가운데 70%인 1,860명이 참가하여 국가보상을 요구하는 집단소송이 시작된 것은 2001년이다. 제소 이유는 만주 개척이라는 무모한 국책사업에 의해 만주로 보내졌지만, 소련군이 침공하자 전선에 내버려진 채 일본인으로서 귀국했지만 충분한 지원을 받지 못했다는 것이다.

타이완 군인 문제는, 전술한 바와 같이 전후 자기 의사에 반해 일본국적을 잃어버림에 따라 유족원호법 등의 적용을 받지 못한 타이완 출신 군인의 보상에 관한 것이다. 원래 일화(日華)평화조약에 근거해 양국 간에 처리했어야 할 문제였지만 1972년의 중일국교정상화에서 일화조약 자체가 소멸되자 해결이 불가능해졌던 점을 고려하여, 1987년에 의원입법으로 조위금을 지급하는 형태로 해결되었다.

조선인 구 일본군의 경우도 마찬가지인데, 역시 일본국적을 잃어버렸다는 이유로 은급을 받지 못하는 문제가 있다. 몇 번이나 법정에서 다루어졌지만 은급지급을 국적의 유무로 결정하는 것이 불합리하다고는 할 수 없다는 이유로 기각당하고 있었다. 지방법원과 고등법원의 판결에서 '일본을 위해 전투에 참가하여 부상을 당했는데 보상을 받지 못하는 것은 이해할 수 없다. 어떤 식으로든 입법조치가 있어야 한다. 타이완 출신 구 군인과 비교할 때 현저하게 불이익, 불평등한 취급을 받고 있다'는 지적도 있었지만, 21세기인 현재까지도 해결되지 않고 있다.

사할린한인 문제란, 전시에 일본에서 사할린으로 이주를 당했지만 전후 한국으로 귀환하지 못한 조선인 · 한국인을 가리킨다. 1972년 우케다 신키치(受田新吉, 민사당) 의원이 제출한 질문서에 따르면, 전쟁이 끝나기 전까지 징용으로 사할린에 간 조선인이 약 1만여 명이나 잔류하고 있었고, 그중 7천 명이 한국으로 귀국을 희망하고 있는데 한국과 소련 간에 국교가 없기 때문에 협상이 이루어지지 않는다고 했다.

정부(다나카 가쿠에이 내각)는 답변서에서, 남사할린이 일본영토였던 당시 조선인이 사할린에 보내졌고, 현재에 이르기까지 사할린에 잔류하고 있는데 한국 또는 일본으로 귀국할 수 있는 기회를 주지 못한 실태를 인정하고 '인도적인 문제로서 진심으로 동정을 금할 수 없다'고 했다.

이러한 문제들에 대해 '중국잔류 고아나, 타이완 출신 전 군인, 소련 억류자, 사할린잔류 한인 문제는 국민들이 함께 나눌 수 있는 정도의 고통스런 문제가 아니라, 수인의 한계를 벗어난 문제'라는 식의 논의가 이루어져왔다.(사회당, 川本敏美 의원, 1982년 4월 8일 중의원 사회노동위원회)

### 사할린잔류 한인의 비극

사할린잔류 한인 문제는 돈을 벌기 위해 자발적으로 사할린에 이주해 갔거나 중일전쟁 때부터 태평양전쟁 기간 동안 노동력부족 때문에 관의 알선이나 징용 등 '강제연행'으로 사할린에 간 데에서 기인한다.

문제는 이 사람들이 미일강화조약 이후 일본국적을 상실함에 따라 '무국적' 상태가 되어 사할린에 남게 되었고, 한국과 소련이 국교를 맺지 못해 사실상 한국으로의 귀환이 불가능하게 된 데 있다.

일소국교정상화로 인해 일본인 처의 조선인 남편 또는 아이들은 귀환한 경우가 있지만, 대부분의 사할린잔류 한인은 타향에 남겨져 버렸다.

1975년에 '사할린잔류자 귀환 청구 재판'이 시작되어 1989년의 소송 취하까지 60차례가 넘는 구두변론이 이루어졌다. 변호인단의 주장은, 한국으로 귀국(원상회복)할 때까지는 '무국적'자인 이들이 한국으로 귀국을 희망하는 한 일본국적 소유자와 같은 지위에 있으므로 귀국시킬 것, 나아가 '일본신민'으로서 일본영토였던 조선에서 일본을 거쳐 역시 일본영토였던 사할린으로 '강제연행'된 사람들이니까 이들을 귀국시킬 의무가 일본 정부에 있다는 것이다.(高木健一, 『사할린과 일본의 전후책임』)

이 문제의 쟁점 가운데 하나는, 희망자에게 특례적으로 일본국적을 부여하느냐 여부이다. 정부의 견해는 '평화조약에 따라 일본국적을 상실한 사람이 많고, 사할린잔류 한국인에게만 특례를 주는 것은 법기술상 어렵다. 또한 일본국적을 상실했다는 것은 동시에 한국의 국적을 취득한 것으로 이해되며 한국정부도 이에 이의를 제기하지 않기 때문에 반드시 무국적자만은 아니다'는 것이다.(1978년 4월 18일 중의원 외무위원회)

국적에 관한 법적 논리, 그때까지 일본 정부의 입장을 확인하는 것이었는데, 소노다 외상은 '한반도 출신 사람들은 (중략) 자기 의사에 상관없이 국적을 상실했기 때문에, 일본 정부의 책임인 것은 지적하신 대로입니다'라고 말하고 '일본의 준(準)국적을 가진 자로 간주'하는 방향을 검토하겠다고 약속했다.

### 두 개의 벽, 냉전과 국적

이 문제에는 소련의 의향이 가장 중요한데, 미소의 대립과 한반도의 분단이라는 냉엄한 국제적 냉전이라는 현실이 가로놓여 있었다. 잔류조선인의 대부분은 한반도 남쪽 출신인데 한국으로의 귀환을 희망하고 있었다. 그러나 소련과 정식 국교를 맺고 있는 것은 한국이 아니라 북한이었다.

그래서 소노다 외상은 '일본의 준국적을 가진 사람으로 간주하겠다'는 사무적 검토를 약속하고, 관계 성청도 검토에 착수했다. 외국인을 '준국적' 보유자로서 원호하는 조치가 실현된다면 전후처리의 방법으로는 획기적이라고 할 수 있다.(高木健一, 『사할린과 일본의 전후책임』)

그러나 관계 성청의 협의는 있었지만 진전은 없었다. 진전을 방해하는 가장 큰 요인은 소련과의 관계변화였다. 1975년 소련군 미그전투기가 망명을 요구하며 하코다테(函館)에 착륙했는데, 일본이 이를 미국에 인도한 것이 도화선이 되었다. 이 무렵 일본 정부는 400명 이상의 사할린 한인에게 도항증명서를 발급해 주었지만, 소련은 출국허가에 소극적으로 대응하면서 이 문제가 일소 간의 문제가 아니라 아직 국교가 없었던 한국과의 문제라고 주장했다.(한러 간의 국교정상화는 1990년 9월에 이루어졌다.)

이렇게 해서 사할린잔류 한인 문제는 교착상태에 빠져 1980년대의 가장 곤란한 전후처리 문제 중 하나가 되었다. 그후 '일본의 역사적 책임'의 문제로서 당파를 떠나 이 문제 해결에 나섰던 이가라시 코조(五十嵐広三, 사회당) 의원이 1988년 말 '일본 · 소련 · 한국의 적십자사에 촉진 회의를 개최하자'고 제안한다. 이 무렵에는 인도적 지원 사업으로서 예산조치도 이루어지고 있었고, 또한 한소 간 관계개선도 진척이 이루어져 소수이기는 하지만 한국으로의 방문이 실현되고 있었다.

사태가 급진전된 것은 고르바초프의 페레스트로이카 외교가 등장하면서부터인데, 1989년에는 이가라시의 제안이 성사되어 일본과 한국 적십자사 간의 공동사업체가 발족하여 공적 지원에 의한 귀국사업이 시작되었다. 1990년대에 한국으로의 일시귀국자가 증대됨에 따라 일본 정부도 귀국사업에 자금을 제공하게 되었고, 이로써 이 문제는 일단락을 짓게 되었다.(半谷史郎, 「사할린 조선인의 소련사회통합」)

1989년에는 긴 재판투쟁을 하는 가운데 유일하게 생존하고 있던 원고가 46년 만에 한국으로 귀환함에 따라 소송이 취하되었다. 냉전의 해빙이 문제의 해결을 진전시켰다. 그러나 만약 냉전이 계속되었더라면 과연 '일본신민'이었던 외국인을 '준국적'을 가진 자로서 취급하는 결단을 내릴 수 있었을까? 그 벽은 상당히 견고했을 것으로 생각된다. 왜냐하면 엄격한 국적요건도 '강화체제'를 국내적으로 지지하는 하나의 요인이기 때문이다.

# 3부

# 세기 전환기

## 냉전과 55년체제 붕괴 후

전후 일본이라는 국가는 신헌법 하에서 과거의 역사에 대해 어떠한 해석도 내리지 못했다. 그보다는 국민들의 다양한 해석 가능성과 자유로운 역사인식의 공존을 보장하고 있다.

국가가 일정한 역사해석을 내놓는 역사정책은 존재하지 않는다. 정부로서는 역사 문제가 국내정치의 안정, 또는 국제협조를 해치지 않도록 관리할 필요가 있다. 그런 의미에서 국가 간의 화해를 실현한 '강화체제'는 역사 문제를 안정적으로 관리하는 기반이었다고 할 수 있다. 1980년대까지는 이러한 강화체제가 정착되었고 그 후 일어나게 되는 역사 문제를 봉쇄해 왔던 것이다.

그러나 1990년대는 위안부 문제 등 주변국들로부터 '전후보상 문제'가 분출하자, 강화체제를 기반으로 하면서도 새로운 '역사화해정책'을 모색할 필요가 제기되었다. 외부적으로는 강화체제를 지탱해주었던 냉전이 종식되고, 내부적으로는 자민당 지배체제가 흔들리고, 나아가 일본의 국제적 지위가 상승한 것이 그 배경이었다. 이러한 요인들은 강화체제의 안정성을 뒤흔들었다.

전후보상 문제의 대부분은 이미 도쿄재판이나 아시아 주변국들에 대한 배상 협상과정에서 제기되었던 것들이다. 그러나 긴 냉전과 자민당 지배가 이 문제들이 드러나는 것을 막고 봉쇄해 왔던 것이다.

이제 '역사 문제'에 대한 대응은 사죄나 반성이라는 '용어'의 문제가 아니라, 구체적인 '보상'을 수반하는 '역사화해정책'이 필요해진 것이다. 이는 경제대국으로서의 일본이 어떻게 국제적인 책임을 다할 것인가라는 과제와도 밀접하게 관련되어 있다. 아시아여성 기금, 평화우호교류계획, 중일 · 한일 역사공동연구 등은 이러한 모색의 하나였다.

이 가운데 아시아여성 기금 참여를 권고하는 글에서 '국민적인 보상'의 의미에 대해, '역사를 만드는 것은 정부가 아니라 국민이라는 메시지를 분명히 한 것'이라고 밝혔는데, 이제 역사 문제는 국가나 정부 간의 문제가 아니라 국민과 시민의 문제라는 것을 보여줬다는 점에서 획기적이라 할 수 있다. 위안부 문제는 이제 국제적인 인권 문제로서 다루어지고 있지만, 이렇게 시민사회 차원에서 논의될 수 없는 것이 야스쿠니신사 문제이다.

# 7장
# 침략전쟁을 둘러싼 공방
### 호소카와 발언에서 무라야마 담화에 이르기까지

## 호소카와 발언의 의의— 침략전쟁의 긍정

1990년대는 전후보상 문제의 분출과 종전 50년 문제를 배경으로 '침략전쟁'의 평가를 둘러싼 '용어' 공방의 시대였다. 그리고 그 무대는 주로 국회였다.

1993년 8월 10일, 호소카와 모리히로(細川護熙) 총리가 취임 직후 열린 기자회견에서 '나는 지난 대전을 침략전쟁, 잘못된 전쟁이었다고 인식한다'고 한 발언이 그 계기가 되었다. 호소카와 총리 이전의 발언들을 살펴보면, 나카소네 총리는 제1차 내각 때인 1982년 교과서 기술이 외교문제가 될 것을 고려해, 국제적으로 '침략전쟁'이라 인정되고 있는 사실은 무겁게 받아들여야 한다는 취지로 일관했다.(5장) 그리고 제2차 내각 때인 1985년에는 '태평양전쟁, 대동아전쟁이라고도 하지만 하지 말았어야 하는 전쟁, 잘못된 전쟁이었다. (중략) 중국에 대해서는 침략한 사실도 있다'고, 중일전쟁이 '침략'임을 인정하는 듯 했다.(1985년 10월 29일 중의원 예산위원회)

나카소네의 발언은 그 후 계승되지 못했지만 이를 부정하는 발언도 없었다.

호소카와 총리의 발언은 '지난 대전' 전체를 명확하게 '침략전쟁'으로

호소카와 모리히로

인정한다는 점에서 나카소네의 발언과 차원이 다르다. 그리고 대외적으로는 일본정부의 최고책임자가 침략전쟁관을 명료하게 받아들인 공식발언으로서, 호의적으로 받아들여졌다. 이후 오늘날까지 역대 총리의 공식발언에서 호소카와 발언을 명료하게 부정한 적은 없는데, 그런 의미에서 보자면 '침략전쟁론'으로 일관하고 있다하겠다.

나아가 호소카와는 8월 15일 전몰자 추도식의 '추도사'에서 '이번 기회에 다시 한 번 아시아 주변국을 비롯해 전 세계의 모든 전쟁희생자와 그 유족에 대해 국경을 넘어서 삼가 애도의 마음을 표하는 바입니다'라고 했다. 이어서 등장한 도이 다카코 중의원 의장은 '우리들의 잘못으로 참담한 희생을 당한 아시아인과 우리는 화해하지 않으면 안됩니다. (중략) 살아남은 자들이 무엇을 해야 하는지 분명합니다'라고 강조했다.

전몰자 추도식에서 추도의 대상은 사망 당시 '일본국적'을 가졌던 전몰자였다. 그러나 행정부와 입법부의 두 수장이 이를 뛰어 넘어서 전쟁의 '잘못'을 인정하고, 모든 전쟁희생자와 그 유족에게 '애도의 뜻'을 표하고, '아시아인'과 화해를 위해 노력하겠다고 약속한 것이다. 이 두 추도사에 대해 일본유족회가 곧바로 반발했다는 사실에서 알 수 있듯이 그 의미는 매우 컸다. 그러나 이 내용이 '아시아인'에게 전달되지는 못했고, 아시아와 세계의 전쟁희생자까지 언급한 추도사는 이것이 처음이자 마지막이 되었다.

## 두 개의 반론— 전쟁의 다면성

호소카와 발언은 국회 안팎에서도 파문을 일으켰다. 노나카 히로무(野中広務, 자민당) 의원과 이시하라 신타로(石原慎太郎, 자민당)의 발언이 당시의 위화감을 잘 보여주고 있다.

1925년 태생의 노나카 의원은 '총리의 침략전쟁 발언에 대해 나는 전쟁 시기와 전후 시대를 살아 온 한 사람으로서 분노를 머금고 질문하겠다'며 다음과 같이 말했다.

> 우리는 전쟁에서 죽기 위해 태어난 세대입니다. 나는 총리에게 『들어라 해신(海神)의 소리』를 다시 읽어 볼 것을 권합니다. 수많은 우수한 청년들이 징집영장 한 장에 전장으로 끌려나갔습니다. 그리고 그 사람들은 자기들이 침략전쟁에 가담하고 있다는 생각도 못했습니다. (중략)
> 이 사람들의 희생은 도대체 무엇이란 말입니까? 나는 이러한 생각 때문에 전쟁이라는 무서운 길로 내 몬 역사를 검증해야 한다고 생각합니다.(1993년 10월 6일 중의원 예산위원회)

호소카와는 이에 대해 '다시 말씀 드립니다만, 오늘날 우리나라의 평화와 번영이 앞 세대의 고귀한 희생 위에 이루어졌다는 생각을 항상 마음 속에 새겨야만 합니다'라고 짧게 대답했다.

이시하라는 단도직입적으로 '과거의 전쟁이라고 하는데, 어떤 전쟁과 어떤 전쟁을 가리켜 침략적인 전쟁이라고 하는 겁니까?'라고 질문했다.

이시하라: 저는 지난 태평양전쟁이 매우 복합적인 성격이었다고 생각합니다. 먼저 국제법상 합법적으로 획득한 지나대륙[1]의 권익을 둘러싼 분쟁이 결국 일중 간의 긴 전쟁이 되었고 저 역시 적어도 중국 사람들에게 큰 불편을 끼친 사실을 부정하지 않습니다.
두 번째로 일본과 마찬가지로 아시아로 식민지주의를 팽창한 열강들, 미국, 영국, 프랑스, 네덜란드 같은 국가들과의 충돌이 전쟁으로 발전했습니다. 이것의 계기는 진주만공격이었겠죠.
세 번째로 소련이 중립조약을 짓밟고 국경을 넘어 와 침략, 침입해 와 우리나라 사람들을 포로로 잡아 사역을 시켜서 일본에 커다란 비극을 안겨 주었습니다. 이 세 가지로 대별할 수 있는데, 세 가지 전부 다 사죄하는 마음을 가져야한다고 생각하십니까?

호소카와: 시기라든지 지역이라든지 제가 말씀드릴 것은 아닙니다. 불편을 끼쳤다고 했는데 거기에는 여러 나라의 여러 사람들이 포함됩니다. 아시아인들만이 아닙니다. 그런 분들에게 정직한 마음으로 사죄를 하는 것이 필요하지 않겠습니까?(1993년 10월 5일 중의원 예산위원회)

두 의원에게 공통된 것은 중일전쟁은 분명히 침략전쟁이며 사죄할 필요가 있을 수 있지만 영국 · 미국 · 네덜란드와의 전쟁은 반드시 그렇지 않다는 점이다.

노나카가 '역사는 다면성이 있습니다. 책임 있는 자는 역사를 배우고, 민중의 고통스런 심정을 깨닫고, 국가를 운영하는 자의 책임감과 두려움을 깨닫기 바랍니다'라고 끝맺고 있듯이, 이시하라가 전쟁의 '복합적 성격'을 설명했듯이, 두 사람의 주장은 모두 전쟁의 다면적 성격을 간과해서는 안 된다는 것이다. 두 의원의 발언은 전쟁을 겪은 수많은 사람의 의견을 심정적으로 대변하고 있다.

---

1) 이시하라 신타로는 중국을 가리켜 의도적으로 '지나'라고 부른다.(역자주)

## 호소카와정권에서 하타정권, 무라야마정권으로

1993년 8월의 호소카와 발언은 전쟁이나 식민지 지배에 대한 반성과 사죄를 반드시 국회에서 결의하자는 취지로 언급한 것이 아니었다. 그러나 호소카와 연립정권의 일익을 담당했던 사회당은 도이 다카코가 예산위원장 시절이었던 1988년 이래 식민지 지배와 가해자로서의 반성과 사죄를 국회에서 결의할 것을 종종 요구해 왔었는데, 호소카와 발언은 이를 현실적인 문제로 부각시켰다. 호소카와정권에 이은 하타 츠토무(羽田孜)정권은 2개월의 단명으로 끝나버렸는데, 1994년 4월의 내각이 발족할 때 국회결의에 따라 제2차 세계대전의 반성과 사죄의 의사를 내외에 밝힐 생각이었다.

1994년 6월 말, 사회당을 중심으로 하는 연립내각으로서 무라야마 도미이치(村山富市)정권이 성립되자, 전쟁과 식민지 지배에 대한 국회결의가 필요하다는 인식은 당파를 넘어서 이미 되돌릴 수 없는 정책적 기류가 되어 있었다.

무라야마정권 발족에 앞서 여3당(사회당, 자민당, 신당사키가케) 간에 기본적인 정책에 대한 합의가 성립되었다. 3당이 합의한 정책 중 하나는 '전후 50년을 계기로, 과거의 전쟁을 반성하고 미래 평화에 대한 결의를 표명하는 결의를 채택하고, 기념사업 실시 등에 적극적으로 나선다'였다.

그러나 3당의 본심은 서로 각각이었다. 연립정권의 중심이었던 사회당은 식민지 지배와 침략전쟁의 반성과 사죄를 우선했고, 자민당은 반성과 사죄보다는 '평화에 대한 결의'를 우선하는 식이었다. 신당사키가케는 침략전쟁론을 받아들이면서도 사회당의 사죄론에는 반대했다. '과거의 사실을 모른 채 하는 사죄', '마음에도 없는 말뿐인 사죄는 상대를 모욕하고, 일본에 대한 불신감만 증폭시키기 때문'이라는 이유였다.(신당사키

가케, 『국회통신』 5호) 3당 간의 정책합의에도 불구하고 각각의 본심에 따라 '부전(不戰)의 결의'를 둘러싼 국회결의의 행방은 불투명했다.

### 사죄결의의 저지운동

한편 무라야마정권이 등장하자 자민당의 오랜 유력 지지단체였던 일본유족회는 위기감을 드러냈는데, 특히 사죄결의 채택에 민감했다. 일본유족회는 지방의 지부와 자민당 의원과의 연계를 최대한 활용하여 세 방향의 저지전략을 전개했다.

먼저, 지방의회에서 '사죄결의 반대안'을 채택하는 전략이다. 선수를 쳐서 가능한 한 많은 지방의회로 하여금 '전몰자 추도와 항구평화의 결의'에 관한 결의를 채택함으로써 지방 정치계가 중앙 정치계를 포위하는 전략이었다. 일본유족회의 의향을 담은 결의안이 1995년 3월까지 18개 현(縣)의회에서 채택되었는데, 전국 도도부현의 과반수를 넘기는 데는 실패했다.(波多野澄雄, 『'역사화해'로 나아가는 이정표』 1994년 12월 15일)

두 번째 저지전략은 국정 차원에서의 활동이다. 야스쿠니신사의 국가관리와 공식참배를 추진하는 세력인 '영령에 답하는 모임' 소속 의원이 중심이 되어 먼저 1994년 12월에 자민당 의원으로 구성된 '종전50년 국회의원연맹'(회장 奥野誠亮)이 발족하고, 이어서 1995년 2월에 신진당 의원으로 구성된 '올바른 역사를 전하는 국회의원 연맹'(회장 永野茂門)이 발족되었다. 전자에는 중의원과 참의원 소속 자민당 의원의 절반이 참여하고, 후자는 신진당 의원의 3/4이 참가했다.

'종전50년 국회의원 연맹'의 취지서는, 오늘날의 평화와 번영이 '일본의 자존자위와 아시아의 평화를 바라며 존귀한 생명을 바친 200만여 명의 전몰자의 초석 위에서 만들어졌다는 점을 잊지 않는다'면서, 무엇보다 전몰자에 대한 추도와 감사의 마음을 표명하는 것이 중요하다고 지적했다.(後藤乾一, 「일본 동남아시아점령과 '해방사관'」)

나아가 활동방침에는 '국회의 반성 · 사죄와 부전결의는 전후의 왜곡된 역사인식을 시인하겠다는 의도이자 우리나라의 앞길에 화근을 남기는 것으로서 절대 용인할 수 없다'고 되어 있다.

신진당 중심의 '올바른 역사를 전하는 국회의원 연맹'의 취지서에는 일본의 전쟁에 대한 배상과 사죄는 모두 종료되었는데, '그럼에도 불구하고 이러한 시기에 "사죄"를 한다는 것은 지난 전쟁에서 쓰러져 간 장병과 전몰자의 노력과 명예를 짓밟는 것이며, 우리가 잔학무도한 민족이라는 딱지를 앞으로 영원히 짊어지게 되는 것'이라며 직접적으로 비판하고 있다.(後藤乾一, 「일본 동남아시아점령과 '해방사관'」)

세 번째 저지전략은 다른 우호단체들, 특히 가세 슌이치(加瀨俊一, 전 유엔대사)를 회장으로 하는 '종전50주년 국민(연동실행)위원회'와의 연계였다.

이 민간단체는 일본유족회를 비롯해 일본을 지키는 국민회의, 향우연맹, 전국전우연합회 등 30여 단체의 느슨한 연합조직인데, 500만 서명운동, 국회청원, 가두시위행진, 강연회 개최 등 각종 저지활동을 전개했다. 그 중에서도 부전결의 반대 서명운동에 힘을 기울여 1995년 2월까지 국민위원회가 모두 43만여 명의 서명을 모았다.(『일본유족통신』 1995년 7월 15일)

### 1995년 6월 9일 국회결의

저지운동이 전개되는 가운데 여3당은 '종전50년 결의 프로젝트 팀'을 결성하고 1995년 5월부터 최종적인 결의문안 조정에 들어갔다. 당초 사회당은 침략행위와 식민지 지배를 반성하고, 아시아 주변국에게 사죄하고 부전을 맹세하는 내용을 주장했는데, 문안을 조정하는 과정에서 몇 군데 중요한 양보를 요구받았다.

첫째는 국회결의와 보상을 분리하는 것이다. 야당 시절의 사회당은 보상조치를 포함한 책임을 명확히 할 것을 주장했었다. 예를 들면, 1991년 12월 당이 주최한 '일본의 전후책임과 새로운 아시아 관계'라는 제목의 포럼을 개최해 한국 · 중국에 대한 가해자로서의 책임을 인정하는 국회결의와 개인의 피해에 대한 보상청구에 정부가 적극적으로 대응할 것을 요구했다. 그러나 여당이 된 사회당은 결의와 보상 문제를 분리하지 않을 수 없게 되었다.(『매일신문』 1995년 6월 2일자)

참고로 보상 문제를 명기한 국회결의를 주장했던 것은 일본공산당 뿐이었다. 공산당이 상정한 결의안은 '지난 전쟁을 침략전쟁으로 인정하고, 전쟁피해자에 대한 보상 문제는 국가책임을 명확히 해서 대처한다'는 것이었다.(1995년 5월 16일 중의원 본회의)

사회당은 그때까지 거절해왔던 일본유족회와의 협의에 응했는데, 1995년 3월 이래 양측 간의 협의는 단속적으로 이루어졌다. 그러나 일본유족회가 국회의 반성과 사죄결의는 유족의 의사를 짓밟는 것이며 국익에 반하는 주장이라고 하는 데 대해 사회당은 아시아 주변국의 국제여론을 배려하는 것은 국익에 합치된다고 주장함으로써, 양측은 평행선을 유지할 뿐이었다.(『매일신문』 1995년 4월 11일자)

결의문안의 최종적인 조정과정은 분명하지 않지만 최대의 쟁점은 사죄 · 반성과 추도 · 평화에 대한 결의라는 표현 사이에서 균형을 맞추는 것이었다.

1995년 6월 9일 중의원 본회의에서 통과된 국회결의('역사를 교훈으로 평화에 대한 결의〈決意〉를 새롭게 하는 결의〈決議〉')는 '전몰자의 추도'를 앞에 내세워 자민당의 요구를 충족시켰다. 그러나 한편으로 식민지

전후 50년 국회결의 채택(1995년 6월 9일)
중의원 본회의장, 신진당이 결석해서 의석이 많이 비어 있다.

지배는 일본 뿐만이 아니라는 문맥이기는 했지만, '식민지 지배와 침략적 행위'가 '아시아 국민들에게 준 고통을 인식하고 깊이 반성의 뜻을 표명한다'고 함으로써 가까스로 사회당의 요구를 충족시켰다.

이러한 조정에도 불구하고 중의원 의원 502명 가운데 241명이나 결석했고, 251명의 투표에서 230명의 찬성(반대투표는 공산당 14명 등)으로 겨우 통과되는 정도였다. 여당에서도 70명이 결석했는데, 그 가운데 50명은 이러한 결의안이 필요하지 않다는 자민당 의원이고 14명은 수정안에 반대한 사회당 의원이었다.

야당에서는 최대 세력인 신진당 의원 141명이 결석했다. 신진당은 사죄나 반성이라는 단어를 넣는 데 반대했기 때문이다.(1995년 5월 16일 중의원 본회의에서 鳩山邦夫 의원 발언)

사회당 부위원장으로 전후 50년 문제 프로젝트의 좌장이었던 우에하라 코스케(上原康助)는 '그 당시 중의원의 결의로서는 이것이 마지막으로 합의가능한 지점이었다'며 하물며 자민당 내에서도 강경파가 많은 참의원에서 통과될 가능성이 없었다고 말한다.(『구술기록』 아시아여성

기금)

부전결의의 중요성

부전결의를 둘러싼 공방은, 행정부의 입장이 '침략전쟁'을 일관되게 고수하더라도, 입법부의 입장을 통제할 수 없다는 것을 보여주고 있다.

의원내각제 하에서 삼권분립이 정상적으로 기능하고 있다고 해도, 정부가 '침략전쟁론'을 관철하는 데는 삼권분립이라는 제도상의 한계가 있다. 문제는 역사인식의 다원성이라기보다 특정한 역사관이나 전쟁관이 차기집권을 노리는 정당 간의 정치투쟁과 연계되어 국내정치의 카드로 변하고, 부전결의 그 자체의 중요성이 줄어든 점에 있을 것이다.

신당사키가케의 이데 쇼이치(井出正一) 후생상은 당파의 입장을 떠나 이렇게 말했다. '냉전구조가 붕괴되자, 어떤 의미에서는 원래 전쟁 직후에 확실하게 해결되었어야만 했던 문제들이 그대로 동결된 상태로 오늘날까지 이어져 왔다. (중략) 역시 이전의 전쟁을 다시 한 번 반성한 다음에 앞으로 국제사회에서 명실상부하게 존경받는, 그렇게 일본이 나가야 할 길을 다같이 생각해야 할 중요한 시기가 아닌가'(1995년 3월 10일 중의원 후생위원회)

이데 후생상의 발언은 부전결의에 기대하는 수많은 국민들의 양식을 대변해 주고 있다.

'부전결의'에 이르는 과정은 국내에서의 '역사화해'의 한계도 보여주었다. '침략전쟁론'을 받아들이는 것은 전몰자에 대한 모독으로 이어진다는 유족의 정체성도 깊이 관련된 가운데, 타협의 여지를 도출하는 것은 어려웠다. 점차 '역사 문제'가 대외적으로 분출되는 뿌리깊은 국내 요인 중 하나가 바로 그것이다.

### 무라야마 담화— 장기전략으로 입안

부전결의로부터 2개월 뒤인 1995년 8월 15일, 이른바 '무라야마(村山) 담화'(전후 50년 담화)가 발표된다. 부전결의가 입법부의 문제로 입안된 것에 비해, 무라야마 담화는 오로지 행정부(내각)의 문제로 입안되었기 때문에, 대외적으로는 부전결의보다 중요한 의미를 지닌다.

무라야마 담화는 '우리나라는 멀지 않은 과거의 한 시기, 국가정책을 그르치고 전쟁에의 길로 나아가 국민을 존망의 위기에 빠뜨렸으며 식민지 지배와 침략으로 많은 나라들 특히 아시아 제국의 여러분들에게 다대한 손해와 고통을 주었습니다. (중략) 여기서 다시 한 번 통절한 반성의 뜻을 표하며 진심으로 사죄의 마음을 표명합니다'라는 내용이다.

문안은 외무성 종합외교정책국에서 작성되어 총리관저에서 조정하였다. 일시적인 모면이 아니라 정권이 교체되어도 답습될 수 있도록 장기적 전략에서 입안되었고 각의결정을 거친 것이다. '반성과 사죄', '사과'는 1972년 중일공동성명 이래 중일 간의 공식문서에 삽입되었고, 일본정부 고위관료의 발언에도 이따금 언급되어 왔던 것이다. 그러나 그 말의 '가벼움'이 두드러지는 가운데, 무라야마 담화는 대외관계에서의 말의 '중요성'에 착목한 희귀한 사례이다.(服部龍二, 『일중역사인식』)

무라야마 담화는 각의결정이었기 때문에 호소카와 발언 등과도 다르고 그후 내각이나 총리의 발언을 상당 부분 제한했다. 무라야마 담화가 있기 일주일 전에 시마무라 문부상이 '침략전쟁이냐 아니냐는 생각하기에 달린 문제'라고 발언하여 사죄하고 철회하는 일이 있었는데, 그후 이런 식의 발언은 각료들이 삼가하게 되었다.

하지만 무라야마 담화는 국내적으로 다양한 역사인식을 통합시키지는 못했다. 그 원인은 법적 구속력이 없었기 때문이 아니라 내용적으로 충분한 검토가 이루어지지 않은 데 있다. 예를 들면, 무라야마 담화의 한

무라야마 담화 발표(1995년 8월 15일)

구절인 '우리나라는 멀지 않은 과거의 한 시기, 국가정책을 그르치고 …' 라는 표현에 대해, 언제 어떤 의미의 '국가정책'을 그르친 것인지, 게다가 이 '국가정책을 그르치고'와 담화 전체에서 딱 한 번 언급된 '식민지 지배'는 어떤 관계가 있는지, 아무런 설명도 없다. 무라야마 담화를 지탱하는 역사검증의 부재는 나중에 국회에서 여러 관점으로부터 비판을 당하게 된다.

한편 무라야마 담화는 가까운 주변국 정부에도 제법 알려졌다. 후술하겠지만, 그것은 1998년 한일공동성명안을 작성하는 데 기초가 되기도 한다.

### 무라야마 담화의 전쟁책임

전술했듯이, 국회에서의 부전결의는 침략행위나 식민지 지배가 일본만 그런 것이 아니라는 맥락에서 반성과 사죄를 한 것이지만, 무라야마 담화는 일본의 행위인 침략과 식민지 지배를 반성하고 사죄한다고 직설적으로 표현하고 있다. 그런 의미에서, 부전결의에서부터 무라야마 담화에 이르는 과정은 의미가 있다고 평가할 수 있다.

그렇다면 무라야마 담화는 '전쟁책임'이라는 문제를 어떻게 결론짓고 있는가? 1995년 3월 참의원 예산위원회에서 우에다 고이치로(上田耕一郎, 공산당) 의원은 무라야마 총리에게 '전쟁 전체의 성격을 역사적으로 반성한다는 입장'에서 전쟁을 시작한 원인을 따져 물었다. 이에 대해 무라야마 총리는 '전쟁을 하게 된 경위는 역시 각각의 견해에 따라 복잡한 요소가 작용했다고 생각합니다. 한 마디로 "이것이다"라고 결론내리는 것은 매우 어렵지 않겠습니까? 우리는 총체적으로 과거의 행위에 대해, 수많은 사람들에게 정말로 돌이킬 수 없는 고통을 주었다고 할 수 있습니다'라고 답변했다.(1995년 3월 2일 참의원 예산위원회)

이 답변에서 무라야마의 '침략전쟁론'은 침략적 의도를 지닌 전쟁을 해서 엄청난 피해를 준 것을 사죄하고 반성한다기 보다, 전쟁수행의 결과가 침략적 행위였던 것을 사죄한다는 일종의 '결과책임론'임을 알 수 있다.

어쨌든 무라야마의 전쟁관은 대외적으로는 '침략전쟁론'을 공식입장으로 표명하면서도, 국가보상의 근거가 될 수 있는 전쟁책임의 소재에 대한 판단을 회피하는 자세는 역대 정부와 일치하고 있다. 이러한 일본정부의 모순적인 자세를 극복해야 한다고 압박한 것은 1990년대의 전후보상 문제였다.

## 무라야마 담화

### 전후 50주년의 종전기념일에 부쳐서

지난 대전이 종말을 고한지 50년의 세월이 흘렀습니다. 다시금 그 전쟁으로 인하여 희생되신 내외의 많은 분들을 상기하면 만감에 가슴이 저미는 바입니다.

패전 후 일본은 불타버린 폐허 속에서 수많은 어려움을 극복하면서 오늘날의 평화와 번영을 구축해 왔습니다. 그것은 우리들의 자랑이며 그것을 위하여 기울인 국민 여러분 한 분 한 분의 영지(英知)와 꾸준한 노력에 대하여 저는 진심으로 경의의 뜻을 표하는 바입니다. 여기에 이르기까지 미국을 비롯한 세계 여러 나라에서 보내진 지원과 협력에 대하여 다시 한번 심심한 사의를 표합니다. 또 아시아·태평양 근린제국, 미국, 구주제국과의 사이에 오늘날과 같은 우호관계를 구축하게 된 것을 진심으로 기쁘게 생각합니다.

오늘날 일본은 평화롭고 풍요로워졌지만 우리는 자칫하면 이 평화의 존귀함과 고마움을 잊어버리기 쉽습니다. 우리는 과거의 잘못을 두 번 다시 되풀이하지 않도록 전쟁의 비참함을 젊은 세대에 전하지 않으면 안 됩니다. 특히 근린제국의 국민들과 협조하여 아시아·태평양 지역 더 나아가 세계평화를 확고히 해 나가기 위해서는 무엇보다도 이들 여러 나라와의 사이에 깊은 이해와 신뢰를 바탕으로 하는 관계를 키워나가는 것이 불가결하다고 생각합니다. 정부는 이러한 생각을 바탕으로 하여 특히 근현대에 있어서 일본과 근린 아시아제국과의 관계에 관한 역사 연구를 지원하고 각 국과의 교류를 비약적으로 확대시키기 위하여 이 두 가지를 축으로 하는 평화우호교류사업을 전개하고 있습니다. 또 현재 힘을 기울이고 있는 전후 처리 문제에 대하여도 일본과 이들 나라와의 신뢰관계를 한층 강화하기 위하여 저는 앞으로도 성실히 대응해 나가겠습니다.

지금 전후 50주년이라는 길목에 이르러 우리가 명심해야 할 것은 지나온 세월을 되돌아보면서 역사의 교훈을 배우고 미래를 바라다보며 인류사회의 평화와 번영에의 길을 그르치지 않게 하는 것입니다.

우리나라는 멀지 않은 과거의 한 시기, 국가정책을 그르치고 전쟁에의 길로 나아가 국민을 존망의 위기에 빠뜨렸으며 식민지 지배와 침략으로 많은 나라들 특히 아시아 제국의 여러분들에게 다대한 손해와 고통을 주었습니다.

저는 미래에 잘못이 없도록 하기 위하여 의심할 여지도 없는 이와 같은 역사의 사실을 겸허하게 받아들이고 여기서 다시 한 번 통절한 반성의 뜻을 표하며 진심으로 사죄의 마음을 표명합니다. 또 이 역사로 인한 내외의 모든 희생자 여러분에게 깊은 애도의 뜻을 바칩니다.

패전의 날로부터 50주년을 맞이한 오늘, 우리나라는 깊은 반성에 입각하여 독선적인 내셔널리즘을 배척하고 책임있는 국제사회의 일원으로서 국제협조를 촉진하고 그것을 통하여 평화의 이념과 민주주의를 널리 확산시켜 나가야 합니다. 동시에 우리나라는 유일한 피폭국이라는 체험을 바탕으로 해서 핵무기의 궁극적인 폐기를 지향하여 핵확산금지체제의 강화 등 국제적인 군축을 적극적으로 추진해 나가는 것이 간요(肝要)합니다. 이것이야말로 과거에 대한 속죄이며 희생되신 분들의 영혼을 달래는 길이 되리라고 저는 확신합니다.

'의지하는 데는 신의보다 더한 것이 없다'고 합니다. 이 기념할만한 때에 즈음하여 신의를 시책의 근간으로 삼을 것을 내외에 표명하며 저의 다짐의 말씀에 대신하고자 합니다.

1995년 8월 15일
내각총리대신 무라야마 도미이치(村山富市)

8장
# 말에서 보상으로
새로운 화해정책의 모색

## I 전후보상 문제의 분출

### 경제대국으로서의 책임

1990년대 전반은 '전후보상 문제'로서 분출한 역사 문제에 대해 사죄와 반성의 '말'이 아니라, 구체적인 '보상'을 수반하는 '역사화해정책'을 모색하던 시대였다. 이는 '경제대국'인 일본이 국제적 책임을 어떻게 져야하는가라는 문제와 밀접하게 관련되어 있다.

전후보상이라는 말에는 전쟁의 가해국이 피해자 개인에게 '보상'한다는 성격이 있는데, 법적인 구제라기보다는 도의적인 책임이나 인권이라는 측면에서 구제한다는 의미가 있다. 따라서 1990년대에 제기된 전후보상 문제에는 다분히 가치판단이 따른다. 여기에는 국가가 적절하게 대처하기 어려운 측면이 있다.(中岡まり, 「일본의 전후배상 · 보상 문제」)

일본의 보상과 책임이 불충분해서 국회에서 논란이 된 전후보상 문제로는 중국인의 강제연행, 종군위안부, 재외피폭자, 소련억류자, 포로 문제 등 다양하다. 이 문제들이 새삼스러운 것은 아니었지만 보다 자세한 사실이 드러난 경우도 적지 않다.

예를 들면, 4만 명에 달하는 중국인 노동자의 강제연행 문제의 경우, 1946년 외무성이 이들을 사용한 135개의 사업소를 조사한 보고서가 존재하는 것으로 밝혀졌다. 미야자와 기이치(宮沢喜一) 총리도 '진실일 개연성이 높다. 당시 많은 중국인 노무자가 중국에서 끌려 와 몹시 불행한 상황에 빠졌던 것을 부정할 수 없다'고 답변했다.(1993년 6월 7일 참의원 예산위원회)

1990년 전반의 국회심의과정에서, 중국인 강제연행 피해자에 대한 일본의 전후보상 처리가 독일의 전후보상과 비교할 때 충분하지 않다는 지적이 늘었다. 전형적인 사례로 사와후지 레이지로(沢藤礼次郎, 사회당) 의원과 미야자와 총리 사이에 있었던 공방을 들 수 있다.

사와후지: 두 나라(일 · 독)가 다른 나라와 민족에게 막대한 피해를 주었다는 것은 완전히 똑같다. 그런데 독일은 군인과 민간인에 차이를 두지 않는 연방원호법으로 전후처리를 하고 있다. 유태인 내지 신생 이스라엘 국가에게도 조치를 취하고 있다. 12개국과 나치희생자를 위한 보상협정, 포괄협정도 체결되고 있다. 보상에 필요한 금액은 7조 엔에 달한다고 한다. 이와 대조적으로 일본은 이러쿵저러쿵 말하면서 보상에 나서지 않고 있다.

미야자와: 우리 선배들이 샌프란시스코강화회의라든가 그 결과 파생된 각국과의 배상협정이라든가 한일기본조약이라든가 일중국교정상화에 대한 성명이라든가 여러 가지 형태로 비상한 그 나름대로 고생해 가면서 법적으로 처리해 왔던 문제들이고 (중략) 우리나라로서는 고생해가면서 상대국과 그런 식으로 하나하나 법적인 처리를 해왔다는 점도 이해를 해 주시기 바랍니다.(1991년 11월 26일 중의원 국제평화협력 특별위원회)

미야자와의 답변은 정부 간 화해의 법적인 틀로서 '강화체제'를 확인한 것에 지나지 않는다. 한편 미야자와는 법적자문기구로 '21세기 아시아태평양과 일본을 생각하는 간담회'를 설치하고 전후보상 문제의 검토를 맡겼다. 1992년 말에 정리된 간담회의 보고서는 일본과 아시아태평양 여러 지역의 미래지향적 관계구축 차원에서 '과거에 대한 인식'의 문제가 중요한 위치를 차지할 것이라며 이렇게 지적하고 있다.

> 지금까지 일본은 배상의 문제를 국제적 룰에 따라 성실하게 대응해 왔지만 개인의 피해에 대해 인도적인 이유로 추가적인 처우가 필요할 경우에는 지금까지의 처리와 법적인 정합성을 전제로 하되 아시아태평양 지역 사람들의 심적 고통에 대해 이해를 하고 대응해야만 한다.

요약하자면, 정부 간의 외교적 처리라는 차원을 넘어서 일본이 개인의 피해나 전후보상이라는 과제에 성실히 대응하지 않으면, 아시아태평양에서의 외교도 발전할 수 없다는 뜻이다.

미야자와가 국회답변에서 이 보고서를 가끔 언급하면서 문제의식을 공유하게 된 데에는 위안부 문제가 있었다.

1993년 3월 시마부쿠로(島袋宗康, 무소속) 의원이 '이번 기회(종전 50년)에 우리나라의 전쟁책임 문제를 대내외적으로 결말지을 생각은 없는가? 그리고 남아 있는 여러 가지 전후처리 문제에 대해 확실하게 정리할 생각은 없는가?'라고 질의하자, 미야자와 총리는 강화조약 등에서 법률적 의무의 이행은 끝났지만 '전쟁 중 우리나라의 행위, 전쟁이라는 결과로 특히 아시아지역의 각국의 사람들에게 참기 힘든 고통을 준 것, 그런 사실은 우리가 솔직하게 인정하고 그에 대해 우리들이 보상을 한다는 기분, 이것을 잊고서 우리가 앞으로 나갈 수는 없습니다'라고 답변했다.(1993년 3월 24일 참의원 예산위원회)

어쨌든 위안부 문제는 국가로서 개인보상의 길이 닫힌 가운데 '보상'의 방법을 어떻게 만들어 낼 것인가, 새로운 화해정책을 모색하기 시작했다.

우선 화해의 법적 형태인 강화체제의 한계라는 문제를 한일국교정상화협상과 관련지어 확인해 보자.

## 한일협상과 청구권 문제

1991년은 그 1년 전에 있었던 가네마루 신(金丸 信, 전 부총리, 나중에 자민당부총재)의 방북과 3당공동선언(조선노동당, 자민당, 사회당)에 따라 북일국교정상화협상이 개시되었던 해였다.

3당공동선언에서는 일본의 조선지배에 따른 피해와 손해에 대해 사죄와 보상을 의무화 할 것을 명시했다. 그러나 일본정부는 이것이 정당 간 합의일 뿐 정부를 구속하지 않는다는 입장을 취했다. 방북단에 동행했던 자민당의 노나카 히로무(野中広務) 의원에 따르면 미국 · 중국 · 한국에 알리지 않고 3당공동선언에 합의하고 갑자기 발표했기 때문에, 미국이 북한에 핵시설이 있다면서 배상금 지불을 거부하라고 경고했다는 것이다.(野中広務, 『노병은 죽지 않는다』)

당시 북한은, 강화조약의 조인국은 아니었지만 일본에 대해 '사실상의 교전상태'에 있었고, 일본은 패배했으니 전쟁배상금을 지불할 것, 식민지 지배에 따른 사람들의 손실과 재해를 보상하라고 요구하고 있었다. 이에 대해 일본정부는 한일병합조약 등은 합법적이었고 한일 간에 전쟁상태는 없었다고 주장하며 식민지 지배의 불법성을 전제로 하는 배상방식을 인정할 수 없다는 입장을 견지했다.(1991년 9월 5일 참의원 외무위원회)

일본정부는 한반도에서 일본인이 철수할 때 북한에 수많은 공장과 재산을 남겨두었고 북한이 이를 몰수했다면서, 강화조약에 따라 이에 대한 청구권 문제를 제기했다. 이때 참고한 것이 1965년의 한일 간 청구권 ·

경제협력협정이었다. 이 청구권협정에는 한일 양국과 국민의 청구권 문제가 '완전하고도 최종적으로' 해결되었다고 명시되어 있고 청구권의 상호포기에 대한 언급이 있다.

청구권의 포기란, 한일청구권협정의 경우, 협정의 조인일에 한국정부의 관할 하에 있는 일본국민의 재산권과 권리에 대해 한국정부가 어떠한 조치를 취하더라도 일본정부는 아무런 주장도 하지 않는다는 공약이다. 단 이것은 어디까지나 외교상의 처리(외교보호권의 포기)일 뿐, 개인이 그 피해보상을 상대국에 대해 청구할 권리까지 뺏는 것은 아니라는 것이 국제법상의 해석이다. 따라서 피해자 개인이 일본정부를 상대로 피해보상을 요구하며 소송할 수도 있지만 그런 경우 일본의 국내법이 적용되게 되어 있다.(1991년 12월 5일 참의원 국제평화협력특별위원회)

참고로 중국에서도 국가 간의 국제배상과 인민에 대한 손해배상은 구별하는데, 전자는 중일공동성명에 따라 포기했지만 후자는 포기하지 않았기 때문에, 중국정부에 대해 일본정부와 협상하라는 요구가 1990년대 초부터 나타나기 시작했다.(중국인이 일본재판소에 개인배상을 요구하는 소송을 제기하는 것을 중국정부가 인정한 것은 1995년부터이다.)

다시 말해, 일본정부는 북한과의 국교정상화협상에 대해서도 강화조약의 법적 테두리에서 처리하자고 한 것이다. 그러나 북한은 이러한 법적 테두리를 뛰어넘어서 식민지 지배의 인적·물적 손해에 대해 배상할 것을 요구했기 때문에 청구권 문제에 대해서만 협상하는 것은 매우 어려운 일이었다.

행운인지 불행인지 북일협상은 핵개발 문제로 중단되었지만, 1990년대 전반에 분출한 새로운 대외적 보상 문제는 법적 준거인 '강화체제'에 대한 도전이라 할 수 있다. 특히 위안부 문제는 한국과 북한 모두와 깊이 관련된 문제로서 새로운 화해정책을 요구하고 있었다.

## 위안부 문제의 분출과 고노 담화

종군위안부 문제가 국회에서 논의된 계기는 1990년 6월 위안부 강제연행의 진실에 대해 질문을 받은 정부위원(노동성)이 '솔직히 말씀드려서, 조사 결과를 공개하는 것은 곤란합니다'라고 답변한 것이 하나의 발단이었다.(6월 6일 참의원 예산위원회) 한일, 북일 간 과거청산 문제가 주목을 끌던 시기에 모토오카 쇼지(本岡昭次, 사회당) 의원이 제기한 문제에 대한 답변이었다.

한국에서는 일본정부가 국가의 관여와 조사결과를 부정했다는 식으로 알려져서 큰 반발이 있었고, 그해 10월에는 한국 여성단체연합회 등 37개 단체가 한국여성을 강제연행한 사실을 인정하고 그에 대한 공식 사죄, 위령비 건립, 생존자와 유족에 대한 보상, 역사교육에 반영할 것을 요구하는 서한을 가이후 도시키(海部俊樹) 총리 앞으로 제출했다.

이에 따라 그해 연말 참의원 외무위원회(12월 18일)에서 모토오카 의원이 강제연행자 151만, 종군위안부는 7만에서 8만이라는 구체적인 수치를 들며 이에 대한 정부의 조사를 촉구했다. 정부위원의 답변은 조사에 소극적인 태도를 보였지만, 노태우 대통령과 정상회담을 마친 후 가이후 총리는 과거의 역사에서 기인하는 문제를 결말짓기 위해 조사를 하겠다고 약속했다.

이후 국회에서는 단속적으로 이 문제가 거론되었는데, 1991년 말 세 명의 전 종군위안부가 국가보상을 요구하며 도쿄법원에 소송을 제기했다. 나아가 1992년 1월에는 요시미 요시아키(吉見義明) 주오대학(中央大學) 교수가, 중일전쟁이 발발한 지 약 1년 뒤에 강간사건의 빈발을 막기 위해 '가능한 빨리 성적 위안시설을 마련하라'고 지시하는 오카베 나오자부로(岡部直三郎, 북지나방면군참모장)의 통첩 등 군의 관여를 보여주는 증거를 발표했다. 이러한 상황은 정부가 본격적인 관련자료 조사에 나서도록 하는 데 압박이 되었다. 조사결과는 방위청 방위연구소 도서관에 소장된 자료 117점 등 관련 공문서로 공표되었다.

1993년 8월 최종적인 조사결과 공표에서 고노 요헤이(河野洋平) 관방장관은 '어쨌든 본 건은 당시 군의 관여 아래 다수 여성의 명예와 존엄에 깊은 상처를 준 문제이다'라고 관헌의 관여를 인정하고, '역사의 진실을 회피하지 않고, 오히려 이를 역사의 교훈으로 직시하고자 한다. 우리는 역사연구와 역사교육을 통해 이러한 문제를 영원히 기억하며, 같은 실수를 절대로 반복하지 않겠다는 굳은 결의를 다시금 표명한다'고 했다. 1997년 이후 역사교과서에서 위안부에 관련 기술이 등장하게 된 데에는 이 고노 담화가 유력한 근거가 되었다.

한편 고노 담화는 '사죄와 반성의 기분'을 '우리나라가 어떻게 나타낼 것인가'에 대해 앞으로 검토하겠다고 약속했는데, 그 구체적인 검토는 1994년 6월에 발족한 무라야마 내각으로 인계되었다.

## 평화우호교류계획과 아시아역사자료센터

1994년 8월 말 무라야마 총리는 한국, 동남아시아를 방문한 후 일본 국민과 아시아 국민들 간의 '상호이해와 상호신뢰'를 위한 '평화우호교류계획'을 발표했는데, 주요 내용은 크게 두 가지 방향이다. 하나는 '역사를 직시'하기 위한 역사연구 지원사업이며, 다른 하나는 지적교류와 청소년 교류사업이다. 전자의 주요 사업에는 '아시아역사자료센터'의 설립이 포함되어 있고, 전체적으로 10년간 1,000억원 상당의 사업규모였다. 나아가 세 가지 전후보상 문제 해결을 위한 노력을 약속했다.

먼저 위안부 문제에 대해 '반성과 사죄의 마음'을 국민들도 공유하기 위해 '폭넓은 국민참여 방법'을 강구할 것, 두 번째는 6장에서 전술했던 사할린 한인의 영주귀국 문제에 대한 지원, 세 번째는 타이완 주민에 대한 지불 급여, 군사우편저금 등 확정채무 문제의 해결이었다. 해결되지 않았거나 새롭게 드러난 전후보상 문제에 대해 드디어 구체적인 '보상'의 방법을 모색하려는 첫걸음을 내디딘 것이다.

이렇게 해서 위안부 문제는 구체적인 '보상'사업의 하나로 자리잡아 가는데, 우선 '평화우호교류계획'의 한 축이었던 '아시아역사자료센터'(이하 센터)의 설립 과정에 대해 살펴보자.

센터의 설립을 검토하기 위한 '전문가회의'가 1994년 11월에 발족했다. 이시카와 타다오(石川忠雄, 전 게이오대학 총장)을 좌장으로 호소야 치히루(細谷千博, 고쿠사이대학 교수)를 부좌장으로, 이시이 요네오(石井米雄, 조치대학 교수, 나중에 초대 센터장) 등 15명이 위원이 되었다. 발족할 즈음에 이가라시 코조(五十嵐広三) 관방장관이 담화를 발표했는데, '일본의 근현대사에서 빛의 부분도 어둠의 부분도 냉정하게 바라볼 수 있는 여유를 갖고서 본 사업을 통해 성실하게 역사에 대응하려는 우리나라의 자세를 안팎으로 보여주려는 것'이라고 밝힌 데에서 정부의 의욕을 엿볼 수 있다.

반 년 뒤인 1995년 6월에 정리된 전문가회의의 제언은, 센터의 기본적 성격에 대해 20세기 전반의 아시아태평양지역에서 일본(인)의 활동에 관련된 자료와 정보의 수집과 제공, 이 지역 내 관련 연구시설들의 허브센터라는 두 가지 역할을 제시했고 내외적으로 자료와 정보의 발신처가 되어야 한다는 미래상을 구상한 것이었다.

그러나 이 제언으로부터 센터의 설치까지 6년여가 소요되었다. 그 원인의 하나는 특정한 부처가 추진한 구상이 아니었기 때문에 소관 부처를 정할 수 없었던 것이다. 역사인식에 관한 추궁이 예상되고 외교 문제가 될 가능성이 높은 구상이기 때문에 이를 적극적으로 나서서 해 보겠다는 부처가 없었다. 다른 한 원인은 무라야마 내각의 퇴진이었다. 1996년 1

월에 발족한 하시모토 류타로(橋本龍太郎) 내각은 새로운 '3당정책합의' 가운데 센터의 설립을 포함한 평화우호교류계획의 추진은 인정했지만, 그해 10월의 내각개편 후에는 그 동력이 많이 떨어졌다. 1998년 5월 사민당(구 사회당)과의 협조가 와해되자 센터설립 구상은 더욱 더 어려워 보였다.

### 전후처리 문제를 넘어서

그러나 센터설립 구상이 사라진 것은 아니었다. 내각외정심의실에는 1996년 6월 설립검토팀이 발족해 있었는데 이듬해부터 총리부(나중의 내각부) 등을 포함한 프로젝트팀의 본격적인 검토가 시작되었다. 검토 과정에서 일본국제교류센터의 역할이 컸다. 일본국제교류센터는 아시아 역사자료센터에서 추구하는 기능과 시스템에 대해 1997년도부터 매년 보고서를 제출했다. 당초 문헌과 자료의 수집, 조사연구기능을 갖춘 복합적인 사료보관형 건물의 건설을 중심으로 하는 검토가 진행되었다. 필자도 같은 센터의 산하에서 자료조사전문위원회의 일원으로 자료소재 정보의 조사를 담당했다. 그러나 곧 IT기술의 비약적인 발전을 고려하여 전자정보라는 형태로 축적한 역사자료의 데이터베이스를 인터넷으로 폭넓게 제공하는 방향으로 전환했다.

이런 방향전환이 가능했던 것은 IT혁명의 물결에 편승한다는 측면이 있지만, 그것 뿐만은 아니었다. 사카가키 유조(板垣雄三, 도쿄경제대학)가 『아사히신문』(1996년 12월 18일자)에서 제언했듯이, 센터의 사업은 '과거지향적인 전후처리 안건 등이 아니라, 새로운 시대를 지향하는 국가적 프로젝트'이며, '미래를 향해 과거를 극복하려는 목적'이 강조되었다. '역사인식의 공유는 거의 불가능해도 역사자료를 공유하는 것은 가능하다'는 초대 센터장 이시이 요네오의 확신도 추진력이 되었다.

그리고 보여주기 위한 전시사업이 아니라 역사 사료의 정비로 사업이 집약됨으로써 후술하게 될 평화기념관(쇼와칸) 논쟁과 같이 역사관의 대립으로 흔들릴 우려도 없었다.

단지 문제는 센터 설립 그 자체보다, 당초 전제했던 국내외의 여러 여건이 그다지 충족되지 않은 데 있었다. 전문가회의의 보고서는, 센터가 제 기능을 발휘하기 위해서는 역사기록에 대한 국민적 의식이 바뀌고 공문서 공개에 관한 법적인 정비가 마련되고 아키비스트(archivist)의 육성과 지위 확립, 각 부처의 협력이라는 네 가지 사항이 사업의 성패를 가르는 기초적인 조건이며 센터의 설립과 동시에 개혁해야 할 국내적인 조치라고 지적했다.

예를 들면, 일본은 유네스코 가입국 가운데 공문서관리법이 없는 몇 안 되는 국가였다. 의원입법으로 마침내 공문서관법이 제정된 것은 1987년도였다.

공문서 공개에 관한 법률 정비도 늦었는데, 다행히 센터의 설립이 내각에서 결정되었던 1999년에 정보공개법이 제정되어 센터가 개설된 2001년에 관련 법률도 시행될 수 있었다. 센터 운영의 주체를 둘러싼 부처 간의 줄다리기는 결국 각의결정에 따라 내각부 산하의 국립공문서관으로 결정되었다. 센터는 우선 역사적 공문서를 보존하는 주요한 세 기관(국립공문서관, 방위성 방위연구소도서관, 외무성 외교사료관)이 소장하는 공문서의 전자화 작업과 인터넷으로 공개하는 것을 추진하여 일본이 자랑하는 디지털 아카이브로 확충되어 갔다.

2011년 현재 전망으로 2년 뒤에는 메이지 첫 해부터 종전까지 아시아 관련문서의 이미지 약 3천만 장 전부가 공개될 예정이다. 그동안 센터 측의 다양한 노력으로 연구자들의 이용이 크게 늘었는데, 과제는 주변 아시아 국가들의 이용을 늘리고 역사교육에 어떻게 활용할 것이냐의 과제가 남아 있다. 나아가 2011년에 시행할 공문서관리법 하에서 역사공문서의 공개사업에 커다란 역할을 담당하게 될 것이다.

### 아시아여성 기금 발족

전술했듯이 무라야마 총리는 1994년 8월 말 '평화우호교류계획'에 관한 담화에서 위안부 문제에 대해 '폭넓게 국민이 참가하는 방법'을 찾겠다고 밝혔었다. 이 담화에 따라 여3당은 '여당 전후 50년 문제 프로젝트'의 일환으로 '종군위안부 문제 등 소위원회'(위원장 다케베 츠토무武部勤 자민당 의원)를 설치했다.

정부 측에서는 이가라시 관방장관과 다케무라 마사요시(武村正義) 대장상 등이 정부와 국민이 함께 참여하는 기금을 창설하여 개인보상을 하는 방안을 추진하고 있었다. 한편 타니노 사쿠타로(谷野作太郎) 내각외정심의실장 등은 청구권 문제는 평화조약으로 해결된 이상 국가의 개인보상은 불가능하고 입법 없는 국가보상은 할 수 없다는 입장이었다. 소위원회에서도 사회당 위원들의 개인보상안과 이에 반대하는 자민당 위원들이 대립했다. 조정에 난항을 겪었지만 이가라시 관방장관과 타니노 실장이 타협하고, 자민당과 사회당도 타협해서 1994년 12월 소위원회의 '제1차 보고'가 제출되었다.(和田春樹, 「아시아여성 기금의 성립과 활동」)

'제1차 보고'는 우선 국가보상의 방안을 부정한 다음 '우리나라는 도의적 입장에서 그 책임을 다해야 한다'고 하면서 다시 한 번 폭넓게 국민이 참여하는 '기금' 조성 방안을 제시했다. 정부도 그 '기금'에 출자를 포함한 가능한 협력을 하도록 했다.

1995년 봄에는 이가라시 관방장관, 타니노 소장이 '발기인'으로서 동참을 호소하는 의뢰가 시작되었다. 이가라시 관방장관과 함께 사할린 잔류 한국인의 귀환 문제에 참여했던 오누마 야스아키(大沼保昭, 도쿄대 교수), 와다 하루키(도쿄대 교수) 등이 협력하여 미키 무츠코(三木睦子, 미키 다케오 총리의 부인), 아카마츠 료코(赤松良子, 전 문부상), 시모무라 미치코(下村満子, 저널리스트), 스노베 료조(須之部量三, 전 주한대사) 등 16명이 모였다. 그러나 '재계인사는 위안부 문제에 반발해 한 사람도 참여하지 않았다'고 한다.(和田春樹, 「아시아여성 기금의 성립과 활동」)

정부는 '제1차 보고'를 받아들여 1995년 7월 내각부 소관의 재단법인으로 '여성을 위한 아시아평화국민기금'(이하, 아시아여성 기금)을 발족시켰다. 형태는 반관반민이었지만 실제는 '정부의 정책을 실시하기 위해 정부예산에 따라 운영되는 사업체'였다.(和田春樹, 「아시아여성 기금의 성립과 활동」) 상정된 사업 내용은 '국민적인 보상'을 위해 국민모금과 보상금의 지급, 의료 · 복지 지원, 전 위안부에 대한 국가의 반성과 사죄의 마음을 표명하는 것 등이었다. 당초 정부는 사무경비만 국고에서 지출할 방침이었는데, 내각외정심의실의 검토와 전일본자치단체노동조합(全日本自治団体労働組合) 등의 신청으로 의료 · 복지 지원도 포함하게 되었다.

1995년 8월 15일 기금은 전국 6개 신문의 조간에 '호소문'과 무라야마 총리의 '인사'를 전면광고로 게재하고 캠페인을 개시했다. 모금액은 1995년 말까지 1억 3천만 엔을 넘어 이듬해 6월에는 4억 엔에 달했다. 기업 측의 모금은 거의 없었고 정부 부처의 공무원과 개인의 모금액이 대부분이었다.

### 4개의 국민적인 보상 사업

'국민적인 보상'은 4개의 축으로 이루어져 있다. 첫째는 전 위안부에 대해 '보상금'을 지급하는 것이다. 필리핀, 한국, 타이완의 전 위안부 총

285명에게 1인당 200만 엔씩 지급되었다. 둘째는 총리의 편지이다. 전 위안부에게 전달된 총리의 편지는 다음과 같이 명확하게 정부의 사죄를 표명하고 있다.

'일본국내각총리대신으로서 몸과 마음에 씻기 힘든 상처를 입으신 모든 분들에게 진심으로 사죄와 반성의 말씀을 드립니다.'

셋째는 의료 · 복지 지원사업인데, 일본정부가 도의적 책임을 인정하고 그 책임을 지기 위해 희생자에게 5년 간 총 8.3억 엔을 정부자금으로 지원한다는 것이었다. 물가수준이 고려되어 한국, 타이완, 네덜란드는 1인당 300만 엔 상당, 필리핀에서는 120만 엔 상당의 주택 개선, 요양서비스 등이 희망에 따라 제공되었다.

넷째는 '역사 교훈' 사업이다. 이는 위안부 관련자료의 서지사항 DB를 정비하고, 정부가 수집한 위안부 관련 자료를 영인본으로 간행하고(『정부조사 '종군위안부' 관계자료집성』 전5권), 나아가 자료위원회가 국내외의 자료를 조사하는 것이다.(『'위안부' 문제 조사보고, 1999』로 간행)

첫 번째와 두 번째 사업은 한국, 타이완에서 이미 정부와 민간단체가 인정을 하고 생활지원을 했던 것을 기초로 기금사업이 이루어졌는데, 순조롭지만은 않았다. 예를 들면, 한국정부는 당초 아시아여성 기금의 설립을 환영했지만 곧이어 부정적인 평가로 바뀌었다. 피해자를 지원하는 NGO단체(한국정신대 문제대책협의회)가 매스컴을 이용해 강력한 반대운동을 전개한 것이 영향을 미쳤다.(『'위안부' 문제와 아시아여성 기금』) 아시아여성 기금은 대화팀을 파견해서 피해자를 면담하고 사업의 취지를 설명하는 등의 노력을 반복했지만 이해를 구하지 못했다.

이렇게 해서 아시아여성 기금은 한 때 사업을 보류했다가 1998년에 재개했지만, 그해 김대중 대통령을 선출한 한국정부는 일본정부에 국가보상을 요구하지 않는 대신에 기금의 '보상금'을 거절하는 피해자에게 상당액의 생활지원금을 지급한다는 방침을 결정했다.

아시아여성 기금 측은 김대중 대통령에게 '보상금'은 생활지원금과는 성격이 다르며 양립가능하다고 설명했지만 한국정부는 태도를 바꾸지 않았다. 1999년 아시아여성 기금은 '보상금' 사업의 중지를 결단하고 집단적인 의료케어로의 전환을 모색했지만 이에 대해서도 한국 측의 협조를 얻지 못했다.

그리고 인도네시아정부는 전 위안부와 그 가족의 존엄을 지킬 필요가 있고, 인정 작업이 곤란하다는 점, 일본 · 인도네시아평화조약 등에서 청구권 문제는 해결되었다는 점 등을 이유로 들면서 '보상금' 지급이 아닌 인도네시아 사회성을 통한 고령자복지시설의 정비사업에 지원해 줄 것을 희망하여 아시아여성 기금도 이를 받아들였다.

타이완도 한국과 마찬가지 과정을 거쳐 매개 역할을 하는 단체의 반대에 부딪히는데, 입법원 의원이 정부를 움직여 일부 지급이 이루어지고 있다. 필리핀, 네덜란드에서는 각각 국가보상을 요구하는 단체의 항의가 있었지만 '보상금'의 지급은 순조롭게 진행되었다고 할 수 있다. 이 가운데 네덜란드의 경우는 1942년 일본군이 인도네시아를 점령했을 때 일본군 관계자가 수용소 안팎에 억류되어 있던 네덜란드 여성을 위안소로 연행하여 장교들에게 성적 봉사를 강제한 사건을 가리킨다. 이 사건의 일본군 관계자는 BC급전범재판에서 형벌을 받았다. 네덜란드는 강화조약의 조인국으로서 청구권을 포기했기 때문에 복잡한 과정을 거쳐 79명에 대해 의료 · 복지 지원을 하는 것으로 결론이 났다.

### 국민기금을 둘러싼 논쟁

그런데 위안부의 모집이 관헌에 의한 강제 연행이었느냐 아니냐가 쟁점이 된 이유 중 하나는, 이것이 사실이라면 '국가보상'의 유력한 근거가 될 수 있기 때문이다. 필자는 자료조사 위원회의 일원으로서 관련자료의 수집과 분석에 참여했는데, 관헌이 위안부의 모집에 직접 관여했다는 것을 보여주는 문헌자료는 보지 못했다. 다만 1993년의 고노담화는 위안부의 모집에 대해 '군의 요청을 받아 주로 업자들이 이를 맡았는데 (중략) 관헌 등이 직접 가담한 적도 있음이 밝혀졌다'고 했다.

나아가 '그 모집, 이송, 관리 등도 감언이설, 강압 등에 의한 것으로 총체적으로 본인들의 의사에 반하여 이루어졌다'고 함으로써, 모집단계에서도 관헌이 직접 관여한 사실이 있었음을 시사했다. 문서자료에서는 확인할 수 없지만 이렇게 적극적으로 설명한 근거는 관방장관의 지시로 직접 조사팀을 한국에 파견하여 관련단체를 통해 피해자에 대한 청취조사를 했던 결과에 따른 것이다.(1993년 6월 7일 참의원 예산위원회에서의 소야 사쿠타로 정부위원의 답변)

어쨌든 군이 위안소 시설을 경영하는 민간업자(포주)를 선정하고 지도감독하는 한편, 수송과 위안부의 검진 등 편의제공이라는 형태로 관여했던 것은 틀림없는 사실이다. 군의 관여가 명확해졌다면 국가보상이라는 선택도 가능하다. 따라서 '국민기금'이라는 보상 형태의 시비를 둘러싸고 국내외의 여론이 양분되었다. 어디까지나 국가보상을 요구하는 입장에서는 국가책임을 회피하는 조치라면서 아시아여성 기금의 사업은 맹렬한 비판의 대상이 되었다.

UN인권위원회와 안팎의 법률단체는 도의적 책임의 문제라기보다도 국제인도법상의 범죄로서 국가책임과 국가배상을 요구하는 운동을 전개했다. 예를 들면, UN인권위원회의 '여성에 대한 폭력에 관한 고등판무관'으로 임명된 쿠마라스와미(Ananda K. Coomaraswamy) 여사는 1996년 1월 인권위원회에 보내는 보고서의 '부록'으로 일본, 한국, 북한 등의 방문보고서를 제출했다. 보고서는 아시아여성 기금을 일본정부가 도의적 책임을 인정하는 '출발점'으로 평가하면서도 위안부의 존재를 '군사적 성노예제'라고 인정하고 국제법 위반을 인정한 이상 개인보상, 공적인 사죄, 관련자료의 공개, 관계자의 처벌 등을 요구했다.

이 쿠마라스와미 권고는 곧바로 국회에서 거론되었는데, 요시카와 하루코(吉川春子, 공산당) 의원은 권고를 받아들이지 않고 UN에서 반론하게 된다면 국제여론을 적으로 돌리게 될 것이라고 지적했다.

그러나 정부는 사실관계가 일방적인 자료나 문헌을 바탕으로 기술되어 있다고 반론하면서 하시모토 총리도 받아들일 여지가 없다고 일축했다.(1996년 2월 16일 참의원 예산위원회) 실제로 부속서가 근거로 삼는 자료나 문헌, 인터뷰 내용은 상당히 오류가 많았다.(秦郁彦, 「쿠라스미와 보고서와 위안부 문제」)

어쨌든 정부가 명확한 국가보상의 입장을 취할 수는 없었다. 국가보상(국고지출)을 하기 위해서는 위안부였던 것을 엄밀하게 인정하는 작업이 필요한데, 미즈마타병(水俣病)이나 피폭자의 사례를 들지 않더라도 엄청난 절차와 비용이 들 것이 확실하다. 이렇게 기술적인 문제도 그렇지만 시베리아 억류자나 전쟁재해 피해자 등 보상이 충분하지 않다는 피해자들과의 형평성이 무너지면, 또 다시 개인보상을 하게 됨에 따라 강화조약체제의 법적 테두리를 벗어 날 가능성도 있다.

1996년 10월 하라 분베에(原 文兵衛) 기금이사장이 공표한 '아시아여성 기금사업에 관한 정부의 법적 입장'에 따르면, 보상금은 어디까지나 '도의적인 책임'을 지기 위한 것이었고 '법적인 문제란 차원이 다른 것으로, 보상금을 받는 것은 개인이 이 문제에 대해 일본의 재판소에 소송을 제기하고 그 판결을 요구하는 것을 방해하지 않는다'고 했다.

이는 '보상금'의 지급이 개인의 청구권을 방해하는 것이 아니라는 한국과 타이완 피해자의 우려에 대한 공식답변이었다.

정부로서는 고노 요헤이 외상이 말한 것처럼, '국가와 국가의 관계가 아니라, 개인보상을 한다는 의미도 아니고, 무언가 위안부 여러분들의 고통에 답하는 방법'을 찾은 결과가 국민기금이며, 현상의 법적 테두리 속에서 할 수 있는 최선의 조치였던 것이다.(1995년 3월 16일 중의원 외무위원회)

## II 2007년의 최고재판소 판결 — 개인보상의 부정

### 일본판 기억 · 책임 · 미래 재단 구상

한편 3당합의에 따라 조직된 '전후 50년 문제 프로젝트'는 위안부 문제뿐만 아니라 다른 문제도 다루었다. 좌장인 우에하라 고스케(上原康助)에 따르면, 처음의 작업은 피폭자원호법(원폭2법)을 개정해 '국가 책임을 명확히 해서 피폭자에 대한 지원을 더 확대하자'는 것이었다. 여기서 말하는 '국가 책임'이란 오랫동안 피폭자단체가 요구해 왔던 전쟁책임을 인정한 후의 국가 보상을 의미하는 것이 아니라, 원호대책의 강화에 주안점을 둔 것이다. 그래도 핵무기철폐에 대한 결의를 밝힌 점, 소득제한을 철폐한 점 등은 진전이라 할 수 있는데, 새로운 원호법은 1994년 11월에 성립되었다.

그밖의 검토사항으로 사할린 잔류 한국인 문제(6장), 오키나와에서의 말라리아 희생자 문제(전쟁 중 야에야마〈八重山〉 지역으로 강제이주되었다가 말라리아로 사망한 3천 명에 대한 보상 문제), 중국에서 발견된 유기화학무기 처리(조사와 처리가 단속적으로 실시되고 있다) 문제 등이 다루어졌다.

사회당은 위안부 문제를 포함한 이 문제들이야말로 3당연립인 이때에 '관료의 재량에 맡기지 말고 정치적으로 결단해야 할 과제'라면서 3당의 프로젝트로서 논의할 것과 각각의 해결책을 제시했다. 우에하라는 오키나와 출신 의원으로서 특히 말라리아 희생자 보상과 책임자 추궁을 강력히 주장했지만, 연립정권의 앞날을 고려한 끝에 주장을 철회하는 대신 위령비 건립과 위로금 지급 같은 위무사업으로 절충하였다.(『구술기록 아시아여성 기금』)

무라야마 총리는 이상의 '전후 50년 문제 프로젝트'의 활동을 포함해서 아시아여성 기금의 활동을 다음과 같이 회상하고 있다.

> 한 가지 유감인 것은, 독일의 경우 모든 '보상'을 위해 정부와 기업이 함께 부담해서 기금을 만들었던 점이다. 일본도 그저 '위안부' 문제 뿐만 아니라 강제노동이나 여러가지 문제를 종합해 '보상'을 하는 형태였다면 좋았을 것이다. 실제로 그런 얘기를 검토한 적도 있지만, 저항이 심해서 '위안부' 문제로 축소되었다. 좀 더 강력하게 밀고 나갔더라면… 하고 후회가 된다.(岸俊光, 「일본에서 본 독일의 대처」)

무라야마 총리가 언급한 독일에서의 정부와 기업이 공동 부담한 기금이란, 아시아여성 기금보다 나중인 2002년에 설립된 '기억 · 책임 · 미래 재단'을 가리킨다. 독일연방보상법으로 구제하지 못한 나치에 의한 강제노동피해자 등을 대상으로 한 것이다.

무라야마는 위안부 문제 뿐만 아니라 종합적인 개인보상 방법을 염두에 두고 있었다. 다만 '기억 · 책임 · 미래 재단'은 100개 국가 170만 명이 넘는 피해자에게 보상을 하고 있는데 보상액이 적고 게다가 일단 재단으로부터 보상을 받으면 재단설립법에 따라 소송이 금지되어 있다. 이 점이 아시아여성 기금과 결정적으로 다르다. 전술했듯이, 하라 이사장의 공식발표에서 '보상금'의 수급이 일본의 재판소에 소송할 권리를 방해하는 것은 아니라고 약속했기 때문이다.

이러한 난점을 극복한 일본판 '기억 · 책임 · 미래 재단'이 가능할까? 무엇보다 강화조약 등의 토대 위에 서 있는 국가로서 개인보상의 법적인 의무는 없다는 일본정부의 일관된 '국가무답책'의 법리 앞에서, 정부자금의 공출은 불가능하다. 아시아여성 기금의 의료 · 복지 사업에 대한 국고 지출이 '국가보상'을 의미한다는 견해도 있지만, 이는 개발도상국에 대한 인도적 지원인 ODA(정부개발원조)의 발상에서 나온 것이지 개인보상에서 나온 발상은 아니다.(『구술기록 아시아여성 기금』)

독일 '기억 · 책임 · 미래 재단'의 설립 근거가 된 것은 독일연방기본법 제1조 '인간 존엄의 불가침성'인데, 일본과의 차이는 여기에서 비롯된다.

### 시민사회 차원의 역사 문제

내각외정심의실의 심의관으로 아시아여성 기금의 발족에 힘썼던 히가시 요시노부(東 良信)는 아시아여성 기금을 '기존에 없었던 새로운 운동단체'로 간주했다. 히가시는 총리부에서 전후처리 문제를 다루었고 제네바의 국제기구에서 북유럽과 캐나다의 NGO와 운동단체가 인권 문제에 관해 정부기관과 대등하게 분투하는 실상을 목격해 왔다.

히가시에 따르면, 기존의 법체계 속에서 '보상' 사업을 실현하기 위해서는 제네바에서의 경험과 같이 정부와 협력해서 사업을 추진할 단체가 필요했다. 그러나 사업을 하겠다고 나서는 단체가 전무해서 결국 직접 새로운 단체를 발족시킬 수밖에 없었는데, 이것이 아시아여성 기금이었다는 것이다.(『구술기록 아시아여성 기금』)

이렇게 해서 히가시는 아시아여성 기금을 '새로운 민주주의'의 한 형태로 간주했던 것이다. 정부 부처 내에 이렇게 생각하는 사람이 있다는 것은 주목할 만한 일이지만, 아시아여성 기금 안팎에서도 시대를 앞서가는 '새로운 공공성'의 주역이라고 평가하는 목소리도 나왔다.

사업이 순조롭지만은 않았지만, 이렇게 긍정적인 평가가 나오는 것은 다음과 같은 '동참호소문'에 따라 참여하게 된 사람들의 열의 때문일 것이다. 널리 모금을 호소하기 위한 글이지만, '국민적인 보상'이라는 의미 속에는 나라의 역사를 만드는 것은 정부가 아니라 국민이라는 분명한 메시지가 담겨져 있다.

> '종군위안부'를 만들어 낸 것은 과거의 일본 국가입니다. 그러나 일본이라는 나라는 결코 정부만의 것이 아니라 국민 한 사람 한 사람이 과거를 이어 받아 현재를 살면서 미래를 만들어 나가는 것입니다. 전후 50년이라는 시기에 전 국민적인 보상을 하려는 것은 현재를 사는 우리들 자신의, 희생자 분들에 대한, 국제사회에 대한, 그리고 미래 세대에 대한 책임이라고 믿습니다.

위안부 문제는 역사 문제를 시민사회 차원에서 검증하자는 움직임을 추동하는 한편, 이에 역행하는 운동도 만들어 냈다. 고노담화에서 위안부 문제를 역사교육에 반영하겠다고 약속하는 바람에 1997년도의 모든 중학생용 역사교과서에 위안부 기술이 게재되자 이에 반발하는 시민그룹이 '새로운 역사교과서를 만드는 모임'을 결성한다. 이 운동에 대해서는 다음 장에서 설명하기로 하고, 우선 이에 관련된 움직임을 따라 가보자.

위안부 문제가 크게 다뤄지는 가운데 전후보상 문제를 해결하기 위해 여러 시민단체가 만들어졌다. 특히 1997년 11월에 발족한 '전쟁피해조사회법을 실현하는 시민회의' 운동은 민주당과 사회당이 참여해 1999년 초당파적 의원입법으로 '항구평화조사회 설치법안'을 중의원에 상정하는데 원동력이 되었다.

이 법안은 강제노동, 화학무기, 비인도적 행위 등 이른바 '전쟁범죄'를 조사대상으로 명기하고, '우리나라의 관여로 초래된 참화의 실태를 밝히는 것'이 목적이다. 민주당이 선거공약에서도 내 걸었던 이 법안이 2006년까지 네 차례나 중의원에 상정되었지만 모두 심의만료로 무위에 그친 것은, '전쟁범죄의 조사'의 향배에 따라서는 아시아여성 기금을 넘어서는 국가책임과 국가보상을 하게 되고 강화체제에서 크게 벗어나는 부담이 될 가능성이 있기 때문이었다. 이는 시민사회 차원의 역사검증의 한계를 보여주는 것이다.

이때 강제노동, 한국인 피해자와 BC급전범, 군속과 징용자에 대한 미불임금 등 전후보상에 관한 문제가 점차 중국 등의 법정에서 다뤄지게 된다. 대부분의 재판은 원고 측의 패소로 끝나지만, 하급심의 판결은 일률적이지 않았으며 안건도 급증했다.

### 최고재판소의 샌프란시스코 조약체제론

2007년 4월 최고재판소는 두 개의 전후보상재판에 대해 주목할 만한 판결을 내렸다. 하나는 중국인 노동자가 전쟁 말기에 강제노동을 당한 것에 대해 고용주인 니시마츠 건설(西村建設, 당시에는 西村組)에 손해배상을 요구한 것이고, 다른 하나는 두 명의 중국인 여성이 전쟁 중 일본군에 의해 계속 강간과 폭행을 당해 후유증이 남았다며 국가를 상대로 손해배상과 사죄광고 등을 요구한 것(「중국인 '위안부' 재판」)이다. 후자의 중국인 위안부 문제는 아시아여성 기금의 사업대상이었지만, 사태 파악이 어려워 손도 대지 못한 상태였다.

두 건 모두에 대해 최고재판소는 강제노동과 성적 폭행의 사실을 인정하고 피해자의 육체적, 정신적 고통이 컸다고 언급하면서도 결론적으로 개인의 배상청구는 인정하지 않았다. 다만 주목할 만한 것은 판결문에서 밝힌 '샌프란시스코조약체제'론이다.

판결문은, 우선 일본의 전후처리 방식이 강화조약에서 '구체적인 전쟁

중국인의 개인배상청구가 최고재판소에서 기각되었다(2007년 4월 27일)
제2차 세계대전 중 중국인 노동자를 강제연행해서, 발전소건설에 사용한 니시마츠(西松)건설에 대한 소송. 판결에 항의하는 지원자들(위)
중국인 전 위안부가 일본정부에 손해배상을 요구하는 소송과 항의하는 변호사. 두 소송 모두 1972년의 중일공동성명을 근거로 중국인 개인의 배상청구권은 포기되었다고 판결했다.

배상의 합의는 각 연합국가와 개별적으로 해야 한다'는 조항에 따른 것이라고 했다. 그리고 재판부는 '평화조약의 당사국 외의 국가 및 지역과 평화조약 등을 타결해 전후처리를 할 때에도 이 테두리를 벗어날 수 없다'는 판결을 내렸다.

결국 '전후처리의 테두리'인 강화조약은 필리핀, 버마, 인도, 태국, 인도네시아, 말레이시아 등과의 양국 간 배상협정이나 평화조약 등을 규정하는 것으로, 개인의 청구권을 포함해 전쟁수행 중에 발생한 모든 청구권을 서로 포기한다는 평화조약의 기본적인 방식에 따라 체결된 것이라는 주장이다. 이러한 주장은 강화조약의 당사국이 아니었을 뿐만 아니라 이에 비판적이었던 소련이나 중국과 체결한 공동선언이나 공동성명까지 포함한 매우 포괄적인 것이다. 이 책에서 다루고자 하는 '강화체제'라는 개념의 법적인 범위를 확인할 수 있을 것이다.

### 2007년 4월 최고재판소 판결의 의의

문제는 이상 두 재판의 원고가 중화인민공화국 국민이라는 데 있다. 강화조약 서명국은 중화민국정부였지 인민공화국정부가 아니었다.

전술했듯이, 대륙의 중국도 타이완의 중화민국정부도 강화조약의 서명국으로 초청되지 않았기 때문에 일본은 미국의 의향에 따라 1952년에 중화민국정부와 별도의 일화평화조약을 체결하고 중국과 국교가 회복된 것으로 간주했다. 그러나 1972년 대륙의 중국과 국교정상화를 위한 중일공동성명에 서명했기 때문에 일화평화조약은 무효가 되었다.

쟁점 중 하나는 중화민국정부의 지배가 중국 대륙에 미치지 않았기 때문에 청구권의 포기를 정한 일화평화조약(제11조)의 효력이 과연 중국 대륙의 주민들에게도 적용되느냐는 것이었다. 최고재판소는 일본정부의 주장을 기각하고 미래의 가능성은 차치하더라도 현재 중국대륙에 거주하는 중국 국민에게 그 효력이 미치지 않는다고 했다. 그리고 판결은 청구권의 상호 포기를 규정한 강화조약은 일본의 전후처리에 관한 기본적인 테두리를 정한 것이라면서 따라서 강화조약이 중일공동성명에도 적용되고 이로써 중일 간에 개인의 청구권도 서로 포기되었다고 간주해야 한다고 했다.

다른 하나는 중일공동성명 제5항, 중국은 '일본에 대해 전쟁배상의 청구를 포기한다'는 표현에서 '청구'의 주체가 명확치 않아 중국 국민 개인의 청구권이 포함된 것인지, 모든 청구권의 처리를 상정한 것인지 분명하지 않다는 점이다.

그러나 판결은 국교정상화 협상의 기록이나 관계자들의 회고록 등을 통해 협상과정을 살펴봤을 때 중일공동성명은 '사실상의 평화조약과 같다'면서, '청구'의 주체인 개인을 명시하지 않았기 때문에 '평화조약의 테두리와 다른 합의가 이루어졌다고 해석할 수 없다'고 적시했다.

중일공동성명 제5항이 개인청구권도 포기한 것이라는 판단은 전후보상의 상식을 뒤집었다고 할 수 있다.(川島真, 「'일중역사공동연구'의 세 가지 위상」)

최고재판소 판결에 대해 중국 외교부는 곧바로 이러한 '해석은 위법이며, 무효'라고 반발했다. 중국의 비판은 첫째, 중국은 평화조약의 당사국이 아니라 강화 자체에 반대했던 것이므로 강화조약의 잣대로 공동성명을 해석할 수 없다는 점, 둘째, 공동성명 제5항에 대해 포기의 주체는 중국 정부이지 개인의 청구권은 포함되지 않았다는 것이다.

이러한 비판은 일본의 법조계 관계자들도 반복해 제기한 것이었다.(『법률시보』 994, 995호)

아마도 재판부는 이러한 비판을 예상했겠지만, 아직 실현되지 않은 일본 · 소련, 일본 · 북한 간 평화조약까지 내다보고 일부러 그렇게 판단했을 것이다. 특히 개인청구권의 유무에 대해 흔들리고 있던 일본정부의 입장을 포괄적인 해석과 법적 논리로 지지하는 동시에 중국과 소련 등 강화체제 테두리 바깥에 있던 국가들에게도 영향을 미친다는 논리를 전개한 것이다.

기업과 국가가 자발적으로 대응하는 것을 제외하면, 이전 피해국 국민의 청구권 행사로 인해 '예측이 곤란하고, 부담이 과도하고, 혼란을 초래한다'고 한 것처럼, 증대되는 전후보상 판결이 강화체제로 구축된 내외의 질서와 안정을 훼손할 우려가 있다고 본 것이다.

최고재판소 판결은 피해국 국민이 보상을 요구하고 일본의 재판소에 소송을 제기하는 길을 차단하는 데 의미가 있다. 이미 60년 이상 역사 문제에 대한 법적 판단에 분명한 한계를 드러냈기 때문에, 이 문제를 더 이상 사법부에 가지고 오지 않도록 쐐기를 박은 것이다. 문제를 정부와 국민에게 전가했다고 할 수 있다.

## 칸 총리 담화— 식민지 지배의 보상

한국병합 100주년이 되는 2010년 8월, 칸 나오토(菅 直人) 총리는 '식민지 지배가 초래한 다대한 손해와 고통에 대해 이제 다시 한 번 통절한 반성과 마음으로부터 사과의 마음을 표명합니다'라는 담화를 발표했다. 무라야마 담화의 연장선상에 있는 내용이지만 식민지 지배가 '당시 한국인의 의사에 반해 이루어졌다'고 명언하고 그 강제성을 인정한 점이 새롭다.

그때까지 한국정부는 병합조약이 '체결 당시부터 법적으로 원천 무효' 즉 위법하다는 입장인 반면, 일본정부는 '도의적으로 부당'하기는 해도 체결 당시에는 국제법상 유효했고 '한국정부수립 이후에 무효가 되었다'는 입장이었다. 칸 총리가 위법성 자체를 인정한 것은 아니지만, 한국정부 입장에 상당히 가까운 해석을 내놓은 것이다. 게다가 '고통을 준 쪽은 잊어버리기 쉽고, 고통을 당한 쪽은 쉽게 잊어버릴 수 없다'면서 한국 국민의 심정을 배려하는 모습을 보인 점도 신선했다.

칸 총리는 반성과 사죄를 실천한다는 의미에서, 조선총독부를 통해 일본으로 반입되어 일본정부가 보관중인 한반도의 귀중한 도서(조선왕실의궤)를 '인도'할 의사가 있다고 밝혔다. 일부러 '인도'한다는 표현을 사용한 것은, 한국정부 관계자가 추측한 대로, '반환'이라고 하면 정부 간 합의와 국회 승인이 필요하고,(金鳳珍, 「반일과 일한의 역사화해」) 훔쳐 간 귀중도서의 '반환'을 의미하는 행위라고 하면 식민지 지배의 법적 책임으로 이어질 우려가 있기 때문이다.

마침내 식민지 지배의 '보상'을 향한 움직임이 시작되는가 싶더니, 머지않아 외교적 과제가 될 북일협상을 앞둔 이때에, 전쟁행위의 청산을 규정하고 있는 '강화체제'의 벽을 뛰어넘어 식민지 지배의 책임을 다하는 길은 멀고도 험난하다.

9장

# 중국, 한국과의 역사공동연구

무엇이 다른가

## 한일공동선언과 무라야마 담화

1990년대 한일관계는 한국의 '정치적 민주화'의 진전을 배경으로 특히 김대중정권 아래에서 일본 사회에 대한 관심의 확대, 그에 따른 다양한 분야의 교류 확대, 상호의존의 심화가 '양국관계의 후퇴를 막는 안전장치가 되고 있다'고 평가될 정도로 긴밀해졌다.(吳榮煥, 「새로운 국면을 맞이한 한일관계」)

이런 가운데 1998년 10월 김대중 대통령이 방일하여 오부치 게이조(小渕恵三) 총리와 회담한 결과 공동선언(「21세기 새로운 한일 파트너십을 위한 공동선언」)이 발표되었다. 오부치 총리는 선언에서 '한국 국민에게 식민지 지배로 인한 다대한 손해와 고통을 안겨 준 역사적 사실을 겸허하게 받아들이고 이에 대해 통절한 반성과 마음으로부터의 사과를 드린다'고 했다.

한편 김대중 대통령은 오부치 총리의 역사인식 표명을 진심으로 받아들이고 이를 높이 평가함과 동시에 '양국이 과거의 불행한 역사를 뛰어넘어서 화해와 선린 우호협력에 바탕한 미래지향적인 관계를 발전시키기 위해 서로 노력하는 것은 시대의 요청'이라는 취지를 밝혔다.

이 한일공동선언은 7월의 한일 외무차관협의에서 한국의 선준영(宣晙

英) 차관이 역사 문제에 종지부를 찍고 싶다고 제안하자 야나이 슌지(柳井俊二) 차관이 이에 응함으로써 양국 정부가 차후에 정부 차원에서는 앞으로 이 문제를 거론하지 않는다는 방침 아래 성명문 작성에 주력해서 이루어졌다. 성명문은 21세기를 향한 한일 파트너십과 '과거의 청산' 두 부분으로 되어 있는데, 후자에 대해서 일본 측이 근거를 둔 것은 무라야마 담화였다.

문안 작성에 관여했던 노보루 세이이치로(登誠一郎) 내각외정심의실장에 따르면, 9월말경 일본 측이 최종안을 제시했을 때 한국 측은 '침략'이라는 단어를 집어넣도록 요구했다고 한다. 일본 측은 '식민지 지배'라면 총리가 책임을 지고 국민을 설득할 수 있지만, '침략' 사실에 대해서는 국내에서 이론이 있기 때문에 이 점을 이해해 주었으면 좋겠다고 답변했다고 한다. 게다가 한국 측은 무라야마 담화에 있는 '잘못된 국책'도 집어넣도록 요구했는데, '잘못된 국책'은 일본 국민에 대한 내용이므로 거절했다고 한다.(登誠一郎, 「일한공동선언의 무대 뒤」, 『朝日新聞』, 1998년 10월 20일자)

이 문안 작성을 둘러싼 협의는, 무라야마 담화가 한국에 대한 '침략' 대신 '식민지 지배'를 의미했다는 것, '잘못된 국책'은 일본 국내용이었다는 점을 보여주고 있다.

어쨌든, 김대중 대통령도 '미래지향적인 관계' 구축을 중시하고, 역사 문제를 정부 차원에서 거론하지 않는다는 방침을 분명히 했기 때문에 일단 정부 간에는 합의가 이루어졌다고 간주할 수 있다.

한편, 공동선언에서 '양국 정상은 또 양국 국민, 특히 젊은 세대가 역사에 대한 인식을 심화시키는 것이 중요하다는 점에 대하여 견해를 함께 하고 이를 위하여 많은 관심과 노력을 기울일 필요가 있다는 점을 강조하였다'고 했다. 여기에는 역사 문제를 정부 간의 문제나 지나가버린 문제가 아니라 '젊은 세대'와 미래의 문제로 인식하고 적극적으로 해결해 나가자는 의사가 담겨져 있다. 다시 말해, 공동선언은 역사 문제의 최종적 해결이 아니라 '시민'이나 '시민사회'가 중심이 되는 화해 프로세스의 시작을 알리는 것이었다.(이종원, 「한반도와 일본, 역사화해의 성숙을 향해」)

한편 한일정상회담을 냉정한 시각으로 관찰한 정대균(도쿄도립대학 조교수)은 『도쿄신문』에 투고한 '일한관계는 정말로 변했는가?'라는 제목의 글에서 다음과 같이 평가했다.(1998년 10월 20일자)

> '이번 정상회담을 계기로 한국의 대일외교를 확고히 하기 위해서는 습관적으로 일본을 불신하고 멸시하는 태도를 고쳐나가려는 노력이 반드시 필요한데, 그렇게 되리라는 보장은 아무 데도 없다. (중략) 일본을 불신하고 멸시하는 태도가 사회제도적으로 유지되는 듯한 상황은 지금도 계속되고 있는데, 이런 식이라면 반일과 친일을 시계추처럼 왔다갔다 하는 현상이 계속되리라고 생각하는 쪽이 타당할 것이다.'

그의 예상대로, 한국 측의 태도는 '시계추처럼 왔다갔다' 하다가, 2001년 마침내 다시 역사교과서 문제가 발생했다.

### 서명 없는 중일공동선언

한일공동선언이 있은 지 1개월 뒤인 1998년 11월, 장쩌민(江澤民) 주석이 방일하여 오부치 총리와 회담을 하고 중일공동성명, 중일평화우호조약에 이은 세 번째 문서로서 '미래지향'적 '평화와 발전을 위한 우호협력 파트너십'이라는 중일공동선언문을 발표했다.

역사 문제에 대해 일본은 '과거 한 시기에 중국을 침략하여 중국 국민에게 다대한 재난과 손해를 안겨 준 책임을 통감하고 이에 대해 깊이 반성한다'고 했다.

'침략'이라는 단어가 외교문서에 삽입된 것이 이때가 처음인데, 그해 벽두부터 방일준비를 위해 개최된 차관급 협의에서 결정된 것이라고 한다. 중국 측도 무라야마 담화에서 일정 부분 진일보한 것으로 평가했다. 한편, 한일공동선언에 '통절한 반성과 마음으로부터의 사과'라는 단어가 들어 간 것 때문에 강택민은 방일 직전까지 '사과'라는 단어를 삽입할 것을 주장했다. 그러나 중일공동선언에 '사죄'나 '사과'라는 말이 들어가지 않자 방일한 강택민은 잔뜩 불만을 갖고 공동선언에 서명하기를 거부했다. 이에 당연히 오부치도 서명을 하지 않게 되자, 서명 없는 공동선언이라는 이례적인 사태가 벌어졌다.(家近亮子, 「역사인식 문제」)

황궁만찬에서 천황은 환영사를 통해 과거의 전쟁을 언급하지 않았지만, 강택민은 일본군국주의에 의한 대외확장정책을 엄중하게 비판하고 '우리는 역사의 교훈을 영원히 잊지 말아야 한다'면서 일본의 역사 문제에 대한 태도를 간접적으로 비판했다.

일본의 미디어는 강택민이 '무례'했다고 일제히 비판했지만 중일 간의 역사 문제로 발전하지는 않았다. 오히려 중국에서는 그 성과를 칭찬하는 보도가 많았다. 그러나 일본 미디어의 비판을 의식해서인지 강택민은 '역사를 거울삼아 미래를 열어나가자'라는 표어를 종종 사용해가며 역사 문제의 해결이 중일 간의 우선과제임을 강조했다.(家近亮子, 「역사인식 문제」)

어쨌든 강택민이 방일한 뒤부터 중일관계는 냉각되었고, 심지어 2001년의 교과서 문제와 고이즈미(小泉純一郎) 총리의 야스쿠니신사 참배 문제가 기름을 끼얹어, 2006년 가을 아베(安倍晋三) 총리의 방중까지 8년 동안 중일 정상 간의 상호방문이 끊어졌다.

## 2001년의 교과서 문제

2001년 봄, 심각한 역사 문제가 재발했다. '새로운 역사교과서를 만드는 모임'(이하 새역모)의 중학교 역사교과서 검정합격(4월 3일)에 대해 중국과 한국이 반발한 것이다.

검정결과의 공표에 대해 정부는 '후쿠다(福田康夫) 관방장관의 논평'을 발표했다. 예상되는 주변국들의 반발을 고려한 것인데, 일본의 검정제도는 '국가가 특정 역사인식이나 역사를 확정하는 성격이 아니며, 검정결정이 났다고 해서 그 교과서의 역사인식이나 역사관이 정부의 생각과 일치한다고 해석해서는 안 된다'고 설명했다. 또 검정과정에는 '근린제국 조항'에 대해서도 배려한다고 부연 설명했다.

정부 견해에서 새로운 점은, 검정합격이라고 해서 정부가 개입해 시정이나 취하를 요구할 수 없다는 입장을 공식적으로 밝힌 것이다.

그러나 검정의 합격 · 불합격 판정에 관한 최종적인 권한이 문부과학성에 있는 이상 양국의 반발을 피할 수 없었다.

한국의 한승수 외무장관은 곧바로 테라다(寺田輝介) 주한일본대사를 불러 '새역모'의 역사교과서에 대해 35개 항목의 수정을 요구했다. 이어서 중국 외교부도 8개 항목에 대해 수정을 요구하는 각서를 베이징의 일본대사관에 제시했다.

이 각서는 예를 들면 루거우차오사건의 우발성을 강조한 '새역모'의 교과서 기술에 대해 '일본은 30년대 초부터 전면적인 군사침략을 계획적으로 준비하기 시작했다. 전면전쟁 개시의 계기를 우발적인 사건이었다고 기술한 의도는 그 사실을 은폐하려는 것'이라고 지적하고 있다. 또한 난징대학살에 대한 근거자료가 빈약하다고 기술한 데 대해 '일본군이 일반인 포로에 대해 계획적으로 대규모 학살을 저지른 사건을 은폐하고 있다. (중략) 난징대학살의 진실성과 극동 군사재판의 결론을 의심하도록

2005년 3월 17일 서울 일본대사관 앞에서
새역모 역사교과서를 불태우는 사람들.

유도하려는 의도가 있다'고 했다.

게다가 도쿄재판의 '부당성'을 강조하는 기술에 대해서는 '일본은 샌프란시스코 평화조약에서 도쿄재판의 판결을 수락한다고 인정했다. 역사적 사실을 왜곡하는 식으로 전범의 무죄를 강변하고, 판결의 합법성이나 공정성을 의심하도록 유도하고 있다'고 지적했다. 중국 외교부의 이러한 비판은 항일전쟁에 관한 중국의 공식적인 해석을 반영한 것으로서 현재도 변함이 없다.

한편, 2001년 4월 하순, 모리(森 喜朗) 내각으로부터 정권을 인수한 고이즈미 총리는 명백한 사실관계의 오류 이외에는 재수정에 응하지 않겠다고 명언했지만, 문부성은 교과용 도서검증 조사심의회(검정심) 위원 외에 18명의 전문가들로부터도 의견을 청취하고, 중국과 한국의 주장을 면밀히 검토했다. 7월 9일 토야마(遠山敦子) 문부상은 이러한 조사를 감안하여 조선고대사 관련에서 두 군데의 오류를 인정했지만, 나머지 다른 곳에 대해서는 검정제도상 재수정 대상이 아니라며 이해를 구했다. 중국 정부는 '유감과 불만'을 표명했지만 그 이상의 항의행동에 나서지는 않았다.

그후 고이즈미 총리는 10월 초순에 중국을 방문하여 루거우차오 등을 둘러보고 중국 '침략' 행위에 대해 다시 사죄하고, 이어서 10월 중순 한국을 방문해서는 식민지시대에 독립운동가들을 감금했던 형무소터(서대문형무소공원) 등을 견학했다. 한일정상회담에서는 '반성과 사과'의 뜻을 분명하게 밝히고, 한일역사교과서의 공동연구 추진에 대해서도 합의했다.

새로운 교과서 문제가 발생한 지 1개월 후, 하토야마(鳩山由紀夫) 당대표를 위시한 민주당의 방문단이 김대중 대통령과 회담할 때, 김 대통령은 교과서 문제에 대해 충격이 크지만 한국정부에 대해 감정적으로 비난하지 말고 문제가 되는 내용을 학문적이고 실증적으로 검토할 것, '새역모' 교과서는 모든 일본인의 생각이 아니므로 일본인 전체를 비판한다든지 감정이 상하지 않도록 구분할 것을 지시했다고 말했다.('민주당 방한 의원단 보고')

이러한 김 대통령의 억제되고 신중한 자세에도 불구하고 한국 여론은 점점 악화되었고, 한국정부는 1998년부터 단계적으로 시행되고 있던 일본문화 개방정책 중지라는 조치에 나선다. 지자체와 민간 차원의 교류사업도 중지되었다. 그러나 '새역모'의 교과서 채택율이 0.04%라는 낮은 수준에 머무르자 그때서야 한국, 중국의 반발은 진정되어 갔다.

### 2005년 교과서 문제와 변화

2005년 봄에도 '새역모'의 역사교과서 검정합격을 둘러싸고 또 다시 중국 외교부의 비판이 있었다. 그러나 중국측은 2001년과 달리 수정요구를 제시하지 않았다.

2001년과 2005년의 교과서 문제가 심각한 외교 문제로 발전하지 않았던 것은 뒤에 설명하겠지만(10장), 같은 시기 고이즈미 총리의 야스쿠니 신사 참배 문제가 클로즈업되고 교과서 문제의 비중이 낮아졌을 때 일본 교과서 검정 절차 전반에 대한 중국, 한국의 이해도가 깊어졌기 때문일 것이다.

1990년대까지 중국의 역사해석은 교과서 문제든 야스쿠니 문제든 '일본인민'을 철저히 '피해자'로 규정하고, 일부 '군국주의자'와 확연히 구분하는 것이 특징이었다.

이런 식의 역사해석은 주언라이 등 일부 지도자에 의해 형성된 것이지, 고도의 정치적인 판단에 따른 것이 아니었다. 거꾸로 말하자면, 권위주의체제였기 때문에 일부 지도자가 역사해석을 독점할 수 있었다고도 할 수 있다.

그러나 개혁 · 개방이 진행되던 1990년대는, 이러한 기본적인 인식에 큰 변화는 없지만 급속한 사회변동과 언론의 자유가 확대됨에 따라 지도자의 '말 한마디'로 역사인식을 통제하는 것은 불가능해졌다.(劉傑, 「일본과 중국의 화해를 둘러싸고」)

한국의 경우도 정치민주화가 본격화되기 전까지 정부가 대외적인 역사해석을 독점하는 경향이 있었다. 이런 의미에서 중국과 한국 두 나라 모두 역사해석이 권위주의 체제의 유지 · 발전이라는 정치적 의도와 결부되기 쉽기 때문에, 역사 문제는 '외교적 카드'로 이용될 수 있는 위험성을 띠고 있었다.

21세기에 접어들자 역사 문제는 화해와 불신 사이에서 심한 편차를 보였는데, 그 편차는 한국과의 관계에서 더욱 심했다. '민주화'의 진전은 반드시 역사화해를 촉진한다고 단정할 수 없지만, 다른 한편으로는 상호교류가 활발해진 탓인지 그 회복도 빠르다고 할 수 있다.

그러나 교과서 문제를 외교 문제로 수습했다고 해서 역사 문제가 수습된 것은 아니다. 왜냐하면 '새역모'가 촉발시킨 교과서 문제는 검정이라는 제도와 그 내용 뿐만 아니라 교육위원회 차원의 채택과정을 포함하여 시민사회 전반의 문제로 인식되었기 때문이다. 누가 역사인식을 '공인'할 것인가, 문부과학성이 역사인식을 '공인'하는 것이 적절한지 따져보는 계기가 된 것이다.(大芝亮, 「national history로부터 transnational history로」)

중일역사 공동연구의 3가지 의미

고이즈미 집권기의 중일관계는 야스쿠니신사 참배 문제와 역사교과서 문제 등으로 유례없이 냉각되어갔다. 특히 2005년은 동중국해의 가스전 개발 문제까지 겹쳐서 반일데모가 중국 각지로 확산되었다.

이런 가운데, 그 해 4월 마치무라 노부타카(町村信孝) 외상과 리자오싱(李肇星) 외교부장 간의 회담이 베이징에서 개최되어 역사 문제를 논의하게 되는데, 마치무라 외상이 '다양한 입장의 교과서가 있고, 국가와 국가 간에 역사 문제에 관한 공통인식을 형성하는 것은 더 어려운 일이다. 그러나 입장 차이를 좁혀 나가는 노력이 중요하다. (한일역사공동연구를 언급하면서) 일중 간에도 역사공동연구의 가능성을 검토해야 한다'고 제안했다. 리자오싱 외교부장도 '아주 중요한 일이다. 앞으로 서로 긍정적인 방향으로 검토하자'고 답했다.(服部龍二, 『일중역사인식』) 이 제안은, 리자오싱 외교부장과 마치무라 외상이 교토에서 재회했을 때도 확인되었고 아베정권 수립과 함께 정부지원에 의한 공동연구의 구체화로 이어졌다.

이상의 경과를 보면, 한일역사공동연구(후술)와 마찬가지로, 역시 교과서 문제가 계기가 되었음을 알 수 있다. 그러나 한편으로는 일본측의 제안이 힘을 얻게 된 배경에는 역사 문제에 대해 일본측이 적극적으로 어필한 것, 즉 베이징의 일본대사관이 적극적으로 '홍보외교'를 펼쳤던 점도 빼놓을 수 없다.(服部龍二, 『일중역사인식』)

공동연구의 구체적인 방식은 2006년 10월 후진타오 국가주석과 아베 총리의 회담 결과, 그해 11월 아소 타로(麻生太郎) 외상과 리자오싱 외교부장 간의 합의문서로 그 윤곽이 드러났다. 합의문서는 중일공동성명 등 기본문서에 따라 '역사를 직시하고, 미래를 지향하는 정신'을 우선적으로 강조했다. 그리고 '중일 간 2천여 년의 교류에 관한 역사, 근대의 불행했던 역사 및 전후 60년의 중일관계 발전에 관한 역사를 공동연구하여 역사에 대한 객관적 인식을 심화함으로써 상호 이해를 증진'하는 것이 주된 목적이었다.

이 역사공동연구는 일본측 입장에서 볼 때 세 가지 점에서 의미가 있다.

첫째, 역사 문제가 외교 무대에서 논란이 되고 여론도 들끓고 무역투자, 식품안전 등 중요한 사안의 협상 진전에 장애를 초래하는 사태를 피하기 위해서는, 역사 문제를 전문가에게 맡기는, 이른바 '비정치화' 하는 의미가 있다.

둘째, 양국의 역사인식 공유는 기대할 수 없지만 오해나 선입견, 편견에 근거한 오류, 또는 과장되어 전달되는 역사를 배제한다든지, 바로잡음으로써 불필요한 마찰을 피할 수 있다는 데 의의가 있다. 즉 '공통의 역사인식을 지향하는 것이 아니라, 양자 간의 차이를 정리, 확인하고 논의함으로써 기존의 차이를 줄여나갈 수 있을 것'이라는 기대이다.(北岡伸一, 「일중역사공동연구의 출발」)

셋째, 양국의 '불행한 역사' 뿐만 아니라, 전후 60년을 뛰어넘는 양국관계와 근대 이전을 포함한 2천여 년의 교류 역사를 냉정하게 바라봄으로써, 동아시아에서 중일의 역사적인 존재의의나 공유할 수 없는 관계를 확인하는 것이다. 실제로 '불행한 역사'의 시대를 '상대화'하고 싶은 것이

정부의 바람이기도 하다.

### 공동연구의 실제, 평행선의 역사

필자도 공동연구의 일본측 위원 10명 가운데 한 명으로 참가하게 되었다. 연구기간이 한정되어 있어서 대규모 조사나 사료의 발굴은 기대할 수 없었지만, 문헌이 아닌 직접 대화를 통해 역사해석이나 역사인식의 차이가 어디에서 생겨나는지 깊이 이해할 수 있는 절호의 기회였다.

2006년 12월 시작된 모임은 우선 공동연구의 진행방식에 관한 토론을 진행했고 대략적인 시기구분에 대해 합의했다.

근현대 시기는 아편전쟁 이후로 정하고 만주사변까지 1부, 중일전쟁 종결까지 2부, 전후를 3부로 나누었다. 나아가 각 부는 3장으로 구성(전 9장)하고, 각각에 배치된 중일의 양 위원이 해당 기간의 대중, 대일 관계사에 대해 소고를 작성하고 이를 바탕으로 토론을 반복해 나가되 그 성과를 포함하여 통사적인 최종 논문을 각자가 집필하기로 했다. 이때 전 시대에 걸쳐 서로 반드시 기술해야만 하는 '중요 관심 항목'이라는 역사 항목을 설정하였다. 예를 들면, 중일전쟁 기간의 경우 루거우차오사건, 난징학살사건, 왕자오밍(汪兆銘)정권, 고노에(近衛)성명 등의 항목이 그런 것들이다. 이들 중요 관심 항목을 서로 다룸으로써 특정한 사실의 이해나 해석에 대한 차이점과 공통점이 분명해지는 효과를 기대했다.

그리고 상대방의 논문에 논평을 다는 방법이 도입됨으로써 일본에서 본 대중관계, 중국에서 본 대일관계를 나란히 살펴볼 수 있도록 배려했다.

한편, 중일관계는 기본적으로 '중일 간의 문제'로 한정하자는 것이 중국 측의 요청이었다. 따라서 중일전쟁의 경우 교전과 외교협상의 배후에 있는 국내적 동향, 특히 중국 측의 국내적 동향에 대해서는 거의 다루지 않았다.

중일역사공동위원회 첫 회의(2006년 12월 26일).
오른쪽이 일본, 왼쪽이 중국이다. 중일 양국의 역사학자를 중심으로 베이징의 사회과학원에서 첫 회의가 열렸다.

도쿄와 베이징을 중심으로, 후쿠오카(福岡), 가고시마(鹿兒島), 칭다오(青島)와 지방으로 무대를 옮겨가며 서로 각각의 초고를 비평하는 형식으로 토론이 진행되었다. 예상했던 대로 1930년대의 중국 측 기술방법은 '일본의 침략과 중국의 저항'이라는 틀을 기본으로 하고 있었다. 이에 대해 일본 측은 정책결정이나 협상의 과정을 중시하는 전통적인 외교사나 군사사의 방법을 기본으로 했다. 특히 만주사변 이후의 군사적인 침략의 경향을 인정하면서도 각각의 정책선택 국면에서 단순화하자면 '군사적 해결 노선'과 '평화적 해결 노선'이 각축을 벌이는 가운데 전자가 우세해지는 과정을 중시했다.

## 중국의 항일전쟁사관

중일의 방법론상의 차이는 개별적인 역사적 사상(事象)에 대한 해석의 차이에서도 반영되고 있다. 예를 들면, 1920년대의 중일 간 '협조관계'에 대해서도 1915년의 21개조 조약 이후 '대륙확장정책'이 지속되었다고 보는 중국 측과, 확장정책이 후퇴했다고 보는 일본 측은 크게 달랐다. 게다가 만주사변에서부터 중일전쟁에 이르기까지 일본의 중국정책을 연속된 것으로 보느냐, 단절된 것으로 보느냐는 점도 변함없이 커다란 쟁점이었다.

중일전쟁의 발단이 된 루거우차오사건에서 처음 발포한 쪽이 일본군이었는가 아닌가에 대해서는, 일본에서는 유력한 '우발설'을 중국 측도 인정하는 방향으로 논의가 진행되고 있다는 느낌이었다. 그러나 그 후의 사건 전개는 만주사변 후 일관된 계획적인 중국침략정책의 연장으로 파악되고 있었다. 사건 발발 1년 전에 참모본부가 책정한 '쇼와 12년도 대지나(對支那) 작전계획' 속에 이미 상하이, 난징의 점령계획이 들어 있고, 사건 후 일본군은 기본적으로 이 계획에 따라 행동했다는 해석이 그것이다.

일본 측 연구에 따르면, 이 '대지나 작전계획'은 육해군이 해마다 작성해 둔 '육해군 년도 작전계획'의 하나이며, 긴박한 대중관계를 배경으로 중국과의 전쟁을 상정한 것이지만 당시 참모본부의 일치된 의견이 아니라 군비예산을 획득하기 위한 일종의 '작문'일 뿐 이에 따라서 사건이 계획된 것이 아니었다.

한편 루거우차오사건은 '우발적'이었지만, 이 사건을 이용해 현지 일본군(북지나방면군과 관동군)과 육군 중앙의 '확대파'가 장제스정권 타도와 화북점령이라는 의도(계획이 아니라)를 실행에 옮겼던 점, 정부와 언론도 이러한 생각에 동조하고 현지에서 해결한다는 논리에 떠밀려 갔다는 점은 부정할 수 없다. 다만, 현지군이든 확대파든 중국과의 전면전쟁을 기도했던 것은 아니다.

이러한 사례에서 보듯이, 일본 침략 의도의 일관성, 계획성, 그리고 책임 문제로 귀착되는 중국측의 서술방법은 기본적으로 다양한 국면, 선택지, 가능성을 중시하는 일본 측의 서술방법과 다르다는 점을 부정할 수 없다.

난징학살사건의 경우, 국민당정부의 난징방위체제에 결함이 있었다는 점을 다루고, 장제스와 난징방위사령관이었던 당생지(唐生智)의 난징방어계획에 실수가 있었다는 점, 지휘통제의 결함, 민중보호의 포기 등을 지적하고, 희생자가 증가한 원인의 일단에 중국 측의 책임도 있다는 식의 해석을 제기하는 것은 학술적인 논쟁이라면 허용되겠지만, 일반 중국 국민들에게 이해를 구하기는 어려웠을 것이다. 이러한 해석은 일본군의 책임을 회피하기 위한 논리에 지나지 않는다고 간주되기 때문이다.

그리고 사건 희생자 수에 대해서는 논쟁하지 말고 오히려 그 배경과 원인을 논하는 것에 의미가 있다는 데 쌍방이 합의했고, 희생자 수의 산정방법과 근거자료 등에 대한 논의를 피하는 대신 쌍방의 표준적인 견해를 병기하는 데 그쳤다. 또한 학살이 조직적이고 계획적이었는지 여부에 대해서도 이와 같은 식으로 합의했다.

한편, 중국 측이 현재 중일전쟁(항일전쟁)의 성격을 어떻게 설정하고 있는지도 분명해졌다. 특히 일본이 영미와 전쟁을 시작함에 따라, 중국은 명확하게 연합국의 일원이 되었고, 세계적 규모의 '반파시즘 전쟁'의 중요한 일익을 담당하게 된 것, '반파시즘통일전선'의 중요한 국면인 중국전선에서 일본의 대규모 병력과 자원을 소모시켰을 뿐만 아니라 '반파시즘 전쟁'의 승리를 실현시켰다는 식의 역사관이 확고하게 정착되어 있었다. 따라서 중국 이외의 열강이 항일전쟁의 승리에 공헌했다는 측면이 파고 들 여지는 없었다.

항일전쟁 자체도 중국 인민이 일본의 '침략'에 끈질기게 '저항'했기 때문에 현재의 국가 기반이 마련되었고 국민통합이 이루어졌다는 식인데, 이러한 역사관은 바뀌기 어렵다. 중국에서는 이러한 역사관이 역사연구의 기초를 이루고 있다.

## 한일 역사공동연구의 교훈

이미 언급했듯이, 정부가 지원하는 '역사대화'의 사업은 이것이 처음이 아니었다. 한일 간에도 양국 정상회담의 합의에 따라, 2002년부터 '한일 역사공동연구위원회'가 시작되어 16차 회의가 종료한 2005년에 보고서가 발간되었다.

일본의 식민통치기 뿐만 아니라, 고대, 중·근세, 근현대와 한일 간의 긴 역사를 대상으로 했다는 점에서도 중일 간의 역사공동연구와 같다. 한일 간 역사대화가 시작된 계기는 2001년 '새역모'가 편찬한 역사교과서의 검정합격 문제 때문이었다. '새역모'의 활동은 교과서의 편찬이 아니라 운동의 전개였기 때문에, 민간에서는 이에 대항하는 연구활동이나 역사대화가 여러 형태로 이루어졌다.

민간 차원에서 역사대화 활동이 진행되는 한편, 정부가 지원하는 한일 역사공동연구는 지지부진했다. 제1차 보고서에 따르면, 교과서 문제와 분리해서 공동연구를 진행하자는 일본 측과, 교과서 기술의 시비를 쟁점으로 다루자는 한국 측의 입장 차가 있음을 알 수 있다. 일본 측 좌장인 미타니 타이치로(三谷太一郎)는 역사교과서 문제가 공동연구의 계기가 되었다는 점을 인정하면서도 위원회의 임무를 '공동연구를 통해 역사분야에서 국경을 뛰어넘는 학문공동체를 확립'하는 데 두었다고 한다.(「제1차 한일역사공동연구보고서」) 일본 측은 '새역모'의 교과서가 일으킨 문제는 검정제도상의 문제일 뿐, 역사연구와 별개라는 전제에서 공동연구에 임했다.

어쨌든, 역사연구와 역사교육의 문제를 분리하려는 일본 측의 주장을 한국 측 위원들이 납득하기란 쉽지 않았을 것이다. 식민지에서 해방된 이후의 한국에서는, 자국과 자민족의 역사를 회복하기 위한 연구와 그 연구성과에 따라 회복된 것을 전하는 역사교육이 불가분의 관계로 여겨

2002년 5월 25일 서울 시내 한 호텔에서 한일역사공동연구위원회 첫 회의가 열렸다. 악수하는 미타니 타이이치로 좌장(왼쪽)과 조동걸 좌장

져 왔다.

### 역사연구와 역사교육의 불가분 관계

한일역사공동연구는 동아시아에서 역사 문제를 거론할 때 '역사교육'과 뗄 수 없다는 점을 밝혔다. 중국과의 관계에서도 국가가 역사연구와 역사교육을 보호해 왔던 전통이 있고 현재까지 완전한 국정교과서 제도는 아니라 해도 교과서가 일정하게 국가의 통제 하에 있다.

중국에서 역사교육은 사회 다원화의 영향을 받아 교과서 자체는 다양화되는 방향으로 가고 있지만, 난징학살사건은 '애국주의 교육'의 중심축으로 중요한 위치를 차지하고 있다.

난징학살사건은 중일전쟁에서 벌어진 여러 잔학행위(Atrocity)들 – 강제연행, 화학무기, 세균전, 삼광작전(三光作戰)[1] – 가운데 하나인데, 중

1) 중일전쟁 당시 일본군이 벌인 초토화 작전, 대말살 작전을 가리킨다. '다 죽이고, 다 부수고, 다 태우라'는 작전명령이다.

국 국민의 고난과 민족단결의 심벌이자 '애국주의 교육'의 기본적인 재료로서 다른 잔학행위에 비해 상당히 중요시되고 있다.(楊大慶, 「난징 Atrocities」) 이 점은 공동연구를 통해서도 실감할 수 있었다.

어쨌든 교과서의 기술내용은 중국의 전통적인 역사연구에 의해 뒷받침되고 있다. 따라서 난징학살사건의 희생자 수를 정부가 지원하는 공동연구를 통해 변경하는 것은 역사교육의 내용 변경을 의미하고 나아가 애국주의 교육의 근본을 뒤흔드는 사태가 될 수 있다. 바꿔 말하자면, 역사화해 사업을 공적 차원에서 진전시키기 위해서는 역사연구와 역사교육이 불가분의 관계에 있는 중국과 한국의 역사 문제 구조에 대해 주목할 필요가 있다.

공적인 역사연구의 성과가 역사교육으로 직결된다는 관점에서 보자면, 공동연구의 성과를 어떤 식으로 어디까지 공표할 것인가의 문제는 특히 중국 입장에서는 매우 중요하다. 연구 종반에 중국 측은 일본이 침략전쟁의 '가해자'이고 중국이 '피해자'라는 기본적인 판단을 집어넣자고 요구했지만, 개개의 통사적인 논문들이 아무리 정치(精緻)한 논리를 전개했다 하더라도 이러한 기본적인 판단이 분명하지 않은 경우, 중국 측은 공표하기를 꺼렸을 것이다. 연구 완료에서 공표까지 거의 1년이 걸린 것은 이미 학술적인 논의 단계를 넘어 폭넓은 역사교육의 재료로써 옳고 그름을 정치적으로 판단하는 단계로 접어들었기 때문일 것이다.

## 지속적인 역사대화를 위해

필자는 1987년 도쿄의 게이오대학(慶應義塾大學)에서 개최된 「루거우차오사건 50주년 국제회의」에 참석한 적이 있다. 당시 분위기는 거의 '학술교류'가 아니라, 일방적인 '일본의 침략과 중국공산당의 저항'이라는 테제를 내세운 교조적인 논의가 많았다.

그로부터 20년 뒤에 있은 한중역사 공동연구는 적어도 학술 차원에서는 비교적 자유로운 의견교환과 성과의 공유가 가능하다는 점을 실감할 수 있었다. 역사해석과 역사인식의 방법과 이해의 방식이 어떻게 다른가, 그러한 차이는 어디에서 유래하는가, 공유할 수 있는 부분은 무엇인가라는 문제에 대해 문헌으로는 알 수 없는 생생한 느낌을 받은 것도 분명하다.

그러나 학술 차원의 성과가 국민 차원의 논의나 역사교육에까지 반영되고 공유된다고 단정하기는 어렵다. 중일 양측 모두 서로 다른 의미에서 '국내 문제'인 역사 문제를 안고 있다. 중국의 경우, '항일전쟁'의 승리가 현 정권의 기반이 되었다고 한다면 여기에 반하는 역사교육은 있을 수 없다. 한편, 일본은 다양한 역사관의 공존을 보장하고, 교과서 검정제도도 이를 전제로 하고 있기 때문에, 공적으로 지원하는 역사연구의 성과도 권위를 갖기 어렵다.

마지막으로 정부가 지원하는 공동연구라는 형식을 '화해정책'으로 이어 나가려면, 양측의 연구자교류도 중요하겠지만 양측이 근거로 들고 있는 자료나 문헌을 일본과 중국 양측에서 서로 공유하고 누구나 활용할 수 있는 시설과 태세를 정비하는 것도 중요하다. 게다가 글로벌 관점에서의 수준 높은 연구교류와 그 성과의 보급을 목표로 한다면, 동아시아뿐만 아니라 서구의 연구자를 포함해 다양한 교류를 위한 제도 만들기에 대한 지원이 반드시 필요하다.

# 10장
# 희미해지는 무라야마 담화
야스쿠니 문제와 전쟁기념관 논쟁

## 고이즈미의 등장— 야스쿠니신사 참배와 무라야마 담화의 양립

종전기념일에는 반드시 참배를 하겠다고 공약한 고이즈미 준이치로 총리는 2001년부터 2006년까지 재임 기간 중 6차례에 걸쳐 야스쿠니신사에 참배했다. 참배일은 8월 13일, 4월 21일, 1월 14일, 1월 1일, 10월 17일로 제각각이었지만, 마지막 해인 2006년의 참배는 8월 15일이었다. 나카소네 야스히로 총리가 참배한 이래 21년만이었다.

첫 번째 참배 때, 고이즈미 총리는 평화에 대한 맹세를 새롭게 할 목적으로 참배를 하는 것이라면서 다음과 같이 말했다. '두 번 다시 나라가 전쟁의 길로 나서는 일이 있어서는 안 된다고 생각합니다. 저는 그 어려운 시대에 조국의 미래를 위해 전장에서 사라져 간 수많은 영령들 앞에서, 오늘날 일본의 평화와 번영이 그분들의 존귀한 희생을 발판으로 만들어져 왔음을 다시 한 번 생각하고자 합니다.'

이럴 때마다, 중국 외교부는 'A급전범을 제사지내는 야스쿠니신사를 또 다시 참배했다. 피해국 인민의 감정에 큰 상처를 주는 것'이라며 거듭 항의했다.

그러나 고이즈미는 야스쿠니신사 참배를 고집하는 한편, 역사 문제에 관한 대외적인 발언에서는 무라야마 담화를 충실하게 유지했다. 예를 들

고이즈미 총리의 야스쿠니신사 참배(2004년 1월 1일).

면, 처음 참배를 할 때 발표한 총리담화는 분명히 무라야마 담화를 반영한 것이었다. 2005년 4월 아시아 · 아프리카 정상회담에서의 연설이나, 그 해 종전 60주년을 맞이해 발표한 담화에서도 무라야마 담화의 내용을 답습했다.

특히 쿠리야마 다카카즈(栗山尚一) 전 외무차관은, 종전 60주년 총리 담화의 특징에 대해 '우리나라의 전후 역사는 그야말로 전쟁에 대한 반성을 행동으로 보여주는 평화의 60년이었다'고 한 부분은 무라야마 담화에 없던 것이고, '말로만 반성하는 데 그치지 않고, 일본의 현재 행동이 그 증거라는 점을 강조함으로써 담화의 설득력이 한층 높아졌다'고 높이 평가하고 있다.(栗山尚一, 「화해-일본외교의 과제〈상〉」)

고이즈미 총리가 거듭되는 위헌소송과 중국의 반발에도 불구하고 일관되게 야스쿠니신사에 참배한 이유는, 일본유족회 등 지원단체에 대한 배려 보다는 전몰자에게 경의를 표하는 문제는 아무에게도 간섭받지 않겠다는 '신념의 문제'로 인식했기 때문이다. 그러나 쿠리야마는 정부의 최고책임자는 야스쿠니신사 참배를 삼가해야 한다고 주장한다. 왜냐하면 A급전범의 합사나 중국과 한국의 비판 이전에, 무라야마 담화와 고이즈미 담화에서 밝혔듯이 '정부 입장의 진정성이 의심을 받기 때문'이다.(栗山尚一, 「화해-일본외교의 과제〈상〉」)

어째서, '진정성'을 의심받는가? '대동아전쟁'을 긍정하는 야스쿠니신사의 역사관을 정부도 공유하고 있다는 인상을 줄 수 있기 때문이다. 쿠리야마가 지적하는 야스쿠니신사의 역사관이란, 신사에 부설된 류슈칸(遊就館)을 가리킨다.

### 류슈칸(遊就館)이 주장하는 것

류슈칸의 역사는 오래되었는데, 1880년 육군경(卿) 야마가타 아리토모(山縣有朋)를 중심으로 '제신(祭神)의 유덕(遺德)을 기리고 또한 고래(古來)의 무구(武具) 등을 전시하는 시설'로 구상되었다고 한다. 야스쿠니신사에서 받들어지는 전몰 군인(제신)의 공적을 후세들에게 알리고 직접 볼 수 있도록 한 것이라고 한다. 외부와의 전쟁이 거듭될수록 증개축되었고 1935년에는 칙령 300호(야스쿠니신사 부속 류슈칸령)에 따라 법적 지위를 확립하고, 관장에 칙임관이 임명되고 박물관이 되었다. 패전 후인 1945년 9월 미 점령군의 지시에 따라 칙령 300호가 폐지되었다. 그 후 1986년에 다시 개관했는데, 현재와 같은 모습으로 전면 개축되어 오픈한 것은 2002년이다.

류슈칸의 전시는 종종 바뀌는데, 기본적인 전시품은 전몰 병사(영령)의 유품이다. 병사의 일기나 수기, 유서에서부터 인간어뢰인 '벚꽃 11호'

의 동체 등 다양하다. A급전범으로 처형된 도조 히데키(東條英機) 전 총리, 나가노 오사미(永野修身) 전 군령부총장, 기무라 헤이타로(木村兵太郎) 전 육군대장 등의 사진도 아무렇지 않게 전시되고 있다.

전시물과 그 해설로만 보면, 류슈칸은 '제국주의'의 찬미가 목적인 것처럼 보이지만, 반드시 그런 것만은 아니다. 주장하고자 하는 메시지는 야스쿠니신사에 부설된 박물관으로서, 전몰군인(영령)이 나라를 위해 순직한 높은 뜻과 자기희생의 정신을 기리는 것이다. 관내에서 상영되는 '우리는 잊지 않는다. 감사와 기도와 자긍심을'이라는 제목의 영상물은 이렇게 묻는다. "당신은 생각해 보셨습니까? 나라를 위해 생명을 바친 수많은 분들의 존귀한 희생 위에, 우리들의 '지금'이 있다는 것을."

류슈칸은 일반적인 의미의 역사박물관이 아니며, 박물관법의 적용을 받지 않는다. 영국의 저널리스트인 이안 부르마(Ian Buruman)가 류슈칸의 젊은 신관을 인터뷰했는데, 그 신관은 역사박물관이 되지 않은 것은 '영령과 유족의 마음'을 생각하지 않은 역사학자가 관여해서, '야스쿠니신사가 침략전쟁을 벌인 사람들의 영령을 제사지내고 있다는 식으로 유족이 생각해서는 곤란하기 때문'에 그렇게 된 것이라고 대답했다고 한다.(Ian Buruman, 『전쟁의 기억』)

류슈칸의 목적이 군국주의의 찬미가 아니라 전몰 장병의 '자기희생의 존귀함'을 찬양하고 '영령의 현창'을 목적으로 하는 것이라고 하더라도, 전시된 내용과 이야기는 분명히 '침략전쟁론'에 대항하는 성격이 강하다. 잘못된 전쟁이라고 한다면 그 전쟁에서 희생된 장병의 죽음은 무의미한 것이 되는데, 그것이 아니라면 국가의 행위도 잘못되지 않았다는 식의 단순한 논리구조를 짐작할 수 있게 된다. 이런 논리라면, 국가의 전쟁과 '자기희생' 또는 '순국'의 의미를 깊이 생각해 보는 데 도움이 되는 것이 아니라 오히려 방해가 된다고 할 수 있다.

## 분사론의 향배

제신으로 제사되고 있는 A급전범을 야스쿠니신사에서 분리시키면 아시아 주변국의 비판을 피할 수 있다는 분사론은 나카소네 내각 이후 계속해서 논란이 되어 왔다. 중국, 한국 뿐만 아니라, BC급전범은 그렇다쳐도 도쿄재판에서 단죄된 '전쟁책임자'까지 나라를 위해 순직했다는 '쇼와순난자'로 합사되고 있는 상황에 대해 의문을 품는 국회의원과 지식인도 적지 않았다. 특히 2000년 전후에 나카소네의 명령을 받은 시마무라 요시노부(島村宜伸), 야마사키 타쿠(山崎 拓) 같은 국회의원이 야스쿠니신사 측에 분사론을 설득했다는 것이 알려지자, 일본유족회 회장인 코가 마코토(古賀 誠) 의원도 공공연하게 분사를 검토해야 한다는 발언을 하기 시작했다.(자민당 伊藤公介 의원, 2006년 5월 19일 중의원 외무위원회)

2004년 2월 텔레비전 아사히 프로그램 '선데이 프로젝트'에 출연한 나카소네는, 분사하자는 제안을 야스쿠니신사가 완고하게 반대해서 이루어지지 못했다고 발언했다. 이에 대해 야스쿠니신사는 분사의 옳고 그름의 문제 이전에, 신도의 신앙 차원에서 분사는 있을 수 없다며, '신도에서 합사제는 아주 중요한 종교의식이며 일단 제사의식을 거행한 각각의 신령의 신격을 옮긴다는 것은 있을 수 없다'는 견해를 발표했다. '만약 모든 유족이 분사에 찬성한다고 해도 야스쿠니신사가 분사하는 일은 없다'고까지 단언했다.('A급전범 분사에 대한 야스쿠니신사의 견해' 2004년 3월 3일 야스쿠니신사 사무소)

이런 가운데, 2006년 여름 쇼와 천황이 A급전범 합사에 비판적이었다는 '토미타(富田)메모'(4장)의 존재가 밝혀지자, 분사하는 것이야말로 해결방법이라는 논조도 등장했다. 그러나 야스쿠니신사나 유족회, 그리고 보수파 의원들의 초당적 모임인 '일본회의 국회의원간담회'(회장 平沼赳夫 의원) 등이 강력히 반발했다. 야스쿠니신사와 신사본청이 주장하는 교리상의 첫 번째 이유 중 하나는, A급전범을 신좌(神座)에서 분리한다는 의미의 분사는 있을 수 없고, 둘째는 국내법으로 보면 범죄자가 아닌 A급전범만을 분리하는 것은 이들을 범죄자로써 단죄한 '불공정'한 도쿄재판을 용인하는 결과를 초래하기 때문이라고 한다.

분사부정론에 따르면, 원래 전범의 합사는 제4장에서 설명했듯이 국회결의와 정부의 판단에 근거한 것이지 신사 측의 일방적인 판단 때문이 아니었다.

야스쿠니신사에서 보자면, 적어도 A급전범은 '공무수행 중 사망'에 준하는 '법무사'로 인정되며, 원호법이나 은급법의 대상이기 때문에 합사된 것이지, 야스쿠니신사 측의 독자적인 판단이 아니라는 것이다. 게다가 야스쿠니신사는, 강화조약이 발효되기까지는 '전쟁상태'였으니까 그 사이에 적국의 재판에 따라 처형된 전범은 '전쟁 중 적의 손에 의해 처형된 것이나 마찬가지라고 국가가 판단한 것'이라는 독특한 논리를 전개하고 있다.(야스쿠니신사 · 야스쿠니의 기도 편집위원회 편, 『야스쿠니의 기도』) 이것은 어디까지나 국가와 일체가 되어서 합사를 실시해 왔다는 논리를 주장함으로써 국가의 보호와 연결시키려는 저의에서 비롯된 것임을 알 수 있다. 어느 정도로 위기감을 느끼고 있었는지 짐작케 한다.

## 국립추도시설안

분사론이 지지부진한 가운데, 새로운 국립추도시설을 건설하자는 대안이 떠올랐다. 새 시설을 마련하자는 구상은 이미 고이즈미 내각 때 후쿠다 야스오(福田康夫) 관방장관 직속으로 '추도 · 평화기념을 위한 기념비 등 시설을 생각하는 간담회'(좌장 今井 敬)가 설치되어 검토한 적이 있는데, 2002년 12월 최종보고서를 제출했다.

보고서에서 상정한 것은 메이지유신 이래 일본이 개입한 전쟁에서 전

몰한 자, 전후 시기 일본의 평화와 안전, 국제평화를 위해 활동하다 죽은 사망자를 추도하고, '부전(不戰)의 맹세'를 새롭게 하고, 평화를 기념하기 위한 국립 무종교 시설이다. 추도의 대상에 '과거 일본이 일으킨 전쟁'을 위해 목숨을 잃은 민간인, 외국의 장병이나 민간인도 포함된다. 야스쿠니신사와 같이 제사지내고 위령하고 진혼하는 성격이 아니라, 개인의 종교감정을 부정하지 않으면서 어디까지나 '전몰자를 추도하고, 전몰자를 생각하게 하는' 성격의 시설이다. 물론 유족에게 전달할 수 없는 유골을 모신 치도리카후치(千鳥ケ淵) 전몰자묘원과도 성격이 다르고, 각각의 다른 시설의 존재의의를 훼손하는 것도 아니다.

국립시설 구상은 민주당의 정권공약에서도 다음과 같은 주장으로 이어졌다. '누구도 불쾌해 하지 않으며 전몰자를 추도하고, 부전(不戰)과 평화를 맹세할 수 있도록, 특정 종교성을 띠지 않는 새로운 국립추도시설의 설치를 위한 작업을 추진하겠습니다.'(「정책집인덱스 2009」)

그러나 이러한 국립시설 구상에 끈질기게 반대하는 목소리가 있다. 유족의 감정을 무시하고 야스쿠니신사의 존재의의를 부정하려는 것이라며, 유족회를 비롯해 새로운 시설 구상을 제안한 간담회 내부에서도 반대론이 있었다. 사카모토 다카오(坂本多加雄, 학습원대학 교수)도 그 중 한 명이다.

사카모토는 최종보고서 작성 이전에 사망했지만, 그의 견해가 보고서에 '참고의견'으로 다음과 같이 첨부되어 있다. '야스쿠니신사는 국민 대다수의 의식 속에 다른 나라와 마찬가지로 국민적인 의사를 대표하고 전통적, 역사적인 형식에 따라 이루어지는 전사자 추도를 위한 유일한 시설이며, 정부는 총리참배 등의 형태로 공식적인 추도의 의무를 다해야만 한다. 특히 주변국 중에 민족주의를 초월한 국제적인 관점에서 전몰자를 위령하는 곳은 없다.'

## 아소타로의 국영화론

국립시설 구상이 진전되지 않는 이유 중 하나는 야스쿠니신사의 존재의의를 부정하지 않는다는 점이다. 국립 추도시설 구상은 새로운 것이 아니고, 1972년 1월 유족회 간부와 회담을 가진 나카소네 자민당 총무회장이 '야스쿠니신사는 지금 그대로 두고, 국가가 별도로 불멸의 등을 밝히는 대전당'을 만들겠다는 구상을 피력한 적이 있다.(『영령과 함께 30년』) 역시 야스쿠니신사는 건들지 않겠다는 것이 기본 전제이다. 특히 유족들은, 전몰자에 대한 위령과 현창을 하는 곳으로 야스쿠니신사 이외에 다른 곳은 있을 수 없고, 추도만을 목적으로 하는 시설은 백해무익하다는 입장이었다.

이런 점에서 주목을 끈 것이 아소 타로의 '국영화론'이다. 아소의 제안은 '야스쿠니의 명칭을 원래 이름인 '초혼사'(招魂寺)로 되돌리고, 현재의 종교법인은 임의 해산하고, 관할권을 정부로 이관하여 국가가 추도행위를 집행하게 해야 한다'는 것이다. 이 제안은 『쇼군!(諸君!)』(2008년 2월)에도 실렸고, 국회에서도 몇 차례 논의되었다. 예를 들면, 아소가 총리일 때 민주당의 오카다 가츠야(岡田克也) 의원이 '아소 구상'에 대해 질의하자, 아소는 다음과 같이 답변했다.

> 적어도 제 자신은, 야스쿠니신사 같은 곳에서 국가를 위해 존귀한 생명을 바치신 분들을 영예롭게 모시는 것을 국가가 금지하는 상황은 분명히 편향되고 잘못되었다고 생각합니다. 따라서 그런 이유에서 이 문제를 하나의 종교법인에게 떠넘겨 온 것 같은 지금까지의 관행이 가장 큰 문제라고 생각합니다. (중략) 종교법인이기 때문에 안 된다고 한다면 다른 제3의 법인이라면 (중략) 야스쿠니묘(廟)도 좋고 초혼사라고 해도 좋고, 여러 형태가 가능하리라 생각합니다.(2008년 10월 7일 중의원예산위원회)

아소는 자신의 제안을 야스쿠니신사가 자발적으로 추진하는 방법 외에 달리 방법이 없다고 하지만 종교법인에서 자발적으로 이탈하는 것을 전제로 한 '국영화론'은 전혀 새로운 것이 아니다. 예를 들면, 1975년 3월 후지오 마사유키(藤尾正行) 중의원 내각위원회장은 하나의 타개책으로 야스쿠니신사를 새로운 특수법인으로 바꾸고, 국가가 이 특수법인을 유지하는 방안을 일본유족회에 제시한 바 있다.(『영령과 함께 30년』) 아소의 제안은 이 후지오의 제안과 크게 다르지 않다.

1975년 3월경은 일본유족회가 아직 국가호지(護持)법안에 기대를 걸고 있던 시기라서 후지오의 제안을 진지하게 받아들이지 않았다. 그러나 30년 후에 나온 아소의 제안은 야스쿠니신사 문제에 대한 환경이 크게 변했다는 사실만으로도, 아마 마지막 단계에 이르면 현실적인 제안으로 고려할 수밖에 없게 될 것이다. 실제로 이 제안은, 야스쿠니신사의 궁사였던 난부 도시아키(南部利昭)가 '야스쿠니는 국가로부터 위임을 받았기 때문에, 어차피 국가에 되돌려 주고 싶다'는 의사를 아소에게 밝혔던 것이 계기가 된 듯 같다.

### 야스쿠니 문제의 해결 방법

그런데 야스쿠니신사는 일단 합사된 전몰자를 말소할 수 없다. 부친이 무단으로 합사되었다는 이유 때문에 야스쿠니신사 측에 이름을 말소해 달라는 소송이 몇 건 제기되고 있는데, 모두 패소하고 있다. 최근 사례에서 보면, 독실한 기독교인이 돌아가신 아버지의 이름을 영새부에서 지워 달라면서 국가와 야스쿠니를 상대로 제소한 소송에서도 원고가 패소하고 말았다.(영새부에서의 씨명말소 등 청구 공소 사건, 2010년 12월 21일 판결)

주된 이유는 '전몰자를 가능한 한 광범위하게 합사하는 것이야말로 종교활동 그 자체'이므로, 만약 합사를 제한한다면 '종교활동의 자유를 침해하게 된다'는 것이다. 이처럼 종교법인에 의한 '종교활동의 자유'는 폭넓고 견고하게 보장하고 있다.

생존한 유족의 의사를 무시한 야스쿠니신사의 완강한 자세를 비판하면서 새로운 시설을 제안하는 것은 손쉬운 방법이지만, 그것만으로 문제가 해결되는 것은 아니다. 15만 명에 달하는 유족과, 참배자의 심정을 다시 한 번 생각할 필요가 있다. 유족과 야스쿠니신사의 입장은, 미군정 시기 원래 국가가 담당해야만 할 사업인 전사자의 위령을 포기한 결과, 이를 일개 종교법인인 야스쿠니신사가 국가를 대신해서 할 수 밖에 없었던 데 문제의 근원이 있다는 것이다.

전 외무성 조약국장 도고 가즈히코(東郷和彦)는 '전사자의 위령은 국가의 기본과 관련된 것이다. 국가를 위해 목숨을 바친 사람을 판단하는 것은 본래 국가가 정정당당하게 해야 하는 것이 아닌가?' 그는 이 문제를 종교법인인 야스쿠니신사에게 떠넘겨 버려도 되는지 따져 묻고 있다.(『역사와 외교』)

야스쿠니신사를 그대로 둔다는 전제 하에 중립적인 국립 추도시설을 건립하자는 주장은 국민적 화해보다는 새로운 대립을 초래하게 될 것이다. 그렇다면 현 헌법 하에서 최종적인 해결책은 신사 자체를 외국이나 일본에서도 받아들일 수 있는 형태로 개편하는 것이다.

야스쿠니신사의 개편에서 고려해야 할 점은 황실과의 관계이다. 야스쿠니신사가 미군정 하에서 존망의 위기에 직면했을 때, 신사 관계자는 '어디까지나 황실과 신사의 관계를 유지할 수 있도록 하는 것이 기본적인 방침이었다.(横井時常 권궁사의 구술 「야스쿠니신사와 GHQ의 협상기록」)

한편, 국제적으로 용납되기 힘든 역사관을 노골적으로 드러내고 있는 류슈칸은 대폭 개편할 필요가 있다. 원래 야스쿠니신사는 특정한 역사관을 표방하는 곳이 아니었다.

야스쿠니신사의 숭경자총대(崇敬者總代)라는 요직을 맡고 있는 도코로 이사오(所 功)는, 전사자에 대한 위령이라는 역할은 제2차 세계대전으로 일단락되었고, 이제 야스쿠니신사는 '커다란 전환점에 서 있다'고 했다. 유족도 2세대를 지나고 있기 때문에 '유족이라는 범위만으로 몇 세대에 걸쳐 영령에 대한 제사를 계승해 나가는 데에도 한계'가 있고, 2002년 류슈칸을 재단장한 것도 숭경자 증대를 위한 '저변 확대'의 일환이었다.(아사히신문 취재반 『전쟁책임과 추도』) 그러나 현재 류슈칸의 모습으로는 수많은 지지자를 확보할 수가 없다.

종교 문제로서 야스쿠니 문제가 애매한 것은, 야스쿠니신사가 국가의 보호를 요구하기 위해 또는 정교분리 위반을 피하기 위해 '신도는 제사이지 종교가 아니다'는 논리를 일관되게 고수해 왔던 데에 기인한다. 필자가 아는 한, 일본의 역사교과서에 신도에 관한 설명이 등장한 적은 거의 없다. 그 이유는 아마도 위와 같은 애매한 성격 때문일 것이다. 그렇다면 종교학자인 야마오리 테츠오(山折哲雄)가 주장하듯이, 야스쿠니신사가 직접 '신도는 종교'라고 분명하게 '종교선언'을 한 상태에서 개편을 하는 편이 애매함을 해소할 수 있는 방법일 것이다.(『천황의 궁중 제사와 일본인』) 종교선언을 하게 되면, 총리의 참배나 국가에 의한 보호도 불가능하지만 개편을 통해 새로운 추도시설이 되면 제사의례도 폐지되고 참배 형식을 따지지 않는 개방적인 추도시설이 될 것이고 국가에 의한 보호도 가능해진다.

어쨌든, 야스쿠니신사는 국가의 지원이 없는 한 재정적으로도 유지가 곤란해져서 지금 이대로는 언젠가 반드시 쇠락하고 말 것이다.

도쿄 치요다구(千代田区)에는 유족이 없는 해외전몰자 등의 유골을 안

치하고 있는 치도리카후치(千鳥ケ淵) 묘원이 있다. 유일한 국립 추도시설이다. 1959년에 완성된 이 묘원은 요시다 시게루(吉田茂) 총리를 총재로 한 모금단체에 의해 만들어졌다. 그 취지서에는 야스쿠니신사가 추도시설로 적당하지 않은 이유 세 가지가 열거되어 있다. 첫째, 야스쿠니신사는 전사한 군인의 영령을 기리는 곳이므로 일반 전몰자는 해당되지 않는다. 둘째, 야스쿠니신사는 유골을 매장하는 시설이 아니다. 셋째, 야스쿠니신사는 신도 이외의 종교는 허용되지 않으며 외국 손님이 공식참배를 하는 데 문제가 있다. 이것이야말로 치도리카후치 묘원을 재평가하고, 그리고 야스쿠니신사 외에 다른 새로운 시설이 필요한 중요한 이유이다.

치도리카후치 묘원의 '어제(御製)의 비(碑)'에는 쇼와천황이 지은 와카(和歌)가 새겨져 있다.

> 나라를 위해 / 목숨을 바치신 분들을 / 생각하면 / 마음이 저며 온다.

쇼와천황은 치도리카후치 묘원에 잠든 전몰자에게나 야스쿠니신사에 잠든 전몰자에게도 똑같은 시를 바치고 싶었을 것이다.

### 쇼와칸(昭和館)을 둘러싸고

도쿄의 구단시타(九段下)에 세워진 '쇼와칸'은 1979년 일본유족회가 전몰자 유자녀를 위해 하시모토 류타로 후생상에게 '전몰자유자녀 기념관' 구상안을 제출한 데에서 출발했다.

나중에 하시모토는, '쇼와 50년대 초(1975년 이후) 전몰자 유자녀들로부터 자기 아버지의 죽음이 헛되지 않았다는 것을 국가가 증명해 주면 좋겠다는 목소리'가 있어서 이에 대한 대응 차원에서 쇼와칸을 건립하게

되었다고 그 취지를 설명했다.(1995년 5월 19일 참의원 예산위원회)

그러나 건립하기까지 과정은 순탄치 않았는데, 후생성의 원호시설 중 하나로서 123억 엔의 건설비가 국회에서 통과된 것은 1992년 말이 되어서였다. 그 후 건설계획이 변경되었다가 마침내 1998년 12월 준공되었다.(개관은 1999년) 구상에서부터 20년이 걸린 셈이다. 그동안 후생상의 사적인 자문기관이었던 '전몰자 유자녀 기념관 간담회'(좌장 向坊 隆)를 비롯해 다양한 전문가들의 의견을 청취해, 명칭도 '전몰자유자녀 기념관'에서 '전몰자 추도평화 기념관'이 되었다가 마지막에는 '쇼와칸'으로 결정되었다.

당초 이 사업은 사료관과 전시관으로서 관련 성청 공동의 '종합전쟁역사관'으로 계획되었다. 일본에서 국립 전쟁기념관 건설은 처음으로 시도하는 것이었다. 필자도 자료전문가회의(좌장 秦郁彦)의 위원으로 참가하여 중일전쟁, 태평양전쟁에 관한 내외의 자료조사, 소재정보 수집을 맡았는데 나름대로 기대를 하고 있었다.

그러나 처음부터 걱정했던 문제는 해결되지 않았다. 가장 큰 문제는, 시설의 중립성을 내세운다고 하더라도 전몰자 유족의 원호대책이라는 명목으로 국회에서 승인된 예산이므로 유족들의 전쟁관과 전혀 무관할 수 없기 때문이다. 최악의 경우, 국가가 유족회의 전쟁관을 국내외에서 대변해 주는 시설이 될 수도 있다.

이런 점을 우려한 자료전문가회의는 실물전시에 중점을 두기보다는 '국내외의 도서자료 수집과 검색에 중점을 두는 것이 국민적인 합의를 얻기 쉬우며 현명한 방법'이라고 두 차례에 걸쳐 정부에 요청서를 제출했다. 이른바 IT혁명이 검색시스템을 획기적으로 진전시켜나갈 것이라는 미래의 동향도 감안해서, 폭넓은 자료수집과 보존, 공개를 주로 하는 시설로 만들어야 한다는 의견을 제시한 것이다. 이것은 전술한 바 있는 '아시아역사자료센터' 구상보다 앞선 것이었지만, 문제의 본질적인 해결책은 아니었다.

## 전쟁 없는 전쟁기념관

예상대로, 국회승인을 전후해서 기념관 구상이 구체화되자 역사학 관련단체 등으로부터 강력한 비판이 제기되었다. 비판의 중심은 사업의 성격에 관한 것이었다. 국립 평화기념관 시설은 필요하지만 전몰자유족에 대한 위로라는 명분만으로는 아시아 주변국의 비판에 직면할 것이 분명하기 때문에, '과거의 전쟁'에 대한 비판적인 시각으로 접근해야 한다는 지적이었다.

1993년 8월 주요 역사학 관련단체 6개로 구성된 '전몰자추도평화기념관 문제를 생각하는 모임'이 호소카와 총리에게 제출한 요청서는, '과거의 전쟁에 대한 반성과 사죄는 해결되지 못한 전후처리 문제의 출발점'인데, 국립 평화기념 시설은 과거의 전쟁에 대한 국민의 입장을 생각해보는 사업이며, '전쟁피해자의 명예회복 등 폭넓은 전후처리 문제의 해결에 부합한 시설이 되어야만 한다'고 지적하고 있다.(『일본사연구』 1993년 10월호)

이러한 비판에 대해 일본유족회는 원래 유족들을 위한 시설이었지 아시아에 대한 사죄와 역사 반성은 그 목적이 아니라고 반박했다. 이에 대해 국회에서는 다케무라 야스코(竹村泰子, 사회당) 의원이 '가해 책임을 망각하는 듯한 전몰자추도평화기념관으로는 아시아 주변국들에게 불신감만 더욱 키울 것이다. 이 평화기념관의 전시나 그 활동이 역사인식의 간극을 메꾸고, 일본이 아시아 국가들에게 신뢰를 회복하는 곳이 되어야 마땅하지 않은가'라며 재고를 촉구했다. 그러나 당시 칸 나오토 후생상은, 공감하는 점도 많지만 원호시설의 하나로서 오랜 시간에 걸쳐 검토

해 온 경위를 들며 이에 응하지 않았다.(1996년 6월 20일 참의원 결산위원회)

그러나 전시 내용을 대폭 수정하라는 지시가 있었다. 전쟁 전반의 역사적 사실에 관한 전시는 하지 말고, 전쟁 유자녀들이 경험한 전쟁 중, 전후의 국민생활 고충을 보여주는 실물자료의 수집, 보존, 전시에 중점을 두는 것으로 계획이 수정되었다. 명칭도 '쇼와칸'으로 바뀌었다. 후생성에 적합한 역사시설이라고 한다면 그렇게 볼 수도 있지만, 당초 전쟁기념관 구상에서 보면 '전쟁 없는 전쟁기념관'이 된 셈이라고 할 수 있다.

특히 개관 초기의 전시 내용은 후방의 생활을 자세히 보여주고 있지만, 전쟁의 성격과 전쟁 양상을 상기시켜주는 전시물과 설명문은 극도로 피했다. 최근에서야 자막이 다소 상세해졌지만, 예를 들면 등화관제하의 가옥이나 가정의 모습을 재현해 놓았는데 어째서 등화관제가 필요했는지, 공습이 어느 정도였는지에 대한 설명은 전혀 없었다. 위생주머니나 방공두건 같은 실물전시물도 같은 식이다. 정리하자면, 전장이 아니었던 내지의 '국민생활자료관'이기는 해도, 전장이었던 오키나와, 그리고 만주, 조선, 타이완 등 외지의 전쟁 중, 전후 생활을 보여주는 전시는 없다.

쇼와칸이 이렇게 된 것은 유족회에 대한 배려라기보다 대외관계를 우선했기 때문이다. 그러나 국민들은 쇼와칸의 운영을 유족회에 위탁한 것을 우려했다. 유족회에 위탁을 결정한 직후에 있은 국회에서 도이 류이치(土肥隆一, 사회당) 의원은 이렇게 지적했다.(1993년 11월 9일 중의원 후생위원회)

> '(유족회의 사업은) 영령의 현창에 관한 것이라고 아주 분명하게 의사표현을 하고 있다. 하나의 역사관을 갖고 있다. 호소카와 총리의 침략전쟁 발언에 관한 항의성명에도 나와 있다. 그런 유족회가 이른바 100% 국

립 기념관을 운영할 주체라니, 역시 의구심을 갖지 않을 수 없다. 공정하고 중립적인 운영을 할 방법은 없는가?'

후생성의 정부위원은 공정하고 중립적인 운영을 맡기기 위해 제3자 위원회를 설치하고 그 의견을 반영하여 운영하겠다고 답변했지만, 도이 의원이 '아주 이상적이거나 역사해석을 수반하는 중요한 건조물, 시설이기 때문에, 게다가 국립으로 지어진 건물이기 때문에 신중에 신중을 기해, 1년에 한 차례 정도 보고를 하기 바란다'며 회의적인 입장을 밝혔다. 이러한 국회에서의 질의응답은 그 후의 쇼와칸 운영을 크게 좌우하게 된다.

## 이치가야(市ヶ谷)에 전쟁기념관을

1993년 8월 말, 마이니치신문(毎日新聞)의 '모두의 광장'이라는 투고란에 '자위대의 이치가야(市ヶ谷) 1호관을 전쟁자료관으로 바꾸자'라는 기사가 실렸다. 마침 호소카와 총리가 소신표명 연설에서 '일본의 침략행위와 식민지 지배에 대해 깊이 반성하고 사과한다'고 언급한 직후였다. 투고기사의 취지는 그 무렵 진행되고 있던 '전몰자 추도평화 기념관'(이후의 쇼와칸)의 건설 장소로 철거예정인 자위대 이치가야 주둔지에 있는 1호관을 활용하면 좋겠다는 것이다. 이치가야의 1호관이란, 전시에 육해군의 작전계획의 중추를 담당했던 대본영이 있었던 곳이고, 전후에는 도쿄재판에 사용된 장소이다. 미시마 유키오(三島由紀夫)가 자결한 장소이기도 하다. 호소카와 내각이 발족하기 1년 전, 방위청 청사가 롯폰기(六本木)에서 이치가야 주둔지로 이전할 계획이 결정되자, 1996년에 이치가야청사를 철거할 예정이었다. 역사적인 경위를 감안해서 1호관을 보존하자는 주장이 방위청 안팎에서 제기되자, 역사단체나 몇몇 정당이 보존운동을 전개했다. 어떤 청원은 건물을 사료관으로 만들어 도쿄재판의 법정을 복원하고 주변을 기념공원으로 만들자는 구체적인 제안을 하기도 했다. 투고기사는 차분하게 다음과 같이 주장하고 있다.

> '호소카와정권의 발족을 계기로, 태평양전쟁을 일으킨 일본의 전쟁책임 문제가 새롭게 주목을 받고 있다. 이 문제에서 중요한 것은 전쟁에 관한 인식과 체험을 다음 세대가 계승하는 것이며 이를 위해서는 전쟁을 기록하고 수집전시하는 역사사료관이 필요한데, 1호관만큼 적당한 장소가 또 있겠는가. 이 건물은 태평양전쟁의 이전과 이후를 이어주는 상징이기도 하다.'

투고기사는 '기존의 행정적 상식에서 보자면 이 방안을 실행하는 것은 간단한 문제가 아니다. 그러나 오랫동안 이어지고 있던 자민당정권을 대체할 연립정권이 막 들어 선 지금이야말로 역사를 염두에 둔 대담한 변혁이 필요하다고 생각한다'고 맺고 있다.

이 투고기사는 국회에서도 다루어졌는데, 1993년 11월 참의원 내각위원회에서 이 기사에 대해 질문을 받은 다케무라 마사요시(武村正義) 관방장관은 '나름대로 의미가 있는 예리한 제안'이라고 답변했다. 하지만 이미 이전계획이 진행되고 있고 한편에서는 전몰자 추도평화 기념관(쇼와칸)의 전시준비가 추진되고 있다는 이유를 들며, 1호관을 전쟁기념관으로 재건하자는 데에는 소극적인 태도를 보였다.(1993년 11월 9일 참의원 내각위원회)

이러한 구상은 금방 사라졌지만, 그 이유는 단지 방위청 소관인 1호관, 후생성 소관인 평화기념관이라는 식의 종속적인 관할권과 배타적인 행정부서 간의 문제, 국회에서 막대한 이전비용을 받아야 하는 문제, 이제 와서 이전계획을 되돌릴 수 없다는 타성 때문으로만 볼 수 없다. 이시다 총무장관은 참의원 내각위원회에서 다음과 같이 절묘하게 설명하고 있다.

'(1호관은) 극동재판이 열렸다는 점, 그전에 대본영이었다는 점, 이 두 가지 문제를 다함께 고려해 볼 때 매우 복잡한 생각이 듭니다. 과연, 그런 식으로 전쟁이라는 것을 바라보도록 기념관으로 존속시키는 것이 정말로 좋은 일인지, 그렇지 않은지.'

결국, 이치가야에 전쟁기념관을 세우게 되면 그곳은 '침략전쟁'의 사령탑이었던 대본영과, 그것을 단죄한 도쿄재판의 법정, 즉 패자와 승자를 상징하는 기억 때문에 두 개의 전쟁관이 서로 충돌하는 장으로 변질됨으로써, 오히려 냉정하게 전쟁을 생각하는 데 방해가 된다는 지적이다. 만약 호소카와 내각이 성청 간의 벽을 허물고 종합적인 전쟁기념관을 이치가야에 설치하기로 결단했다면, 필시 이러한 논쟁이 국회 안팎에서 벌어졌을 것이다. 그 결말은 예측하기 어렵지만, 야스쿠니신사 문제와는 차원이 다른 결실있는 논쟁으로 발전했을 수도 있지 않았을까.

종장
# 평화국가와 역사 문제, 미래에 대한 설명책임

## 평화국가론의 공과 죄

제Ⅱ부에서 설명했듯이, 1980년대의 야스쿠니신사 참배 문제와 역사교과서 문제를 통해서 '역사 문제'에 관한 정부의 대외적인 입장이 정착되었다. 그것은 '대동아전쟁'이 '침략전쟁'이라는 국제적 비판을 엄숙하게 받아들이면서도, 스스로 침략전쟁이라고 인정하지 않는 모순된 입장이었다.

이러한 모순을 해소하기 위한 논법은 바로 평화헌법의 활용이었다. 4장에서 설명했듯이, 사쿠라우치 요시오(櫻內義雄) 외상은, 침략전쟁이라는 국제적 비판을 인식하면서도 어째서 스스로 침략전쟁이라고 인정하지 않는가라는 지적에 대해 '평화헌법 하에서 전쟁이라는 것을 부정하고 있기 때문에, 이는 지적하신 내용을 훨씬 더 뛰어넘는 것'이라고 답했다. 평화헌법을 준수하고, 평화국가의 길을 걷는 것이 '과거의 전쟁'을 청산하는 것으로 이어진다는 논법은 1950년대부터 이어지는 정부의 일관된 답변 패턴이었다.

냉전기 공적 차원에서 논의된 '평화국가론'의 한 사례를 살펴보자. 외무성이 매년 발행하는 『외교청서 – 우리 외교의 근황』(1976년판)의 한 대목이다.

'우리 나라는 자체의 군사력을 대외정책의 수단으로 사용할 수 없어서,

평화적으로 대외관계를 유지, 발전시켜 나간다는 대사업을 추진하고 있기 때문에, 세계의 평화를 확보할 필요가 있고 나아가 세계 평화가 곧 우리나라의 국익과도 일치한다는 사정이 있습니다.'

이 짧은 문장 속에 '평화'라는 단어가 다섯 차례나 사용되고 있다. 군사력에 의존하지 않기 때문에 대외관계를 유지, 발전시켜 나가는 '대사업'을 위해서는 '세계의 평화'가 필요하며, '세계의 평화'가 그대로 일본의 국익과 일치한다는 것이다. '세계의 평화'가 국익과 일치하지 않는 나라가 과연 존재하는가라는 바보같은 질문은 차치하더라도, 여기에서 말하는 '세계의 평화'란 도대체 어떤 상태를 말하는 것일까?

국제정치적 역학관계에 의해 유지되는 상대적 평화를 말하는 것인지, 모든 국가가 군사력을 포기한 상태의 평화를 말하는 것인지, 아니면 초국가적 권위를 가진 국제체제에 의한 평화를 의미하는 것인지, 도무지 분명하지 않다. 따라서 군사력에 의존하지 않고 평화적으로 대외관계의 유지발전을 도모하는 '대사업'을 어떻게 추진해야 하는지 밝히지 않고 있다. 그저 군사력을 대외정책의 수단으로 삼지 않는 국가의 모습을 '평화국가'라고 말하는 데 지나지 않는다.

이러한 일국주의적 '평화국가론'에 변화가 나타나기 시작한 것은 1991년판『외교청서』에서부터이다. 일본외교의 이념을 헌법 제9조와 전문(前文)에 나타난 이상에서 구하는 점은 변함이 없지만, 평화주의를 단순히 말로만 맹세하는 데 그치지 않고 '어느 정도의 희생'을 각오하고 적극적인 역할을 다해야만 한다는 논조로 변한다.

1990년 중반 이후에 발생한 걸프전쟁이 그 배경이었다. UN평화협력법안의 폐지가 국제적인 비판을 받았듯이, 특히 안전보장 차원에서의 국제협력이라는 현실적인 요청에 직면하자 드디어 일국주의적인 평화국가론을 탈피하려는 움직임이 시작되었던 것이다.

### 모두 희생자라는 의식

그렇다면 일국주의적인 평화국가론과 역사 문제는 어떤 관계인가? 일본사 연구자인 오하마 테츠야(大浜徹也)는 『일본인과 전쟁』에서, 전후사회의 언설은 평화를 소리 높여 외쳤지만 개인들이 전쟁의 실상을 인식한 것은 지극히 희박하다면서, '전후의 일본은 평화를 말함으로써 일본민족 스스로가 주체성을 내걸었던 전쟁을 추상화하고, 전쟁의 시대가 지니고 있던 현실감을 상실해 버리고 말았다. 일본인은 평화기념을 주장함으로써 마치 전쟁의 희생자인 것처럼 행세하고 있다'고 적고 있다.

확실히, 전후 일본사회에서는 전쟁과 평화에 관한 이런 식의 설명이 특징적이다. 전쟁피해자, 귀환자, 그리고 전몰자유족도 '전쟁희생자'에 포함되어, 이른바 '국민 모두가 희생자'라는 의식이 평화주의를 지탱하는데 커다란 역할을 했다. 히로시마와 나가사키의 희생자는 '원폭의 세례를 받아 존귀한 목숨을 바친, 영원한 평화의 초석'(원폭위령비 비문)으로 위치 지어졌는데, 이는 희생자의식으로 지탱되는 평화주의의 한 정점을 보여주고 있다.

평화국가론은 전전의 국가와 단절된 상징으로서 '문화국가론'과 함께 이미 패전 직후부터 설파되고 있었는데, 결정적으로 신헌법이 공표됨으로써 확고해졌다.

1946년 3월 시데하라 기주로(幣原喜重郎) 총리는 헌법개정안 공표에 즈음해서, 신헌법으로 '국내에서는 근본적인 민주정치의 기초를 확립하고, 밖으로는 전 세계에 대해 솔선해서 전쟁을 종식시키겠다'는 담화를 발표했다. 여기에서 말하는 '평화국가'는 현실세계에서 진행되고 있는 민주화와 불가분의 관계로 인식되었고, 높은 규범성을 요구하게 되었다.(石田憲, 『패전에서 헌법으로』)

실제로 외무성은 샌프란시스코 평화조약에서 요구할 사항으로, 초기에는 '국제연합보다 한 발 더 나아가 세계정부를 수립하자는 원칙'을 명시하고, '서명국 전부가 국책의 수단으로서 전쟁을 포기한다는 취지를 명기'하고, '세계적 차원의 군비 철폐' 등을 상정하고 있었다.(외교기록 ① '평화조약 문제 간사회의 제1차 연구보고', 1946년 5월) 여기에는 국제관계에서 '법의 통치'를 전제로 한 전쟁 포기와 군비철폐를 희구하는 전후의 국가상이 반영되어 있다. 헌법 전문에 나타나듯이, '평화애호국'에 대한 고지식한 기대가 어느 정도였는지 알 수 있는 대목이다.

## 두 개의 국가상

정부 안팎에서 거론되었던 '평화국가'에 관한 논쟁을 단순화하면, 전쟁 전 국가와의 '연속성'을 중요시하는 국가상과, '단절성'을 강조하는 두 개의 국가상으로 수렴된다고 할 수 있다.

예를 들어, 국가를 위해 순직한 '영령'들을 현창하는 행위는 국가가 담당해야만 한다는 야스쿠니신사의 주장은, 전쟁 전 국가와의 연속성을 의식한 것이다. 야스쿠니의 영령은 국가보다도 어디까지나 천황을 위해 목숨을 바친 분들을 기린다는 주장도 같은 맥락이다. 그리고 해결하기 힘든 '국적 요건'이라는 문제도 국민을 어떻게 정의할 것인가라는 점에서, 호주와 가족으로 구성된 혈연집단을 기본 단위로 하는 호적제도를 전후에 그대로 계승해 온 데에 문제의 뿌리가 있다 하겠다.

신헌법 제정 후, 헌법보급회가 2천만 가정에 배포한 『새로운 헌법, 밝은 생활』이라는 자료에는, '천황을 중심으로 우리 국민이 하나로 연결되어 있다는, 옛날부터 이어져 온 우리나라의 형태는 조금도 변함이 없기 때문에 국체(國體)는 변하지 않았다고 할 수 있다'고 적혀 있다. 천황과 국민이 하나로 이어져 있다는 '국가의 형태' 즉 천황제는 국민을 정의하는 데 지나치게 고집한 나머지, 전후에도 타자(외국인)를 배제하는 체제가 연속되고 있는 것이다.

이러한 현상은 '외국인'의 권리에 관한 제헌 과정에서도 잘 나타나고 있다. 1946년 2월 맥아더 헌법초안(GHQ초안)에는 '모든 자연인은 법률상 평등하며, 정치적, 경제적, 또는 사회적 관계에서 인권, 신조, 성별, 사회적 신분, 계급 또는 국적의 기원과 같은 것에 의한 어떠한 차별적 대우도 허용하거나 또는 묵인해서는 안 된다'(제13조)는 조항이 들어 있었다. 그러나 나중에 이 조항에서 '국적의 기원'에 대한 부분이 삭제된다. 게다가 '외국인은 평등하게 법률의 보호를 받을 권리가 있다'는 조항(제16조)도 심의 단계에서 삭제되었고, '모든 자연인'과 '무릇 인간은 법 아래 평등'하다는 부분은 '모든 국민'으로 개정되었다.(江藤 淳 편, 『점령사록(하)』)

이처럼, 신헌법체제는 전쟁 전 국가와의 '단절성'을 강조하는 국가상과, '연속성'을 중시하는 두 개의 국가상을 내포하고 있다고 할 수 있다. 전후정치에서 전자가 기본적인 국가상으로 정착되어 가지만, 전쟁과 식민지 지배라는 '과거의 극복'이라는 점에서는 그에 상응하는 해결책을 제시하지 못했다고 할 수 있다.

한편, 희생자의식에 의해 지탱되고 있는 평화주의는, 전쟁에 대한 '현실감'을 잃어버렸기 때문에 전쟁에 대한 평가는 전몰자의 추도 · 위령과 분리한다는 정부의 일관된 입장과 친화적이며, 유족원호법과 은급법을 지탱하는 역할을 해 왔다. 특히 군인 · 군속의 유족에 대한 처우를 우선시한다는 점에서, 전쟁 전과의 연속성이 강한 은급법은 전쟁에 대한 평가를 유보한 채 제정되었다.

두 개의 국가상이 서로 모순된다고 인식한 것도 아니었다. 천황제 유지를 국제적으로 인식시키기 위해서라도 철저한 평화주의와 민주주의는 필수불가결했다. 그러나 양자는 세계냉전과 연동하는 국내의 냉전(좌우 이데올로기 대립)에 따라 유린되었고, 각각의 입장은 이러지도 저러지도 못한 채 대치상태에 빠졌고, 온전히 '과거를 극복'할 수 있는 길은 차단되고 말았다.

전후 서독은 연방기본법 제1조에서 '인간의 존엄은 불가침'이라고 밝히고, 고유의 역사와 전통과 단절하고, 인권, 자유, 민주주의라는 보편적 가치를 국민적 정체성의 기초로 받아들여, '헌법애국주의'라는 식으로 국민에게 충성을 요구했다. 서독은 이른바 보편적 가치를 실현하는 전후국가로 새출발했기 때문에, '기억 · 책임 · 미래 재단'과 같이, 전후보상 문제에 지속적인 대응이 가능했던 것이다.(제8장)

그러나 일본의 신헌법체제는 전쟁과 군비를 상정한 규정을 철저히 삭제했다는 점에서 평화주의의 규범성을 보다 선명하게 했다고 볼 수 있지만, 평화주의에 따른 과거 전쟁의 청산에 관한 법령과 공적인 제도를 만들지 못했고, 역사 문제 해결에 도움이 되지는 못했다. 예를 들면, 역사 교과서 검정기준에 추가된 '근린제국조항'은 단순히 '지침'에 머물렀기 때문에, 거의 제대로 기능하지 못했다는 점이 이를 잘 보여주고 있다.

### 역사 문제로서의 오키나와

'평화국가론'의 최대 비판자는 오키나와였다. 오하마가 설명했듯이 '전쟁의 시대가 지니고 있던 현실감을 상실해 버리고 말았다'는 것은 일본 본토 사람들의 얘기이지, 오키나와는 전쟁 시기의 현실성을 지금까지도 절대 잊지 않고 있다.

전쟁 말기인 1945년 4월 미군이 오키나와 본섬에 상륙해서 6월에 오키나와수비군이 전멸하기까지 3개월 간, 주민들은 격렬한 전투에 휘말렸다. 일본군 전사자가 9만여 명에 달할 때, 비전투원 희생자도 10만 명을 넘어 섰다. 2장에서 언급한 유족원호법(전상병자, 전몰자, 유족 등 원호법)에서도 오키나와전투에서 사망한 자, 부상당한 비전투원, 그 유족에 대해서는 일정한 기준에 따라 예외적으로 군인 · 군속에 준해서 '전투참가자'로 취급해 은급과 조위금을 지급하고 있다.

오키나와의 일반 주민은 본토의 일반 전재자와 달리, 전쟁피해에 대한 공평한 부담 또는 국민적 인내의 한계를 뛰어넘는, 전쟁희생자로 인정되고 있다. 오키나와는 해외 전장과 마찬가지인 지위를 얻게 된 것이다.

그리고 오키나와는 패전 직후부터 미군이 직접 통치하는 군정에 편입됨으로써, 제헌국회에 대표를 보내지도 못했고 신헌법이 적용되지도 않았다. 평화협정이 체결되는 과정에서도 특히 미 군부는 전략적 필요에 따라 오키나와를 일본 본토에서 완전한 분리(주권포기)시키자는 주장을 했고, 연합국들 가운데는 오키나와의 주권포기를 당연하게 여기는 국가도 있었다. 그러나 미 국무부는 대일협조의 관점에서, 그리고 대서양헌장의 원칙(영토불확대)의 명분 때문에 오키나와의 반환을 주장했다.

결과적으로 평화조약 제3조(영토조항)에서 미국을 유일한 시정권자로 하는 신탁통치제도가 UN에 의해 승인되기까지 오키나와는 미군의 시정권 하에 놓인다고 규정되었지만, 신탁통치제도는 의무가 아니고 주권포기 가능성도 반환 가능성도 있는 그야말로 아주 애매한 타협이 되고 말았다.(Robert D. Eldridge, 『오키나와 문제의 기원』)

아시다 히토시(芦田 均, 민주당)는 이 영토조항에 대해 평화조약이 '화해와 신뢰의 조약'이라면, '특히 장차 오가사하라(小笠原)와 오키나와 제도를 신탁통치 하에 둘 필요가 없다. 조약의 효력발생과 동시에 일본에 반환되는 것이 당연한 귀결이라고 생각한다'고 지적하고 있다.(중의원 1951년 10월 18일)

아시다의 지적은 평화조약과 동시에 반환하라는 오키나와 현민들의 목소리를 대변하고 있다. 요시다 총리는 이러한 현민들의 바람을 배경으로 덜레스와의 협의에서 오키나와에 대한 일본의 '잠재적 주권'이 존재한다는 데에 합의했다. 다만, 그 의미는 명료하지 않았다. '잠재적 주권'의 의미에 대해 질문을 받은 덜레스는 '문자 그대로, 우리가 오키나와를 필요로 하지 않게 될 때, 일본은 오키나와를 돌려받을 수 있다'고 답변했는데, 그 이상의 설명은 일본 내에서도 불가능했다.(중의원 1951년 10월 18일)

국무부는 평화조약 발표 직전까지 기지권을 확보한 이상 잠재적 주권만이 아니라 행정권도 일본에 넘겨준다는 조약을 실현시키려고 했는데, 군부의 반대 앞에 주저하고 말았다. 그래도 군부의 강력한 압력에 맞서서 주권상실 즉 본토로부터의 분리를 피하게 된 것은 국무부와 요시다 내각의 공적이었다. 주권상실이 실현되었더라면 미일 간에는 메꿀 수 없는 '역사 문제'를 남기게 되었을 것이다.

그러나 평화조약 이후 미 군부는 일본 본토와의 무역과 경제관계의 자유화를 진행했지만, 기지개발, 토지수용, 현민자치와 같은 정치 문제에 대해서는 강경한 자세를 취하게 되자, 기지반대운동이나 복귀운동의 동력은 커져만 갔다. 1972년의 오키나와 반환도 기지 문제의 근본적인 해결로 이어지지는 않았다.

이러한 오키나와의 경험은 본토와의 사이에 전쟁과 평화를 둘러싼 커다란 인식의 단층이 되고 있다. 신헌법의 적용에서 배제되었고 기지 문제도 걸려있는 오키나와에서 보자면, 본토에서 말하는 '평화주의'라는 것은 오키나와의 희생 위에서 성립된 뜬구름 같은 소리이다. 평화헌법의 여러 이념은 '오키나와의 분리와 군사지배를 부정하는 것을 통해서만이 확립될 수 있는 가치'이며, 평화주의를 실현하기 위해서는 미국의 '군사적 식민지'인 오키나와를 해방시켜야 한다.(新崎盛暉, 『미완의 오키나와 전투』)

오키나와의 급진적인 평화론은 1995년의 소녀폭행사건과 같이 기지 문제로 집약되는 구조적 차별의 문제로서, 종종 국정 차원에서 관심을 환기시키고 있다. 2008년 오키나와 주민들의 '집단자결'(集團自決)을 기술한 교과서 검정 문제도 그 일환이었다. 특히 역사교과서와 역사교육이 공공의 기억 형성에 유효한 수단이라고 한다면, 시류에 부합한 사건이라 할 수 있다. 마침 필자도 교과용도서검정심의회(검정심)의 위원으로서 당시 상황을 지켜볼 수 있었다.

## 오키나와 집단자결 검정

오키나와전투에서 일반 주민들이 집단적으로 자살한 참혹한 사건이 군의 강요와 강제에 의한 것인가, 아니면 '자발적'인 것이었는가는 이에나가(家永)소송 쟁점의 하나였다. 이 소송에 대한 최고재판소 판결(1997년)이 군의 명령에 따라 집단자결에 내몰린 사람들이 다수였다고 인정했듯이, 1990년대에는 군의 명령과 강요에 의한 것이라는 설이 유력해지자 집단자결을 게재하고 있는 교과서들은 이러한 설에 따라 기술되어졌고 검정에서도 특별히 문제가 되지 않았다.

2006년 4월 검정신청된 교과서(6개사의 교과서 8종)도 마찬가지였다. 한 가지 사례를 들자면, '그 가운데는 일본군의 강제로 집단자결에 내몰린 사람들도 있었다'(일본사B, 淸水書院)와 같은 식이었다.

그때까지의 검정 실적으로 보자면, 그대로 합격이 되어야 했다. 그런데 1년 뒤인 2007년 3월에 공표된 검정결정(검정합격)에서는 모든 교과서가 '그 가운데는 집단자결에 내몰린 사람들도 있었다'(일본사B, 淸水書院)는 식으로, 집단자결로 내 몬 주체가 분명하지 않게 기술되었다. 독자에 따라서는 군의 강제와 강요가 원인이었다는 것을 부정할 수도 있다.

어째서 모조리 이런 식으로 표현이 바뀐 것일까?

2006년 가을 교과용 도서검정조사심의회 일본사 소위원회(이하 검정심)가 모든 신청본의 집단자결 기술에 대해 '오키나와전투의 실태에 대해

(학생들이) 오해할 염려가 있는 표현이다'는 식으로 똑같은 검정의견을 달았기 때문이다. 그 이유는 집단적인 자해·자결이 여러 지역에서 발생했지만, 모든 경우가 반드시 일본군의 직접적인 명령이나 지시에 의한 것은 아니라는 것이 당시의 판단이었다.

그리고 집단자결이 다수 발생한 자마미지마(座間味島)의 수비대장(제1전대장, 梅沢裕 전 소령) 등에 의한 민사소송도 유력한 판단자료가 되었다. 이 소송은 2005년 8월, 우메자와 전 소령 등이 오에 겐자부로(大江健三郎)가 쓴 『오키나와 노트』에서 주민들에게 집단자결을 명령했다는 허위기술 때문에 명예훼손을 당했다면서 저자와 이와나미출판사(岩波書店)를 상대로 출판금지와 위자료를 요구하며 낸 소송이다.(2011년 최고재판소판결에서 원고 패소)

검정심은 이를 계기로 집단자결에 관한 군의 관여를 부정하지는 않지만, 군의 명령(지시나 강제를 포함)의 유무에 대한 단정적인 기술을 피하는 것이 적당하다고 판단했다.

검정의견의 결과, 전술했듯이 발행자가 제출한 모든 교과서 수정안은 군의 관여 자체를 애매모호하게 기술했다. 발행자가 자율규제를 한 탓인지, 과민하게 반응한 탓인지는 알 수 없지만, 개인적으로는 의외의 반응이었다고 생각한다. 검정의견 자체는 군의 강요나 지시에 의한 집단적 자해나 자결의 기술을 부정하지 않았고, 그런 방향으로 유도하려고 의도한 것도 아니었기 때문이다.

### 오키나와전투에 관한 기술에서 잊혀진 것들

2007년 3월말 검정결과가 공표되자, 교과서에서 군의 관여나 강제가 삭제된 데 대해 오키나와의 여론이 격앙되었고 철회운동이 격렬하게 전개되었다. 현 의회가 두 번에 걸쳐 검정 철회를 요구하는 결의안을 채택하고, 현 산하의 모든 시정촌 의회도 같은 결의안을 채택하는 식으로 소란스러워졌다. 9월 말에는 기노완시(宜野湾市)에서 대규모 현민대회가 개최되었고 언론에서도 크게 보도를 했다.

이런 움직임에 영향을 받아, 각 출판사는 2007년 11월부터 12월에 걸쳐 검정이 완료된 교과서의 정정 신청을 냈다. 앞에서 언급했던 교과서의 기술 부분은 '주민들 가운데는 일본군의 관여 아래 배포된 수류탄 등을 이용해 집단자결에 내몰린 사람들도 있었다'로 변경되었다.

정정 신청을 받은 검정심은 다시 항목별로 심의를 진행하고, 외부 전문가의 의견도 반영해서, 결과적으로는 그대로 검정을 합격시켰다.

그렇지만 집단자결을 둘러싼 소동은 문제가 사회적으로 확산됨에 따라 군의 명령이나 강제가 있었느냐 여부에 관한 것으로만 쟁점이 모아졌다. 군의 명령이 있었느냐 없었느냐의 문제보다, 이렇게 참혹한 사건이 어째서 발생했는지, 어떻게 이해를 해야 하는지, 이런 문제를 교육현장에서 생각해 볼 수 있게끔 기술할 필요가 있다는 검정심의 바람은 멀어져 갈 뿐이었다.

전쟁 전체를 통해서도 중요한 의미를 갖는 오키나와전투는 교과서에서 중요하게 다루어지지 않고 있다. 오키나와 '마부니의 언덕'(摩文仁の丘)에는 전사한 오키나와 현민들, 각 도도부현 출신자, 미군, 한국인 등 국적과 아군 또는 적군의 구별 없이, 22만 4천 명의 이름이 새겨진 '평화의 초석'(平和の礎)이 세워져 있다. 필자는 평화의 초석의 의미를 생각해 볼 수 있는 역사교육이 되기를 바란다.

현지 신문인 『오키나와타임즈』는 오키나와 검정 문제를 되짚어 보며 '교과서 검정의 본질은 국가가 지역사의 이질성을 배제한 채 국민적 통합과 평준화를 목표로 해 온 데에 있다'고 지적했다.(2007년 12월 27일자 석간) 어떤 교과서가 학생들에게 적합한가를 '인정'하는 주체는 문부과학성이나 검정심이 아니고, 교육현장이나 지역 주민의 목소리가 중시되어야 한다는 흐름 속에서 교육 내용의 평준화는 어느 정도까지 용인할 것인가에 대한 논의도 필요하다.

그리고 최근에 대두되고 있는 '지역주권'에 관한 문제와 교과서의 평준화 문제는 서로 불가분의 관계에 있다. 이러한 동향을 고려할 경우, '공교육'의 교재인 역사교과서의 검정은 적어도 고등학교 차원에서는 단계적으로 폐지해 나가야 한다고 생각한다.

## 역사교육의 모습

오키나와의 검정 문제가 역사교과서에서 '평준화'가 정말 필요한가라는 문제를 제기했다고 한다면, '국민사'라는 관점에서 교과서의 집필 방향에 대해 문제를 제기한 것은 '새로운 역사교과서를 만드는 모임'(새역모)이었다. 새역모의 운동은 일면 전후의 국가상에 대한 도전이라는 성격을 띠고 있다.

운동의 발단은 1996년도 검정 합격된 모든 중학교용 역사교과서(1997년 4월부터 채택)에 위안부에 관한 기술이 있다는 데 대해, 새역모가 '위화감이 있다'고 이의를 제기하면서부터였다. 참가자 중 한 사람인 사카모토 다카오(坂本多加雄) 가쿠슈인대학(学習院大学) 교수에 따르면, 역사교육은 국민의식의 형성이라는 고도의 정치영역에 관한 것으로 정치와 불가분의 관계에 있는데, '특정 내각이 당면한 갈등을 피하기 위해 정책적 차원에서 내린 판단이 역사교육을 좌지우지해서는 안 된다'는 것이다.

사카모토의 주장은, 고노 요헤이 관방장관의 담화에서 위안부 문제를 수습하기 위해 중국과 한국정부에 대해 이 문제의 교훈을 역사교육에 반영하겠다고 약속했기 때문이라는 것이다.(8장) 실제로 아시아여성 기금 또는 관방장관실에서 문부성을 통해 각 교과서회사에 대해 요청이 있었던 것은 사실이다.

그리고 사카모토는 전시 하의 위안부라는 존재를 역사교과서에 게재하는 것이 적절한가에 대해 문제를 제기하고 있다. 그는 현행 검정기준(학생이 오해할 염려가 없을 것, 단편적인 견해를 충분한 검토 없이 다루지 말 것)에 비춰보아도, 중학생에게 가르쳐야 할 내용으로 적당하지 않고, 교육현장을 당혹스럽게 만들 뿐이라고 주장한다.(『역사교육을 생각한다』) 그의 견해는 '여성의 존엄이나 가해책임을 문제 삼고 싶다면, 다른 소재들이 얼마든지 있다. 위안부 기술이 중학교교과서에 반드시 필요한 이유가 무엇인가, 학생의 발달단계에 어울리는 공교육으로서의 역사교육의 내용에 대해 깊이 고민한 흔적이 없다'는 것이다.

사카모토가 이상적이라고 하는 역사교과서는 일본에서 전통적으로 중시해 온 정통 일본사인데, 여기에는 국민통합을 위해 국민이 공감할 수 있는 '국민의 이야기'가 담겨야 한다는 것이다. 사카모토도 집필에 참여한 『새로운 역사교과서』(2001년)의 서문(「역사를 배운다는 것은」)에는 '역사를 배운다는 것은, 지금 시대의 기준으로 과거의 부정이나 불공평을 판단한다든지, 고발한다든지 하는 것이 아니다. 과거 각각의 시대에는 그 시대 특유의 선악이 있으며, 특유의 행복이 있었다'고 되어 있는데, 이것이 교과서 전체를 관통하는 주된 논지이다.

스탠포드대학(Stanford University) 아시아태평양연구센터(Asia · Pacific Research Center)가 주관하는 '일 · 중 · 한 교과서 비교 프로젝트'의 중간 보고서는, 일본의 교과서에 대해 전반적으로 전쟁에 대한 찬미를 최대한 억제하고 있지만, 사실을 해석하는 이야기적 성격은 결여되어 있으며 단지 연대기와 같다고 비평하고 있다. 이 프로젝트에 참가하고 있는 오랜 지인인 한 연구원은, 사람들에게 일본의 역사교과서 중에서 하나를 꼽으라고 한다면 『새로운 역사교과서』를 꼽을 것이라고 말한다. 다른 교과서들이 담담하게 사실을 나열한 것에 비해, 『새로운 역사교과서』는 독자적인 이야기를 소재로 삼아 이른바 '이야기적 성격'이 뛰어 나며, 자국민의 업적을 자랑함으로써 학생들의 자존심을 자극하는 부분이 많기 때문이라고 한다. 이러한 '국민사'는 결코 부정되어서는 안 된다. 그러나 다른 한편으로, 일국의 역사는 다른 나라의 역사와 관련됨으로써 비로소 의미를 지닌다는 사고방식도 존중되어야만 한다. 왜냐하면 현대 세계는 사람과 정보, 문화와 문명이 국경을 넘어 활발하게 이동하고, 사람들의 생활에 영향을 미치며 이른바 '글로벌화'가 진행되고 있기 때문에, 한 국가의 역사도 다른 나라와의 관계나 세계와의 연결 속에서 그 발전과 특징을 생각하는 데 의미가 있다는 견해도 성립될 수 있기 때문이다.(入江 昭, 『역사를 배운다는 것』)

공교육이라는 관점에서는 이전에 일본의 제국권이었던 동아시아 지역과 우호적인 상호관계를 유지하는 것이 일본의 평화적 발전에 불가결하다고 한다면, 주변국들과의 관계를 중시하는 시점이 반드시 필요하다.

하지만 '새역모'는 합격된 교과서가 채택되기도 전에 시중에 판매를 하고 있다. 현행 채택규칙에서 보자면 일탈하는 측면도 있지만, 교과서의 좋고 나쁨을 국가가 주도하는 검정심이나 교육위원회가 아닌 국민들에게 심판받겠다는 의도도 담겨져 있다. 게다가 교육위원회가 교과서를 채택하는 과정이 국민들의 주목을 받게 된 것도 이전까지 없었던 일이다.

교과서의 검정과 채택 과정에 국민의 관심이 높아진 현상에 대해, 공공의 기억이 성립되어가는 것은 시민사회의 성장과 성숙에 의해 이루어지는 것이라고 조심스럽게 예상해 본다. 적어도 교과서라는 '공공재'의 인정과 채택을 국가가 주도하도록 내버려 두어도 좋은가라는 문제의식이 생겨난 것은 분명하다.(大芝亮, 「national history로부터 transnational history로」)

### 잘못된 국책이란 무엇인가

2006년 10월, 중의원 외무위원회에서 민주당의 나가츠마 아키라(長妻昭) 의원이 무라야마 담화의 '머지 않은 과거의 한 시기, 잘못된 국책…'이라는 표현에 대해, '잘못된 국책이란 구체적으로 어떤 것인가?'라며 정부의 공식 견해를 물은 적이 있다. 아소 타로 외상은 '구체적으로 어떤 부분이 잘못되었다고 단정하기는 어렵다'고 답했다.(10월 27일 중의원 외무위원회)

나가츠마가 검증이 필요하다고 지적한 것은, 전쟁책임을 따지자는 것이 아니다. 개인의 전쟁책임을 특정하기에 앞서, 조직의 책임이나 어떤 구조 때문에 잘못된 국책으로 이어졌는지를 검증하자는 것이다. 아소는 '설득력있는 자료를 모으는 것은 외교적으로도 여러 가지 의미가 있는 중요한 일이다. 외교협상을 할 때도 유의미할 수 있다'고 답했지만, 그후 구체적으로 움직인 흔적은 없다.

나가츠마의 질문과 관련해서 정부위원인 시모무라 하쿠분(下村博文) 관방부장관은 '전후 정부가 지난 전쟁에 관한 공식 기록, 전사를 작성한 적은 없다'고 답변했다.

이러한 답변은 국가나 정부의 입장에서 '공식적인 전사(戰史)'를 작성한 적이 없다는 점에서는 맞다. 그러나 정부 내 어떤 조직도 전사를 작성한 적이 없다는 의미라면 틀린 것이다. 방위청 전사실(나중에 방위연구소 전사부)이 1965년부터 1980년에 걸쳐 102권에 달하는 『대동아전쟁 전사총서』를 간행했기 때문이다.

그러나 나가츠마가 기대하고 있는 '잘못된 국책', 나아가 전쟁책임을 이해하는 데는 『전사총서』로 충분하지 않다. 단적으로 말하자면, 『전사총서』의 한계는 집필자가 육해군 장교라는 점에 있다.

한편, 『전사총서』는 역사인식이나 전쟁관을 둘러싼 국내의 대립과 거리를 두면서, 어떤 내용을 기록으로 남겨서 후대에게 전해 줄 것인가를 끊임없이 고민한 결과물이기도 하다. 이것은 과거의 전쟁을 냉정하게 검증하거나 역사편찬 사업을 국가의 중요한 임무로 인식하려는 책임의식이 정부 내에서도 계승되어 왔음을 보여 주고 있다.

## 역사편찬과 공공의 기억

세계에는 우즈베키스탄과 같이 정체성이나 정통성을 확립하기 위해 역사편찬 사업에 열심인 신흥국도 있다. 그리고 중국의 '항일전쟁사관'과 같이 과거의 전쟁에 대한 공공의 기억이 이미 확립된 국가도 있다. 정의와 인도, 국제협조라는 대의명분을 위해 국가가 역사교육 또는 역사연구에 개입하고 있는 나라도 있다. 한 사람 한 사람의 민주주의 운용능력을 발전시키기 위해 독일에서 실시되고 있는 '정치교육'이 여기에 해당한다.

한편, 리투아니아와 같이 소련의 침입으로 대부분의 공문서나 문화재를 잃어버렸다든지, 자국의 역사를 자국의 자료로 연구할 수 없는 불행한 나라도 있다. 그런데 공통된 것은 국민이 공유하는 재산으로서 역사기록의 보존과 관리에 열심이라는 점이다.

동아시아에서 '역사 문제'는 국제협조의 과제가 되었고, 한 나라의 역사는 다른 나라의 역사와 연관되어질 때 비로소 의미를 지닌다. 우리는 이런 시대에 직면하고 있다. 국가를 운영하면서 다음 세대에 무엇을 기록으로 남겨 줄 것인가라는 문제를 생각할 때, 역사를 서술하는 방법은 달라도 동아시아의 훌륭한 경험은 활용할 수 있을 것이다.

Archival Hegemony라는 용어가 있듯이, 중국이나 한국, 타이완 같은 동아시아 국가들은 외교전략의 일환으로 서로 경쟁적으로 공문서를 공개하고 있다. 공문서는 역사를 구성하는 원천인데, 상대국가의 기록을 중심으로 일본의 외교사나 현대사를 서술하는 것은 바람직하지 않다. 특히 전후사는 그런 경향이 뚜렷하다. 상대방의 사고방식만 일방적으로 명확해지고, 일본의 주장이나 입장이 명확하게 드러나지 않는다면 결과적으로 일본의 국익을 저해하게 된다. 이에 일본도 2011년에 공문서관리법이 시행되었다. 자국사의 원천인 공문서를 적절하게 관리하고 적극적으로 공개하는 것은 내정과 외교의 설명력을 제고시키고, 국가의 업적과 공공의 기억을 형성하는 기반이 된다.

여러 차례 말했듯이, 고도의 민주주의체제를 갖고 있는 일본에서 역사문제에 대해 교과서 검정기준의 하나인 '근린제국조항'의 법적 구속력을 격상하는 조치를 취하는 것은 곤란하다. 이 경우 국가가 '역사정책'으로 할 수 있는 것은 제한적이지만, 하나의 대안은 장기적인 역사전략으로서 동아시아국가들 간에 역사사료를 정비하고 그것을 공유할 수 있도록 하는 분야에서 주도권을 쥐는 방법이 있다.

2011년 10월, 뉴욕에서 개최된 UN총회 인권위원회에서 한국정부는 위안부 문제를 거론하고, UN 관련기관에 구제조치 노력을 요구했다.(『朝日新聞』 2011년 10월 12일 석간) 앞에서 언급했듯이, 2007년 4월 최고재판소 판결로 피해자들이 일본정부에 개인청구권을 요구할 수 있는 길이 최종적으로 실패한 데 따른 조치였을 것이다. 일본정부는 성실하게 사죄를 해 왔다고 설명하고, 샌프란시스코 평화조약과 그 후 양국간의 조약에 따라 법적인 해결이 모두 끝났기 때문에 배상에 응할 수 없다는 주장을 반복했다.

이 문제가 앞으로 어떻게 전개될 지는 불투명하지만 지금까지도 평화조약체제가 '보상'을 회피하는 법적인 근거로 이용되고 있음을 알 수 있다. 다른 한편, 이러한 상황은 아시아여성 기금(8장)과 같은 해결방식이 효과를 보지 못한다는 사실도 보여주고 있다.

이런 문제들이 국제적 인권이나 인도적 문제로서 UN에서 논의된다고

했을 때, 1990년대와 같이 평화조약체제라는 법적 근거나 최고재판소의 판결을 가지고 책임이나 배상을 회피할 수 있겠는가? 다시 한 번 책임을 모면할 수 있다고 하더라도, 도의적 책임이나 국제적인 비난은 전보다 더 무겁게 받아들여야만 할 것이다. 위안부 문제는 반드시 전쟁이나 식민지 지배에서 기인하는 문제가 아니라, 인도에 반하는 일본군의 행위로서 그것을 용인했던 국가가 속죄를 하는 태도에 관한 문제로 전개되고 있다. 국제사회에서 정의와 인도라는 가치가 점점 더 중시되고 있는 가운데, 과거를 보는 시점도 변화하기 마련이다.

미래에 영향을 미칠 심각한 과제라고 생각할 때, 정부나 국민이 일체가 되어서 반드시 해야 할 일은 충분한 설명책임을 지기 위한 지적 기반을 축적하고 정비해 나가는 것이다.

## 미래세대에게 설명할 책임

이 책에서 다루어 왔던 '역사 문제'는 반드시 중일전쟁, 태평양전쟁, 식민지 지배에서 기인하는 것이 아니다. 문제의 원천을 따지자면, 국민국가 형성기까지 거슬러 올라갈 수도 있다. 예를 들면, 국적이나 호적 같은 문제는 국민을 정의하는 국가의 구성원리에 관한 문제이며, 또한 야스쿠니신사 문제는 메이지국가를 정신적으로 지지하는 종교의 형태라는 문제에 뿌리를 두고 있다.

따라서 국적이나 야스쿠니신사 문제는 국가의 기본적인 통치원리를 바꾸지 않는 한 해결될 수 없는 것처럼 보인다. 그러나 근대 일본의 끊임없는 대외전쟁과 그칠 줄 모르는 제국의 팽창은, 그 과정에서 발생한 역사 문제는 말할 것도 없고 이러한 역사 문제가 해결되기까지 주변국 국민들의 존엄에 깊은 상처를 입히고 고통을 주는 또 다른 심각한 문제를 유발시키는 원인이라고 할 수 있다. 제국이 해체된 후, 그리고 가장 오랫동안, 가장 커다란 피해를 안겨 준 중국과의 전쟁에 대한 기억이 희미해지자, 정부는 전쟁과 식민지 지배의 '현실감'이 결여된 '평화국가론'을 주창하게 되었고, 새로운 헌법에 따라 평화국가를 지향하는 것이 불편한 과거를 청산하는 길이라는 입장을 견지하게 되었다. 평화국가론은 단순한 수사에 그치지 않고, 과거를 반성하면서 자기개조를 완수하고, 평화적인 발전을 향유할 수 있는 원천이라고도 평가할 수 있다. 그러나 이러한 평화적 발전은 '평화조약체제' 때문에 가능했다. 평화조약체제란 곧 미일 간의 공통의 이익을 우선적으로 지키기 위한 체제였다. 다른 한편, 일본정부가 평화국가론을 지속적으로 고집하는 것은 과거 전쟁의 평가에 대해 공적인 검증이나 설명을 회피하는 것과 불가분의 관계이다.

과거 전쟁에 대한 역사적 평가를 국가가 계속 회피함에 따라, 공적인 위령이나 현창의 대상은 누구로 할지, 국가보상을 받아야 할 진정한 전쟁피해자는 누구인지, 또는 전쟁책임자란 누구인지 등의 문제에 대해 명확한 답을 내놓지 않은 채, 전전의 국가에서 하던 그대로 공무상 순직한 일본인에 대한 보상만 우선시하는 결과를 초래하고 말았다. 어쨌든 평화국가론은, 패자가 과거의 전쟁을 정면으로 직시하고 제대로 전쟁을 검증해 나가는 지난한 작업을 통해 도출된 것이 아니기 때문에 대외적으로 공감을 얻지 못했다.

평화국가론을 이른바 '국시'로 끝까지 유지해 나가겠다면, 오키나와의 비판에도 견딜 수 있어야 하고 무라야마 담화를 확고하게 밀고나가겠다는 식으로 내실을 다질 필요가 있다. 내실이란, 근대 일본의 끊임없는 전쟁과 제국의 팽창이라는 유산에 대해 역사적이고 검증가능한 지적 기반을 폭넓게 형성해 나가는 것을 말한다.

이는 곧 국가와 지방을 막론하고 일본의 행정기관이 대개 결여하고 있는 '미래세대에 대한 설명책임'을 다하는 것이기도 하다.

# 마치면서

돌이켜 보면, 역사연구자로서 필자의 30년은 1979년 방위청 방위연수소 전사부(현재 방위청 방위연구소)에 들어 간 이래, 끊임없이 국가의 역사사업과 관련된 일을 해 왔다고 할 수 있다. 그 대부분은 전후처리에 관한 사업인데, 크게 세 가지로 나눌 수 있다. 첫째는 전쟁의 검증과 전승(傳承)이라는 사업이고, 둘째는 1990년대 이후 전개된 몇 개의 '역사화해사업'이다. 그리고 셋째는 외교문서의 검증과 편찬, 공개라는 사업이다.

이 책은 이러한 필자의 경험을 바탕으로 기술한 것이다. 물론 필자가 정부의 역사사업을 기획하거나 운영하는 중심에 있었던 것은 아니다. 그러나 정부가 역사 문제에 거리를 두려고 하면 할수록 이 문제에 속박되거나 흔들리는 모습을 들여다 볼 기회는 많았다.

방위연수소 전사부에 있었던 경험은, 나중에 일본유족회의 후원을 받아 후생성이 추진한 전몰자추도평화기념관(현재 쇼와칸)의 설립준비와 운영 과정을 파악할 수 있는 인연이 되었다. 필자는 자료수집과 전시를 담당하는 전문가회합의 일원이었는데, 국립시설로 '전쟁을 전시'하는 것이 얼마나 힘든 일인지 알게 되었다.

1990년대 이후 필자가 맡은 사업은, 위안부 문제에 대처하기 위한 '여성을 위한 평화국민기금'(아시아여성 기금)의 한 분야인 자료조사와, 무라야마 내각이 추진한 평화우호교류계획의 일환인 '아시아역사자료센터'의 설립준비와 운영, 일영(日英)교류사사업, 그리고 고교교과서 검정(교과용

도서검정조사 임시위원) 등이었다. 그리고 21세기에 들어와서는 아베내각 때 정부가 지원하기 시작한 일중(日中)역사공동연구 사업에 참여했다.

이들 사업의 대부분은 1990년대에 분출한 '전후보상'으로 불리는 문제들의 해결을 위한 움직임이었다. 이 책에서는 이것을 '역사화해정책'이라 명명했지만, 위의 전몰자추도평화기념관 사업과 마찬가지로 국가가 추진하는 역사사업은 정치에 따라 좌우될 수밖에 없는 운명에 직면하기도 했다.

위안부 문제가 그 전형이라 할 수 있는데, 그럼에도 불구하고 국민들이 기금을 모아 '속죄한다'는 새로운 형태의 제안도 나타났다. 사업 주체였던 아시아여성 기금 측과 끝까지 국가보상을 요구하는 세력 사이에는 커다란 알력이 생겼다.

8년 간 교과서 검정 임시위원으로 있으면서, 국가가 역사해석에 일정한 틀을 강제하는 것을 의미하는 '근린제국조항'을 지켜보면서 시종일관 작업을 했다. 그러는 한편, 오키나와전투에서의 '집단자결' 검정을 둘러싼 소동은, 교과서 기술을 국가가 통제한다기보다 국가가 역사해석에 끼어드는 것을 방지해 왔던 검정제도가 위기에 직면한 순간이었다.

2006년부터 '역사의 공유'보다는 '상호이해'를 목표로 시작된 중일역사공동연구는 베이징의 연구자들과 함께 한 소중한 경험이었다. '전쟁의 시대'를 담당한 필자로서는, 여러 사람들이 공유할 수 있는 전쟁관이나 역사인식을 갖기 힘든 일본이 중국에 엄연히 정착되어 있는 '항일전쟁사관'을 어떻게 받아들여야 할지 고민하게 되었다.

2009년의 정권교체 후에는, 이른바 미일 간 '밀약' 문제에 관한 전문가위원회(좌장대리)와 그에 이은 '외교문서누락 문제 조사위원회'의 위원으로 활동했다. 후자는 오카다 가츠야(岡田克也) 외상이 직접 위원장으로 극소수의 팀을 꾸려 밀약에 관한 조사를 추진해 '잃어버린 중요 외교문서'의 소재를 추적해 밝혀 내는 작업이었다.

전자는 외무성 내 조사팀이 조사한 결과를 전문가위원회가 검증하는 방식이었다. 최종적으로는 양자의 연계작업을 통해 '밀약'의 소재가 밝혀진 것은 이미 주지의 사실이다. 이 두 개의 조사를 통해 필자의 관심은 밀약의 존재 여부 자체보다는 오히려 국제적 표준에 따른 '30년 공개 규칙'을 철저히 관철시키는 것이었다.

작성된 지 30년이 지난 공문서는 원칙적으로 공개한다는 국제적 규칙은 이미 1976년부터 운용되었고, 단속적으로 공개된 전후외교문서는 여러 훌륭한 전후외교의 연구성과를 이끌어내는 원천이 되어 왔다. 그러나 미일안보조약과 오키나와반환이라는 중요한 사안에 관한 외교문서의 공개는 늦어졌고, 다른 사안들의 공개도 지연될 조짐이었다.

'밀약'의 조사를 위한 전문가위원회의 목적 중 하나는 이러한 현상에 대해 주의를 환기시키고 공개 촉진을 가속화하는 것이었다. 전문가위원회는 제언을 통해 외무성을 채근했고, 결국 2010년 5월 30년이 경과한 문서는 '원칙적으로 자동 공개한다'는 규칙이 제정되고, '외교기록공개촉진위원회'는 이를 추진하기 위한 대비체제도 갖추었다.

마침 2011년 4월부터 공문서관리법이 시행되면서 외무성 뿐만 아니라 공문서의 적절한 보관 · 관리, 그리고 공개가 한층 더 활발하게 이루어지게 되었다. 특히 외교문서의 적극적인 공개는 외교활동의 활성화를 촉진시키고, 대외관계에 관한 설명능력을 증대시키고 있다.

최근 서방국들 뿐만 아니라 중국, 한국 등 주변국도 적극적으로 외교문서를 공개하는 추세에 비춰보면, 공개를 더욱 가속화할 필요가 있다.

필자가 관여했던 역사사업들 가운데, 소박하게나마 나름 가치가 있다고 생각하는 사업으로는 아시아역사자료센터가 운영하는 디지털 아카이브일 것이다. 발단은 1995년 8월 15일 무라야마 담화였다. 국가가 보관하고 있던 근현대 아시아 관련 공문서를 집약하고 이를 전면공개함으로써 주변국들과 공유하는 사업은 역사 문제를 착실하게 해소해 나갈 수 있는 최고의 방법일 것이다.

이 책에서 다루었던 논의의 중점은, 어째서 국민 대다수가 '과거의 전쟁'에 대해 공유할 수 있는 공공의 기억이 형성되어 있지 않은가라는 점보다는, 다양한 역사인식이나 전쟁관의 공유와 경합을 전제로 한 패전국이 전쟁과 식민지 지배에 기인하는 '역사 문제'에 어떻게 대처해 나갈 것인가라는 데에 있다. 이를 통해 보다 본질적인 문제들이 보이게 될 것이라고 필자는 생각한다.

이 책에서 거론했던 문제들은 지금도 한창 검증이 이루어지고 있는 문제들 투성이다. 역사인식의 다양성과 공존을 최고 수준으로 보장하고 있는 일본에서, 국가가 전쟁이나 식민지 지배의 역사상을 어떻게 주변국들에게 납득시켜 나갈 것인가, 어떻게 다음 세대에게 전달해 나갈 것인가라는 주제는 필시 영원히 이어져 나갈 숙제일 것이다. 그렇다면 국가가 해야 할 일은 역사적 검증에도 살아남을 수 있는 자료를 축적하고 이용의 문호를 열어 두는 것 외에 달리 방도가 없다.

마지막으로, 필자의 하찮은 경험을 바탕으로 위와 같은 제목으로 책을 하나 내라는 권유를 받은 것은 1년 전 일이지만, 각각의 문제에 대해 막상 다루려 하다 보니 그 깊이와 방대함 앞에 종종 망설인 적도 있었다. 이런 필자를 격려하고, 걸핏하면 딱딱하거나 한귀로 흘려 듣고 말 정도로 가벼운 필자의 원고에 대해 명확하게 조언을 해 주고, 발간이 되도록 이끌어 주었던 것은 오로지 편찬부의 시라토 나오토(白戸直人) 씨의 힘이었다. 감사할 따름이다.

2011년 11월

하타노 스미오(波多野澄雄)

# 역자후기

2015년이 끝나기 불과 며칠 전, 한일 양국 정부는 일본군위안부 피해자 문제의 해결 방안에 합의했다고 발표했다. 박근혜 · 아베 정권 출범 이후 보기 드물게 양국 정부가 전격적으로 이루어 낸 합의라고 할 수 있다. 하지만, 이 합의에 대해 대다수 피해자 할머니들은 수용할 수 없다는 입장을 고수하고 있고, 일반 국민들조차 선뜻 반기지 않는 분위기가 이어지고 있다.

일본은 합의 발표 이후 국제사회에서 일본이 면죄부라도 받은 양 의기양양한 태도를 보이는 한편, 한 발 더 나아가 일부에서는 여전히 일본군위안소 운영에 국가가 개입했다는 증거가 없으며 강제로 조선 여성을 위안부로 끌고 간 적이 없다는 주장을 더욱 조직적으로 유포하고 확산하려는 움직임을 보이고 있다.

결과적으로 양국 정부 간 합의는 양국 국민들의 지지를 받지 못했고, 일본 측의 전형적인 '과거사 왜곡 의지'에 힘을 실어주는 형국이 되어 버렸다. 이는 지난 70여 년 세월 동안 한일 관계에서 반복되고 있듯이, '최종적이고 불가역적인 해결'이 아니라 '또 다른 갈등을 만들어내는 것'에 다름 아니다.

또한 한일 양국은 2015년에 일본 근대산업시설의 유네스코(UNESCO) 세계문화유산 등재 과정에서 한국인 강제동원 사실 인정과 후속조치 등에 합의했음에도 불구하고, 합의 직후 일본 외무상은 'forced to work'을 인정한 것이지 '강제노동(forced labor)을 인정한 것은 아니다'라고 강변해서 논란을 일으키기도 했다.

분명 일본정부 고위관계자나 우익 인사들의 태도는 졸렬한 것이다. 그러나  이러한 태도와 반응을 사인(私人) 간의 또는 일시적인 졸렬함으로 치부하고 비난하는 것으로 끝낼 일이 아니다. 이러한 경향은 비단 아베 총리의 개인적인 성품이나 아베정권 하의 보수우익 위정자들만의 얄팍한 역사관에서 기인하는 것이 아니다.

일본정부의 태도는 스스로 민망한 줄 알면서도 이렇게까지 하지 않으면 안되는 '특별한' 이유가 있기 때문이다.

그동안 일본정부는 그토록 '전후'를 탈피하고 싶어서 '보통국가'를 부르짖어 왔고, 심지어 2011년 3월 11일 동일본 대지진 및 원전사태를 핑계삼아 현재의 일본을 '3.11 이후'의 일본이라고 불러야한다고까지 호들갑을 떨고 있다.

도대체 일본은 왜 이렇게까지 전후를 직시하거나 깨끗이 청산하려 하지 않고 불편한 진실을 외면하거나 왜곡하려는 것일까?

이 책은 이에 대한 해답을 패전 직후 현재에 이르기까지 일본의 역사관을 둘러싼 국내적 공방과 샌프란시스코조약에서 비롯된 구조적 모순에서 찾고 있다.

패전 직후부터 현재까지 일본 내에서도 불편한 과거를 직시하고 한국과 중국 등 주변국들과의 역사 문제를 청산해야 한다는 목소리가 있어왔다는 설명은 반가운 일이다. 그러나 이러한 움직임과 목소리가 번번이 실패하고 좌초될 수밖에 없었던 과정을, 저자는 세세한 근거와 생생한 자료들을 통해 명확하지만 담담하게 그려내고 있다. 나아가 저자는 역사 문제가 발생할 때마다 난처한 입장에 놓인 일본정부가 샌프란시스코조약과 한일기본조약 등을 내세웠던 배경과 연원을 잘 설명해 주고 있다.

사실상 저자는 '전후의 일본'을 역사 문제에 관한 한 '샌프란시스코체제하의 일본'으로 간주할 수 있다고 암시하고 있는데, 곱씹어 볼 대목이다.

일본정부는 그토록 '전후'를 탈피하고자 하면서도 막상 역사 문제에 관해서는 이를 '롱기누스의 창'(矛)처럼 마구 휘둘러 왔다. 일본정부는, 교전했던 연합국 중 일부 국가들과 체결한 샌프란시스코조약에서 개인의 청구권을 포함해 전쟁수행 중에 발생한 모든 청구권은 이미 서로 포기되었으며, 심지어 강화조약에 참여하지 않은 소련, 중국, 한국 등의 국가들에 대해서는 '양국 간 협정을 통해 해결하도록' 규정되었고 실제로 일본정부는 이에 따라 양국 간 성명과 기본조약을 체결했고 이때 청구권 문제도 완전히 해결되었다는 식으로 대응해 왔다. 아직도 '전후'가 끝나지 않았음을 명징하게 보여주는 것은 북한이다. 아직도 일본이 샌프란시스코체제를 버릴 수 없는 이유는 북한과의 양국 간 평화협정이 체결되지 않았기 때문이다. 북일 간 평화협정 또는 수교가 이루어질 때까지 일본은 전후보상과 청구권 문제를 회피하기 위해서라도 샌프란시스코조약을 버릴 수 없을 뿐만 아니라, 거꾸로 이것의 일관성을 유지하는 것이야말로 한국과 중국 등의 개인청구권 문제를 방어할 수 있는 유일한 방패(盾)였던 것이다. 저자는 일본이라는 '국가'와 '역사'가 모순(矛盾)에 빠져있음을 지적하고 싶었던 것으로 읽힌다.

저자의 시점을 따라가다 보면, 역사관의 충돌, 야스쿠니신사 참배 문제, 청구권과 보상 문제, 교과서 문제 등의 이슈들이 '일본 내부'에서 어떻게 인식되었고 처리되어 왔는지를 들여다 보게 된다. 마치 전후 일본의 역사인식과 전쟁관의 형성에 관한 일본정부와 위정자들의 '혼네'(本音)를 들여다 보는 느낌이다. 그들의 혼네를 발견한 순간, 우리는 불편함과 거북함을 느낄 수밖에 없겠지만, 역자는 우리 역시 바로 그 지점에서 출발해야 한다고 믿는다.

왜 그들은 그렇게 역사를 직시하려 하지 않았는지, 왜 그렇게 주변국들에게 안하무인이고 고집불통이고 옹색했는지, 졸렬함을 무릅쓰고까지 무언가를 외면하고 은폐하려고 애쓰는지, 그 연원과 본질을 우리 역시 '직시'할 필요가 있다고 믿는다. 아무리 불편하더라도 말이다.

그리고 이제 우리도 '한국 對 일본'이라는 구도 속에서만 일본을 바라보지 말고, 일본이 한국과 북한, 중국과 아시아를 어떻게 바라보는지, 다른 아시아 주변국들은 일본을 어떻게 바라보는지에 대해서도 관심을 가졌으면 좋겠다. 이 책이 그 단서가 되었으면 좋겠다.

2016년 3월

오일환(吳日煥)

# 주요 참고문헌 및 관련자료

・全般的に活用している国会会議録は、国立国会図書館が運用する「国会会議録検索システム」(http//www.kokkai.ndl.go.jp/)に拠っている.

・国会会議録からの引用の場合、原文の乱れ、誤字脱字、仮名遣いなどについて文意を損なわない範囲で調整した場合がある。また、各種委員会名は略称とした場合がある.

・本文中に出典や所在を明記しているものについては、以下の文献・資料目録から原則として除いている.

## 1부(서장 포함)


外務省記録(本文中に「外交記録」と記した文書の所在).

外交記録①(序章)

→外務省編『日本外交文書 サンフランシスコ平和条約 準備対策』二〇〇六年).

外交記録②③④(第1章)および外交記録⑥⑧⑨⑩⑪(第三章)

→外務省編『日本外交文書 サンフランシスコ平和条約 対米交渉』二〇〇七年).

外交記録⑤(第2章)

→外務省記録「日本国との平和条約関係一件 諸外国批准関係(第三巻)」(B.4.1.1.2).

外交記録⑦(第3章)

→外務省記録「占領下の対日賠償関係一件 調書類(第一巻)」(B.0.0.0.3).

青木得三『おもいで 青木得三自叙伝』大蔵財務協会、一九六六年.

赤澤史朗「東京裁判と戦争責任」(歴史学研究会・日本史研究会『日本史講座一〇 戦後日本論』東京大学出版会、二〇〇五年).

「朝海浩一郎報告書」(外務省編『初期対日占領政策 朝海浩一郎報告書』毎日新聞社、一九七八年).

浅野豊美『帝国日本の植民地法制—法域統合と帝国秩序』名古屋大学出版会、

二〇〇八年.
天川晃「賠償問題をめぐる世論の動向」(萩原宜之·後藤乾一編『東南アジア史のなかの近代日本』みすず書房、一九九五年).
粟屋健太郎『東京裁判論』大月書店、一九八九年.
同右『未決の戦争責任』柏書房、一九九四年.
同右『東京裁判への道〈上·下〉』講談社、二〇〇六年.
五百旗頭真『日本の近代6 戦争·占領·講和』中央公論新社、二〇〇一年.
五十嵐武士『戦後日米関係の形成』講談社学術文庫、一九九五年.
五十嵐武士·北岡伸一編『「争論」―東京裁判とは何だったのか』築地書館、一九九七年.
池谷好治「戦争犠牲者援護における一般戦災者の処遇―歴史的経緯および差別化の特質―」(『アジア太平洋研究科論集』第三号、二〇〇二年 八月).
石井明·朱建栄·添谷芳秀·林暁光編『記録と考証―日中国交正常化·日中平和友好条約締結交渉』岩波書店、二〇〇三年.
石井明「中国に負った無限の賠償」(『中央公論』一九八七年 八月号).
伊藤隆·渡邊行雄編『続·重光葵手記』中央公論社、一九八八年.
井上寿一『日本外交史講義』岩波書店、二〇〇三年.
今井勇「戦没者遺族運動の形成と戦後国家への再統合―戦争犠牲者遺族同盟の分裂をめぐって」(『年報日本史叢』二〇〇二年).
入江昭『歴史を学ぶということ』講談社現代新書、二〇〇五年.
入江啓四郎『日本講和條約の研究』板垣書店、一九五一年.
上山春平『大東亜戦争の意味』中央公論社、一九六四年.
牛村圭『「勝者の裁き」に向きあって』ちくま新書、二〇〇四年.
内海愛子「平和条約と戦犯の釈放」(『年報日本現代史五 講和問題とアジア』現代史料出版、一九九九年).
内海愛子「村山談話とアジア歴史資料センター」(黒沢編『戦争·平和·人権』).
江藤淳編『新装版 占領史録〔上〕』講談社学術文庫、一九九五年.
遠藤正敬「戦争犠牲者援護における内外人不平等―「国籍」が拒む旧植民地出身者への戦後補償」(『早稲田政治公法研究』六七号、二〇〇一年 八月).
遠藤三郎『日中十五年戦争と私』日中書林、一九七四年.
太田修『日韓交渉―請求権問題の研究』クレイン、二〇〇三年.
太田健一ほか『次田大三郎日記』山陽新聞社、一九九一年.

大沼保昭『在日韓国・朝鮮人の国籍と人権』東信堂、二〇〇四年.
大沼保昭『東京裁判から戦後責任の思想へ』東信堂、一九九七年(第四版).
外務省情報部『日本国との平和条約の解説』(一九五一年 八月).
外務省編刊『日本外交文書 サンフランシスコ平和条約』全三巻、二〇〇六－〇九年.
霞山会編刊『日中関係基本資料集、一九四九－九七』一九九八年.
加藤聖文『「大日本帝国」崩壊—東アジアの一九四五年』中公新書、二〇〇九年.
川島真・清水麗・松田康博・楊永明『日台関係史 一九四五－二〇〇八』東京大学出版会、二〇〇九年.
『極東国際軍事裁判判決速記録』雄松堂書店、一九六八年.
功刀俊洋「大東亜戦争調査会の戦争責任観」(『歴史評論』五五七号、一九九六年九月).
栗山尚一(中島琢磨ほか編)『外交証言録 沖縄返還・日中国交正常化・日米「密約」』岩波書店、二〇一〇年.
黒田勝弘『韓国人の歴史観』文春新書、一九九九年.
北岡伸一「賠償問題の政治力学(一九四五—五九)」(北岡・御厨貴編『戦争・復興・発展』東京大学出版会、二〇〇一年).
木戸日記研究会編『木戸幸一日記 東京裁判期』東京大学出版会、一九八〇年.
『現代史資料三八』みすず書房、一九七三年.
倉沢愛子「インドネシア国家建設と日本の賠償」(『年報日本現代史』五号、一九九九年).
厚生省援護局『続々・引揚援護の記録』厚生省、一九六三年.
小菅信子「東京裁判と和解—裁く手の汚れ、政治的忘却、「戦勝国」との和解」(佐藤健生／ノルベルト・フライ編『過ぎ去らぬ過去との取り組み—日本とドイツ』岩波書店、二〇一一年.
佐治暁人「対日講和条約直後における戦犯釈放問題」(同時代史学会編『日中韓ナショナリズムの同時代史』日本経済評論社、二〇〇六年).
宍戸伴久(国立国会図書館社会労働調査室)「戦後処理の遺された課題—日本と欧米における一般市民の戦争被害の補償—」(『レファレンス』二〇〇八年一二月).
幣原喜重郎平和財団編刊『幣原喜重郎』一九五五年.
「幣原平和文庫(幣原喜重郎関係文書)」(国立国会図書館憲政資料室).
柴田政子「アジアにおける日本の『歴史問題』」(近藤孝弘編『東アジアの歴史政策－

日中韓 対話と歴史認識』明石書店、二〇〇八年).
ウイリアム・シーボルト(野末賢三訳)『日本占領外交の回想』朝日新聞社、一九六六年.
朱建栄「中国はなぜ賠償を放棄したか」(『外交フォーラム』一九九二年 一〇月).
白石潔「中国と中国人」(『革新』一九四六年 四月号).
「戦争調査会資料綴」(防衛研究所戦史史料室).
総司令部民間情報教育局提供『大平洋戦争史』.
総理府恩給局『恩給百年』一九七五年.
瀧川政次郎『東京裁判をさばく』慧文社、二〇〇六年(初版一九五三/五四年).
田尻愛義『田尻愛義回想録』原書房、一九七八年.
田中伸尚・田中宏・波並永実『遺族と戦後』岩波新書、一九九五年.
津島寿一『マニラに懐う人々(芳唐随想第一六集)』一九六三年.
鶴見俊輔「戦争裁判ののこしたもの」(細谷千博ほか編『東京裁判を問う』).
戸谷由麻『東京裁判—第二次大戦後の法と正義』みすず書房、二〇〇八年.
内閣総理大臣官房審議室『在外財産問題の処理記録—引揚者特別給付金の支給』一九七三年.
永井均「戦争犯罪人に関する政府声明案—東久邇宮内閣による閣議決定の脈絡」(『年報日本現代史』一〇号、二〇〇五年).
永野慎一郎・近藤正臣編『日本の戦後補償—アジア経済協力の出発点』勁草書房、一九九九年.
西春彦『回想の日本外交』岩波新書、一九六五年.
西村熊雄『サンフランシスコ平和条約・日米安保条約』中央公論新社、一九九九年.
西村熊雄『日本外交史二七 サンフランシスコ平和条約』鹿島平和研究所、一九七一年.
賠償問題研究会『日本の賠償』世界ジャーナル社、一九六三年.
波多野澄雄・佐藤晋『現代日本の東南アジア政策 一九五〇—二〇〇五』早稲田大学出版会、二〇〇七年.
同右「東久邇稔彦」(渡邊昭夫編『戦後日本の宰相たち』).
服部龍二「幣原喜重郎と戦後政治」(中央大学『人文研紀要』五五号、二〇〇五年).
服部龍二『日中国交正常化』中公新書、二〇一一年.
服部龍二『幣原喜重郎と二十世紀の日本—外交と民主主義』有斐閣、二〇〇六年.
馬場公彦『戦後日本人の中国像』新曜社、二〇一〇年.
原朗「戦争賠償問題とアジア」(『岩波講座 近代日本と植民地8』岩波書店、

一九九三年.
日暮吉延『東京裁判の国際関係—国際政治における権力と規範—』木鐸社、二〇〇二年.
日暮吉延『東京裁判』講談社現代新書、二〇〇八年.
日暮吉延「東京裁判と日本の対応—国家と個人」(『軍事史学』第四四巻第三号、二〇〇八年 一二月).
細谷千博・安藤仁介・大沼保昭編『東京裁判を問う』講談社、一九八四年.
松下正寿「国際法と日本の戦争犯罪人」(『読売新聞』一九四五年 一二月四日付).
宮城大蔵『戦後アジア秩序の模索と日本』創文社、二〇〇四年.
宮澤喜一『東京—ワシントンの密談』中公文庫、一九九九年.
グザヴィエ・ヤコノ(平野千果子訳)『フランス植民地帝国の歴史』白水社、一九九八年.
山手治之「日本の戦後処理条約における賠償・請求権放棄条項(1)」(『京都学園法学』三六・三七号、二〇〇二年 年三月).
山本有造編『満州—記憶と歴史』京都大学学術出版、二〇〇七年.
吉田裕『日本人の戦争観—戦後史のなかの変容』岩波書店、一九九五年.
吉田裕『昭和天皇の終戦史』岩波新書、一九九二年.
李鍾元『東アジア冷戦と韓米日関係』東京大学出版会、一九九六年.
和田英穂「国民政府の対日戦後処理方針の変遷—戦犯問題と賠償問題」(愛知大学国際中国学研究センター『若手研究者報告論集』一号、二〇〇六年).
渡辺昭夫・宮里政玄編『サンフランシスコ講和』東京大学出版会、一九八六年.
渡辺昭夫「講和問題と日本の選択」(同右).
渡邊昭夫編『戦後日本の宰相たち』中公文庫、二〇〇一年.
Roger Dingman, Kenji Tozawa, Sir Hugh Cortazzi, Peter Lowe, *San Francisco: 50 Years on*(Suntory and Toyota International Centres for Economics and Related Disciplines, London School of Economics and Political Science, Sep. 2001).
Saki Dockrill ed., *From Pearl Harbor to Hiroshima; The Second World War and the War in the Pacific, 1941-45*.(Macmillan, 1994).

## 2부

赤澤史朗『靖国神社—せめぎあう〈戦没者追悼〉のゆくえ』岩波書店、二〇〇五年.
朝日新聞取材班『戦争責任と追悼』朝日新聞社、二〇〇六年.

朝日新聞取材班『「過去の克服」と愛国心』朝日新聞社、二〇〇六.
麻生太郎「『保守再生』はオレにまかせろ！」(『諸君！』二〇〇八年 二月号).
家近亮子・松田康博・段瑞聡編『岐路に立つ日中関係—過去との対話・未来への模索』晃洋書房、二〇〇七年.
家近亮子「歴史認識問題」(同右).
家永三郎「教科書訴訟一〇年」(松本三之助ほか編『家永三郎集』第一四巻、岩波書店、一九九八年).
家永三郎「憂うべき教科書検定」(『世界』一八五号、一九六一年).
板垣正「靖国神社公式参拝への道」(自由民主党編『自由民主党史－証言・写真』自由民主党本部、一九八七年).
一谷和郎「靖国神社参拝問題」(家近『岐路に立つ日中関係』).
卜部亮吾(御厨貴ほか監修)『卜部亮吾日記』第五巻、朝日新聞社、二〇〇七年.
江藤名保子「中国の対日政策における歴史認識問題の源泉——九八二年歴史教科書問題の分析を中心に—」(『法学政治学論究』八〇号、二〇〇九年 三月).
大沼保昭『サハリン棄民』中公新書、一九九二年.
奥野誠亮『派に頼らず、義を忘れず』PHP研究所、二〇〇二年.
「閣僚の靖国神社参拝問題に関する報告書」(一九八五年 八月).
木下道雄『側近日誌』文藝春秋、一九九〇年.
草野厚「中曽根康弘」(渡邊昭夫編『戦後日本の宰相たち』中公文庫、二〇〇一年)
栗原俊雄『シベリア抑留—未完の悲劇』岩波新書、二〇〇九年.
国立国会図書館調査及び立法考査局『新編 靖国神社問題資料集』二〇〇七年
小島毅『靖国史観』ちくま新書、二〇〇七年.
後藤乾一「日本—東南アジア占領と『解放史観』—」(倉沢愛子編『東南アジア史のなかの日本占領』早稲田大学出版部、二〇〇一年〔新装版〕.
宍戸伴久『戦後処理の遺された課題』(前掲).
高木健一『サハリンと日本の戦後責任』凱風社、一九九〇年.
高橋哲哉『靖国問題』ちくま新書、二〇〇五年.
田中明彦『日中関係 一九四五－一九九〇』東京大学出版会、一九九一年.
田中伸尚『靖国の戦後史』岩波新書、二〇〇二年.
段瑞聡「教科書問題」(家近『岐路に立つ日中関係』).
「富田メモ研究委員会検証報告」(『日本経済新聞』二〇〇七年 五月一日付).
友田錫『入門・現代日本外交—日中国交正常化以後』中央公論社、一九八八年.

内閣総理大臣官房管理室「在外財産問題の処理記録—引揚者特別交付金の支給」一九七三年.
内閣総理大臣官房管理室「戦後処理問題懇談会報告」一九八四年.
中江要介(若月秀和ほか編)『アジア外交 動と静』蒼天社出版、二〇一〇年.
中曽根康弘「私が靖国神社公式参拝を断念した理由」(『正論』二〇〇一年 九月号).
中曽根康弘「新政権政策メモ」一九八二年一〇月一〇日(渡邊昭夫編『戦後日本の宰相たち』中公文庫、二〇〇一年).
日本遺族会編刊『戦没者遺族の手引(昭和六四年版)』一九八八年.
日本遺族会編刊『英霊とともに三十年—靖国神社国家護持運動のあゆみ』一九七六年.
日本遺族会編刊『日本遺族会四〇年誌』一九八八年.
波多野澄雄「遺族の迷走—日本遺族会と「記憶の競合」」(細谷千博・入江昭・大芝亮編『記憶としてのパールハーバー』ミネルヴァ書房、二〇〇四年).
波多野澄雄「『歴史和解』への道標—戦後日本外交における歴史問題」(添谷芳秀・田所昌幸編『日本の東アジア構想(現代アジアと日本1)』慶應義塾大学出版会、二〇〇四年).
服部龍二「藤尾文相発言—外務省記録から」(中央大学『政策文化総合研究所年報』第一四号、二〇一一年 八月).
服部龍二『日中歴史認識—田中上奏文をめぐる相剋 一九二七－二〇〇五』東京大学出版会、二〇一〇年.
半谷史郎「サハリン朝鮮人のソ連社会統合—モスクワ共産党文書が語る一九五〇年代半ばの一断面」(『「スラブ・ユーラシア学の構築」研究報告集』五号、二〇〇四年 一二月).
別枝行夫「日中政治関係の展開Ⅱ」(増田弘・波多野澄雄編『アジアのなかの日中関係』山川出版社、一九九五年).
松平永芳「『靖国』奉仕十四年の無念」(『諸君！』一九九二年 一二月号).
三谷博「日本の歴史教育の制度と論争構図」(劉傑・三谷博・楊大慶編『国境を越える歴史認識—日中対話の試み』東京大学出版会、二〇〇六年).
三谷博編著『歴史教科書問題(リーディングズ日本の教育と社会⑥)』日本図書センター、二〇〇七年.
松尾文夫『オバマ大統領がヒロシマに献花する日』小学館一〇一新書、二〇〇九年.
村尾次郎「戦後の歴史教育はこれでよいか」(村尾『教科書調査官の発言』原書房、

一九六九年).
『柳谷謙介オーラルヒストリー〈下〉』(政策研究大学院大学COEオーラル・政策研究プロジェクト、二〇〇四年).
山折哲雄『天皇の宮中祭祀と日本人』日本文芸社、二〇一〇年.
山崎豊子「『靖国批判』の中の北京」(文藝春秋社編刊『文藝春秋にみる昭和史』第三巻、一九八八年).
楊志輝「戦争賠償問題から戦後補償問題」(劉傑ほか編『国境を越える歴史認識』).
横井時常権宮司口述「靖国神社とGHQの交渉記録」(やすくにの祈り編集委員会編著『やすくにの祈り』産経新聞ニュースサービス、一九九九年).
吉澤文寿「日韓国交正常化」(岩波講座『東アジア近現代通史』第八巻、岩波書店、二〇一一年).
Gavin McCormack, *The Emptiness of Japanese Affluence* (M. E. Shape,1996).

### 3부(종장 포함)

「アジア歴史資料センター(仮称)の設立検討のための有識者会議について」(一九九四年 一一月九日、内閣官房長官決裁).
「アジア歴史資料センターの設立について」(内閣外政審議室、一九九五年 六月).
新崎盛暉『未完の沖縄闘争(沖縄同時代史・別巻)』凱風社、二〇〇五年.
「慰安婦問題とアジア女性基金」(デジタル記念館http://www.awf.or.jp/).
家近亮子ほか編『岐路に立つ日中関係』(前掲).
五十嵐正博「サンフランシスコ条約と中国—最高裁判決の『サンフランシスコ条約枠組み論』」『法律時報』九九四号、二〇〇八年 四月).
石田憲『敗戦から憲法へ—日独伊憲法制定の比較政治史』岩波書店、二〇〇九年.
石坂浩一「不戦決議とは何か」(『世界』一九九五年 五月号).
井出弘人「韓国における歴史教育政策の変遷」(近藤編『東アジアの歴史政策』).
井出弘人「東アジアにおける歴史対話の到達点と課題」(同右).
井上寿一『日本外交史講義』岩波書店、二〇〇三年.
衛藤瀋吉「序論」(衛藤編『共生から敵対へ—第四回日中関係史国際シンポジウム』東方書店、二〇〇〇年).
ロバート・エルドリッヂ『沖縄問題の起源』名古屋大学出版会、二〇〇三年.
大芝亮「ナショナル・ヒストリーからトランスナショナル・ヒストリーへ—日本における歴史

教科書問題を事例として」(細谷千博・入江昭・大芝亮編『記憶としてのパールハーバー』ミネルヴァ書房、二〇〇四年).
大沼保昭「日本の戦争責任と戦後責任」(『国際問題』五〇一号、二〇〇一年 一二月).
大浜徹也『日本人と戦争—歴史としての戦争』刀水書房、二〇〇二年.
大原康男・百地章・坂本是丸『国家と宗教の間—政教分離の思想と現実—』日本教文社、一九八九年.
沖縄タイムス社編刊『挑まれる沖縄戦』二〇〇八年.
奥田安弘・山口二郎編『グローバル化する戦後補償裁判』信山社、二〇〇二年.
岡部達味『日中関係の過去と将来—誤解を超えて』岩波現代文庫、二〇〇六年.
外務省編『わが外交の近況』(一九七一年版—九一年版).
笠原十九司編『戦争を知らない国民のための日中歴史認識』勉誠出版、二〇一〇年
川島真「『日中歴史共同研究』の三つの位相」(同右).
北岡伸一『グローバルプレイヤーとしての日本』NTT出版、二〇一〇年.
北岡伸一「日中歴史共同研究の出発」『外交フォーラム』第二二六号、二〇〇七年五月.
岸俊光「日本から見たドイツの取り組み」(佐藤健生/ノルベルト・フライ編『過ぎ去らぬ過去との取り組み—日本とドイツ』岩波書店、二〇一一年.
教科用図書検定調査審議会第二部会日本史小委員会「平成一八年度検定決定高等学校日本史教科書の訂正申請に関する意見に係る調査審議について(報告)」(二〇〇七年 一二月).
金鳳珍「反日と日韓の歴史和解」(黒沢/ニッシュ編『歴史と和解』).
栗山尚一「和解 日本外交の課題〈上〉」(『外交フォーラム』二〇〇六年 一月).
栗山尚一(中島琢磨ほか編)『外交証言録 沖縄返還・日中国交正常化・日米「密約」』岩波書店、二〇一〇年.
黒沢文貴編『戦争・平和・人権』原書房、二〇一〇年.
黒沢文貴/イアン・ニッシュ編『歴史と和解』東京大学出版会、二〇一一年.
呉栄煥「新たな局面を迎えた韓日関係」(『外交フォーラム』一七三号、二〇〇二年一二月).
憲法普及会編刊『新しい憲法 明るい生活』一九四七年.
「公文書管理の在り方等に関する有識者会議中間報告」(「時を貫く記録としての公文書管理の在り方~今、国家事業として取り組む~」)(二〇〇八年 七月).
国史編集委員会編(三橋広夫訳)『韓国の高校歴史教科書(世界の教科書シリーズ

一五)』明石書店、二〇〇六年.
国立国会図書館調査及び立法調査局『戦後補償問題資料集』一九九五年.
小菅信子『戦後和解』中公新書、二〇〇五年.
小森陽一ほか編『歴史教科書 何が問題か』岩波書店、二〇〇一年.
近藤孝弘編『東アジアの歴史政策－日中韓 対話と歴史認識』明石書店、二〇〇八年.
近藤孝弘『国際歴史教科書対話―ヨーロッパにおける過去の再編』中央公論社、一九九八年.
近藤孝弘「二〇年の喧燥と沈黙―日本で歴史教育を語ることの難しさ―」(船橋編『いま歴史問題にどう取り組むか』).
坂本多加雄『歴史教育を考える』PHP新書、一九九八年.
坂本多加雄(杉原志啓編)『坂本多加雄選集Ⅱ 市場と国家』藤原書店、二〇〇五年
茶本繁正「草の根の不戦決議派」(『世界』1995年 5月号).
クラウディア・シュナイダー「改革開放以後の中国における歴史教育」(近藤編『東アジアの歴史政策』).
庄司潤一郎「『日中歴史共同研究』を振り返って」(笠原編『戦争を知らない国民のための日中歴史認識』).
庄司潤一郎「日中とドイツ・ポーランドにおける歴史と『和解』」(黒沢／ニッシュ『歴史と和解』).
女性のためのアジア平和国民基金編刊『「慰安婦」問題とアジア女性基金』二〇〇七年.
女性のためのアジア平和国民基金編『政府調査「従軍慰安婦」関係資料集成』全五巻、龍渓書舎、一九九九年.
女性のためのアジア平和国民基金編刊『「慰安婦」問題調査報告・一九九九』一九九九年.
女性のためのアジア平和国民基金編刊『オーラルヒストリー アジア女性基金』二〇〇七年.
「戦後処理問題懇談会報告」(一九八四年 一二月).
「中国人戦後補償裁判〈小特集〉」(『法律時報』九九四号、二〇〇八年 四月).
「追悼・平和祈念のための記念碑等施設の在り方を考える懇談会報告書」(二〇〇二年 一二月).
田中均『外交の力』日本経済新聞社、二〇〇九.
東郷和彦『歴史と外交―韓国・アジア・東京裁判』講談社現代新書、一九七一年.

中岡まり「日本の戦後賠償・補償問題」(家近ほか編『岐路に立つ日中関係』).
西尾幹二ほか『新しい歴史教科書』扶桑社、二〇〇一年.
西村明『戦後日本と戦争死者慰霊』有志舎、二〇〇六年.
日韓歴史教科書研究会編『教科書を日韓協力で考える』大月書店、一九九三年.
日韓歴史共同研究委員会編『日韓歴史共同研究報告書』全四冊、日韓文化交流協会、二〇〇五年 三月.
『日中歴史共同研究第一期報告書(日中原文)』二〇一〇年 一月.
日本弁護士連合会編『日本の戦後補償』明石書店、一九九四年.
日本弁護士連合会編刊『被爆者援護法に関する第三次報告書』(一九九〇年).
野中広務『老兵は死なず—野中広務全回顧録』文藝春秋、二〇〇三年.
秦郁彦「クマラスワミ報告と慰安婦問題」(千葉大学『法学論集』一一巻二号、一九九六年 一〇月).
秦郁彦『昭和史の謎を追う〔下〕』文藝春秋、一九九三年.
秦郁彦編『沖縄戦「集団自決」の謎と真実』PHP研究所、二〇〇九年.
波多野澄雄「『負の遺産』の克服」『外交時報』(一三四五号、一九九八年 二月).
波多野澄雄「日中歴史共同研究—成果と課題」(黒沢／ニッシュ編『歴史と和解』).
林博史『沖縄戦—強制された「集団自決」』吉川弘文館、二〇〇九年.
春山明哲「靖国神社とは何か—資料研究の視座からの序論」(『レファレンス』二〇〇六年 七月).
藤原帰一「抑止としての記憶－国際政治の倫理化とその逆説」(『国際問題』五〇一号).
藤原帰一『戦争を記憶する—広島・ホロコーストと現在』講談社新書、二〇〇一年.
船橋洋一編『いま、歴史問題にどう取り組むか』岩波書店、二〇〇一年.
イアン・ブルマ(石井信平訳)『戦争の記憶—日本人とドイツ人』TBSブリタニカ、一九九四年.
「平和祈念事業の経緯」(総務省特別基金事業担当室、二〇〇八年 四月).
歩平「東アジアにおける歴史問題の対話空間」(早稲田大学アジア研究機構「第七回国際シンポジウム」二〇一〇年 一〇月 二三日、「報告資料集」).
歩平「東アジアにおける歴史問題の対話空間」早稲田大学アジア研究機構第七回国際シンポジウム(二〇一〇年 一〇月)報告資料集.
松平永芳「『靖国』奉仕一四年の無念」(『諸君！』一九九二年 一二月号).
宮嶋博史・金容徳編『近代交流史と相互認識III——一九四五年を前後して』慶應義塾大学出版会、二〇〇六年.

毛里和子「日中間の歴史共同研究交流を豊かにするために」(笠原編『戦争を知らない国民のための日中歴史認識』).
茂木敏夫「東アジアにおける和解の模索」(黒沢／ニッシュ『歴史と和解』).
やすくにの祈り編集委員会『やすくにの祈り』産経新聞ニュースサービス、一九九九年
靖国神社編刊『遊就館図録』二〇〇八年.
靖国神社社務所『靖国神社—祭典と行事のすべて—』一九八六年.
油井大三郎『日米戦争観の相剋』岩波書店、一九九五年.
楊大慶「南京アトロシティズ—建設的対話は可能なのか」(劉傑ほか編『国境を越える歴史認識』).
吉田裕「戦争責任論の現在」(『岩波講座 アジア太平洋戦争1』岩波書店、二〇〇五年).
読売新聞東京本社・調査研究部編『検証戦争責任』読売新聞社、二〇〇六年.
読売新聞戦争責任検証委員会『戦争責任Ⅰ、Ⅱ』中央公論新社、二〇〇六年.
李鍾元「朝鮮半島と日本—歴史和解の成熟に向けて—」(船橋編『いま、歴史問題にどう取り組むか』).
李泳采「日朝会談と対日請求権交渉の変化過程の分析」(『法学研究』八三巻一二号、二〇一〇年 一二月).
李恩民「市民運動と日中歴史和解」(黒沢／ニッシュ編『歴史と和解』).
劉傑「日本と中国の和解をめざして」(船橋編『いま、歴史問題にどう取り組むか』).
劉傑・三谷博・楊大慶編『国境を越える歴史認識—日中対話の試み』東京大学出版会、二〇〇六年.
和田春樹「日本の戦後和解の努力とアジア女性基金」(佐藤健生ほか編『過ぎ去らぬ過去との取り組み』).
和田春樹「アジア女性基金の成立と活動」(黒沢編『戦争・平和・人権』).
Daniel Sneider, Gi-Wook Shin, Peter Duus, *Divided Memories and Reconciliation: A Progress Report*(The Walter H. Shorenstein Asia-Pacific Research Center, Stanford University, 2010).

# 색인

전후 일본의 역사 문제

초판 1쇄 인쇄 2016년 3월 25일
초판 1쇄 발행 2016년 3월 30일

지은이 하타노 스미오
옮긴이 오일환
펴낸곳 논형
펴낸이 소재두
등록번호 제2003-000019호
등록일자 2003년 3월 5일
주소 서울시 관악구 성현동 7-77 한립토이프라자 6층
전화 02-887-3561
팩스 02-887-6690
ISBN 978-89-6357-424-0 94910
값 20,000원

이 도서의 국립중앙도서관 출판예정도서목록(CIP)은 서지정보유통지원시스템 홈페이지(http://seoji.nl.go.kr)와 국가자료공동목록시스템(http://www.nl.go.kr/kolisnet)에서 이용하실 수 있습니다.(CIP제어번호: CIP2016007585)